圆明园长春园
含经堂遗址发掘报告

北京市文物研究所　编著

文物出版社

封面设计：周小玮
责任印制：王少华
责任编辑：于炳文　李媛媛
英文翻译：李新伟

图书在版编目（CIP）数据

圆明园长春园含经堂遗址发掘报告／北京市文物研究所编著．—北京：文物出版社，2006.9
ISBN 7-5010-1939-8

Ⅰ.圆…　Ⅱ.北…　Ⅲ.圆明园—文化遗址—发掘报告—2001～2003　Ⅳ.K878.3

中国版本图书馆CIP数据核字（2006）第052322号

圆明园长春园含经堂遗址发掘报告
北京市文物研究所　编著
*
文物出版社出版发行
北京东直门内北小街2号楼
http：//www.wenwu.com
E-mail：web@wenwu.com
北京燕泰美术制版印刷有限责任公司印刷
新华书店经销
889×1194毫米　1/16　印张：16.75　插页：2
2006年9月第一版　2006年9月第一次印刷
ISBN 7-5010-1939-8/K·1023　定价：210.00元

目　　录

第一章　遗址概况 …………………………………………………… (1)
第二章　分区布方与地层堆积 ……………………………………… (4)
第三章　遗迹 ………………………………………………………… (7)
第一节　南区 ………………………………………………………… (7)
一　广场遗迹 ………………………………………………………… (7)
(一) 牌楼遗迹 ……………………………………………………… (7)
(二) 宫墙遗迹 ……………………………………………………… (8)
(三) 甬道遗迹 ……………………………………………………… (8)
(四) 砖雕铺地纹及毡帐基础遗迹 ………………………………… (10)
(五) 植树坑遗迹 …………………………………………………… (11)
二　宫门遗迹 ………………………………………………………… (11)
三　含经堂院落遗迹 ………………………………………………… (12)
(一) 影壁门遗迹 …………………………………………………… (12)
(二) 甬道遗迹 ……………………………………………………… (13)
(三) 含经堂正殿遗迹 ……………………………………………… (13)
(四) 东、西配殿遗迹 ……………………………………………… (14)
(五) 霞翥楼遗迹 …………………………………………………… (16)
(六) 梵香楼遗迹 …………………………………………………… (16)
(七) 回廊遗迹 ……………………………………………………… (19)
(八) 垂花门遗迹 …………………………………………………… (20)
(九) 宫墙遗迹 ……………………………………………………… (21)
第二节　北区 ………………………………………………………… (22)
一　中路建筑遗迹 …………………………………………………… (22)
(一) 淳化轩月台前太湖石假山及甬路遗迹 ……………………… (22)
(二) 淳化轩遗迹 …………………………………………………… (22)
(三) 蕴真斋遗迹 …………………………………………………… (23)
(四) 北院门遗迹 …………………………………………………… (24)

（五）得胜概敞厅遗迹 ……（25）
二 东路建筑遗迹 ……（25）
（一）渊映斋遗迹 ……（25）
（二）扮戏房与“乐奏钧天”戏台遗迹 ……（27）
（三）“神心妙达”看戏殿遗迹 ……（28）
三 东路外买卖街（铺面房）遗迹 ……（30）
四 西路建筑遗迹 ……（32）
（一）涵光室遗迹 ……（32）
（二）三友轩及叠石假山遗迹 ……（32）
（三）静莲斋遗迹 ……（38）
（四）理心楼遗迹 ……（39）
（五）待月楼遗迹 ……（39）
五 西路外澄波夕照敞厅遗迹 ……（41）
六 北区宫墙遗迹 ……（43）
第三节 宫苑周围其他遗迹 ……（43）
一 值房遗迹 ……（43）
二 库房遗迹 ……（49）
三 井亭遗迹 ……（61）
四 南甬道遗迹 ……（63）
五 东甬道遗迹 ……（63）
六 西南甬道遗迹 ……（63）
七 西南1号木桥基址 ……（63）
八 买卖街东侧甬道及东北甬道遗迹 ……（65）
九 三合院遗迹 ……（65）
一〇 东甬道北侧房基遗迹 ……（67）
一一 明漪潇照遗迹 ……（68）
一二 云容水态敞厅遗迹 ……（70）
一三 静缘亭（八角亭）遗迹 ……（70）
第四章 遗物 ……（73）
第一节 铜器 ……（73）
第二节 玉器 ……（74）
第三节 螺钿嵌饰 ……（78）
第四节 瓷器 ……（78）
第五节 陶器 ……（83）
第六节 石刻 ……（87）

第七节　建筑构件 ……(89)
一　琉璃件 ……(89)
(一)脊兽 ……(91)
(二)瓦件 ……(104)
(三)其他 ……(104)
二　汉白玉件 ……(113)
三　青石件 ……(117)
四　灰砖 ……(120)
(一)铭文砖 ……(120)
(二)砖雕构件 ……(120)
(三)素面砖 ……(129)
五　灰瓦 ……(130)
(一)筒瓦 ……(130)
(二)板瓦 ……(130)
(三)瓦当 ……(130)
(四)滴水 ……(132)
第八节　铁器 ……(136)
第九节　其他 ……(139)
第五章　结语 ……(140)

附表1　南牌楼基槽内出土石构件登记表 ……(141)
附表2　西牌楼基槽内出土石构件登记表 ……(141)
附表3　东牌楼基槽内出土石构件登记表 ……(142)
附表4　含经堂南区广场遗址古树坑遗迹登记表 ……(143)
附表5　三友轩叠石假山残存古树遗迹登记表 ……(145)
附表6　含经堂遗址出土葫芦器陶模统计表 ……(146)
附表7　含经堂遗址用砖规格统计表 ……(150)

后记 ……(152)
英文内容提要 ……(153)

附图一　含经堂遗址总平面图
附图二　淳化轩基址平剖面图
附图三　蕴真斋基址平剖面图
附图四　东牌楼外三合院基址平剖面图
附图五　静缘亭(八角亭) 基址平剖面图

插 图 目 录

图一 含经堂遗址位置示意图 …………………………………… (2)
图二 长春园地形图 …………………………………… (3)
图三 含经堂遗址探方分布图 …………………………………… (6)
图四 南牌楼基址平剖面图 …………………………………… (8)
图五 东牌楼基址平剖面图 …………………………………… (9)
图六 西牌楼基址平剖面图 …………………………………… (9)
图七 砖雕莲花铺地纹图案 …………………………………… (10)
图八 砖雕毡帐铺地图案 …………………………………… (10)
图九 含经堂宫门基址平剖面图 …………………………………… (12)
图一〇 影壁门基址平剖面图 …………………………………… (13)
图一一 含经堂正殿基址平剖面图 …………………………………… (15)
图一二 霞翥楼基址平剖面图 …………………………………… (17)
图一三 梵香楼基址平剖面图 …………………………………… (18)
图一四 东垂花门基址平剖面图 …………………………………… (20)
图一五 西垂花门基址平剖面图 …………………………………… (21)
图一六 淳化轩殿前太湖石假山基础及相关遗迹平剖面图 ………………… (22 · 23)
图一七 得胜概敞厅基址平剖面图 …………………………………… (26)
图一八 戏台地井基址平剖面图 …………………………………… (29)
图一九 神心妙达看戏殿基址平剖面图 …………………………………… (30)
图二〇 买卖街基址平剖面图 …………………………………… (30 · 31)
图二一 涵光室基址平剖面图 …………………………………… (33)
图二二 三友轩基址平剖面图 …………………………………… (34)
图二三 三友轩周围叠石假山平面图 …………………………………… (36)
图二四 三友轩周围叠石假山南侧立面图 …………………………………… (37)
图二五 三友轩周围叠石假山西侧立面图 …………………………………… (37)
图二六 三友轩周围叠石假山北侧立面图 …………………………………… (37)
图二七 静莲斋基址平剖面图 …………………………………… (38)
图二八 理心楼基址平剖面图 …………………………………… (40)

图二九　待月楼基址平剖面图 ……………………………………………………………………(41)
图三〇　澄波夕照敞厅基址平剖面图 ……………………………………………………………(42)
图三一　西北隅值房基址平剖面图 ………………………………………………………………(44)
图三二　东库房 F1 基址平剖面图 ………………………………………………………………(50)
图三三　东库房 F2 基址平剖面图 ………………………………………………………………(52)
图三四　东库房 F3 基址平剖面图 ………………………………………………………………(55)
图三五　东库房 F4 基址平剖面图 ………………………………………………………………(56)
图三六　东北隅库房 F5 基址平剖面图 …………………………………………………………(59)
图三七　井亭基址平剖面图 ……………………………………………………………………(62)
图三八　含经堂遗址西南 1 号木桥基址平剖面图……………………………………………(64)
图三九　明漪潇照方亭基址平剖面图 ……………………………………………………………(69)
图四〇　云容水态敞厅基址平剖面图 ……………………………………………………………(71)
图四一　铜佛像（H-T0918：1）……………………………………………………………………(73)
图四二　乾隆款玉钵（H-T0117：1）………………………………………………………………(74)
图四三　玉头像 ……………………………………………………………………………………(75)
图四四　玉嵌饰 ……………………………………………………………………………………(76)
图四五　玉件 ………………………………………………………………………………………(77)
图四六　螺钿嵌饰 …………………………………………………………………………………(79)
图四七　白瓷象（H-T0116：2）……………………………………………………………………(80)
图四八　葫芦器陶范纹饰 …………………………………………………………………………(84)
图四九　葫芦器陶范纹饰 …………………………………………………………………………(84)
图五〇　葫芦器陶范纹饰 …………………………………………………………………………(86)
图五一　葫芦器陶范纹饰 …………………………………………………………………………(86)
图五二　《钦定重刻淳化阁帖》铭文（H T0614：2）……………………………………………(88)
图五三　《钦定重刻淳化阁帖》铭文（H-TM10：1）……………………………………………(88)
图五四　《钦定重刻淳化阁帖》铭文（H-T0714：1）……………………………………………(89)
图五五　石菩萨雕像残件（H-T0413：1）…………………………………………………………(90)
图五六　绿琉璃正吻（H-TXBK：5）………………………………………………………………(91)
图五七　绿琉璃正吻（H-T0412：2）………………………………………………………………(91)
图五八　蓝琉璃正吻（H-TK7：1）…………………………………………………………………(92)
图五九　蓝琉璃正吻（H-TG12：4）…………………………………………………………………(92)
图六〇　蓝琉璃正吻（H-TG12：5）…………………………………………………………………(92)
图六一　蓝琉璃垂兽（H-TM14：1）…………………………………………………………………(93)
图六二　绿琉璃套兽（H-T0712：2）…………………………………………………………………(94)
图六三　绿琉璃仙人骑凤（H-TXBK：3）……………………………………………………………(95)

图六四　绿琉璃仙人骑凤（H-T0612：1）…………………………………………（95）
图六五　绿琉璃仙人骑凤（H-TG11：1）…………………………………………（96）
图六六　绿琉璃仙人骑凤（H-TXBK：1）…………………………………………（96）
图六七　绿琉璃仙人骑凤（H-TD7：2）…………………………………………（97）
图六八　蓝琉璃仙人骑凤（H-TXBK：4）…………………………………………（97）
图六九　绿琉璃龙（H-T0712：1）…………………………………………（98）
图七〇　蓝琉璃龙（H-TM7：1）…………………………………………（99）
图七一　黄琉璃凤（H-TM11：2）…………………………………………（99）
图七二　蓝琉璃凤（H-T0312：1）…………………………………………（99）
图七三　绿琉璃凤（H-T0612：4）…………………………………………（100）
图七四　绿琉璃凤（H-T0412：4）…………………………………………（100）
图七五　绿琉璃狮（H-T0712：3）…………………………………………（101）
图七六　绿琉璃狮（H-TI9：2）…………………………………………（101）
图七七　绿琉璃狮（H-TH20：1）…………………………………………（102）
图七八　绿琉璃天马（H-T0913：1）…………………………………………（102）
图七九　黄琉璃海马（H-TXBK：6）…………………………………………（103）
图八〇　绿琉璃海马（H-TM18：1）…………………………………………（103）
图八一　黄琉璃瓦当（H-TJ11：3）…………………………………………（105）
图八二　绿琉璃圆眼勾头（H-TM11：3）…………………………………………（105）
图八三　绿琉璃瓦当（H-T0412：3）…………………………………………（105）
图八四　绿琉璃瓦当（H-TI9：1）…………………………………………（106）
图八五　蓝琉璃瓦当（H-TB4：2）…………………………………………（106）
图八六　蓝琉璃瓦当（H-TB9：1）…………………………………………（106）
图八七　黄琉璃滴水（H-TJ11：4）…………………………………………（107）
图八八　蓝琉璃滴水（H-TB9：2）…………………………………………（107）
图八九　蓝琉璃滴水（H-TB4：1）…………………………………………（107）
图九〇　蓝琉璃三连砖（H-T1018：1）…………………………………………（108）
图九一　蓝琉璃兽座（H-T0217：2）…………………………………………（108）
图九二　三色琉璃砖（H-T1014：3）…………………………………………（108）
图九三　蓝琉璃花砖（H-T1014：4）…………………………………………（109）
图九四　双色琉璃挂檐板（H-TA9K：1）…………………………………………（109）
图九五　黄琉璃构件（H-TJ11：2）…………………………………………（110）
图九六　黄琉璃构件（H-TD7：1）…………………………………………（110）
图九七　双色琉璃望柱头（H-TM13：4）…………………………………………（111）
图九八　双色转角琉璃构件（H-TJ11：1）…………………………………………（111）

图九九　绿琉璃博脊连砖（H-TK12：1）……………………………………（112）
图一〇〇　绿琉璃博脊连砖（H-TK12：2）……………………………………（112）
图一〇一　汉白玉望柱 ……………………………………………………（113）
图一〇二　汉白玉寻杖（H-T0814：4）……………………………………（114）
图一〇三　汉白玉寻杖与栏板 ……………………………………………（114）
图一〇四　汉白玉柱础石（H-TA8：5）……………………………………（115）
图一〇五　汉白玉覆莲座残件（H-T0218：1）……………………………（116）
图一〇六　汉白玉桌面（H-TG5：1）………………………………………（116）
图一〇七　青石须弥座（H-T1014：5）……………………………………（117）
图一〇八　青石厢杆石（H-TJ4：2）………………………………………（118）
图一〇九　青石抱鼓石（H-TE9：1）………………………………………（119）
图一一〇　金砖铭文（H-T1017：5）………………………………………（121）
图一一一　灰砖铭文 ……………………………………………………（122）
图一一二　砖雕海马（H-TA8：1）…………………………………………（123）
图一一三　砖雕构件素描（H-T0116：8）…………………………………（123）
图一一四　砖雕构件（H-T0116：9）………………………………………（124）
图一一五　砖雕构件（H-T0116：10）………………………………………（124）
图一一六　砖雕构件（H-TA8：3）…………………………………………（125）
图一一七　砖雕构件（H-TA8：4）…………………………………………（125）
图一一八　砖雕构件（H-T1013：3）………………………………………（126）
图一一九　砖雕构件（H-T1013：4）………………………………………（126）
图一二〇　砖雕构件（H-TM9：1）…………………………………………（126）
图一二一　砖雕构件（H-JYT：1）…………………………………………（126）
图一二二　砖雕构件 ……………………………………………………（127）
图一二三　砖雕构件（H-JYT：3）…………………………………………（127）
图一二四　砖雕构件（H-T0212：1）………………………………………（128）
图一二五　砖雕构件（II-T0212：2）………………………………………（128）
图一二六　砖雕构件（H-TM13：1）………………………………………（128）
图一二七　砖雕构件（H-TL4：1）…………………………………………（129）
图一二八　砖雕构件（H-TM18：3）………………………………………（129）
图一二九　砖雕构件（H-TK20：9）………………………………………（129）
图一三〇　“康熙年”“王亮公”铭文瓦当（H-T1014：1）…………………（130）
图一三一　瓦当（H-T0115：1）……………………………………………（131）
图一三二　瓦当（H-T0116：15）……………………………………………（131）
图一三三　瓦当（H-TA7：1）………………………………………………（132）

图一三四　瓦当（H-LXLK：1）…………………………………………………………（132）
图一三五　瓦当（H-TA9：2）…………………………………………………………（133）
图一三六　瓦当（H-TL11：1）…………………………………………………………（133）
图一三七　滴水（H-TM13：2）…………………………………………………………（133）
图一三八　滴水（H-T0919：4）…………………………………………………………（134）
图一三九　滴水（H-T1015：2）…………………………………………………………（134）
图一四〇　滴水（H-T0314：2）…………………………………………………………（135）
图一四一　滴水（H-TD6：1）…………………………………………………………（135）
图一四二　铁器 …………………………………………………………………………（136）
图一四三　铁器 …………………………………………………………………………（137）
图一四四　铁器 …………………………………………………………………………（139）

彩 版 目 录

彩版一　含经堂遗址鸟瞰
彩版二　含经堂遗址探方分布及建筑遗迹鸟瞰
彩版三　梵香楼及北侧垂花门基址鸟瞰
彩版四：1　北宫墙外侧铺砌的卵石散水（自西北角向东）
　　2　北区建筑遗迹鸟瞰
彩版五　蕴真斋与北院门遗迹（自东南向西北）
彩版六：1　由北院门通往得胜概的云步青石山道（北段，自东北向西南）
　　2　戏台地井东侧过火砖面遗迹（自南向北）
彩版七　神心妙达看戏殿及殿前过火砖面（自南向北）
彩版八　三友轩、假山及待月楼遗迹鸟瞰
彩版九：1　含经堂三友轩太湖石假山遗迹（自东向西）
　　2　含经堂三友轩太湖石假山遗迹（自北向南）
彩版一〇　澄波夕照遗迹鸟瞰（自东向西）
彩版一一　明漪潇照方亭基址（自东向西）
彩版一二：1　明漪潇照方亭西侧甬路遗迹（自西向东）
　　2　云容水态全景及环境（自南向北）
彩版一三：1　云容水态遗迹（自东向西）
　　2　静缘亭（八角亭）遗迹（自南向北）
彩版一四：1　静缘亭（八角亭）遗迹（自西向东）
　　2　静缘亭（八角亭）遗迹（自东向西）
彩版一五　铜佛像（H-T0918：1）
彩版一六　乾隆款玉钵（H-T0117：1）
彩版一七：1　玉和尚头像（H-T0719：1）
　　2　玉道士头像（H-T0818：1）
　　3　玉鹤嵌饰（H-T0116：1）
　　4　玉残马（H-HY：5）
彩版一八：1　白瓷象（H-T0116：2）

2　白瓷碗碗底残片（H-TL10：1）
3　青花碗碗底残片（H-TJ9：1）
4　青花盘残片（H-TJ9：2）
彩版一九：1　风景人物纹青花盘残件（H-T1015：1）
2　花篮纹青花盘盘底残片（H-TJ10：1）
3　海水鲤鱼纹青花盘盘底残件（H-F3：1）
4　云龙纹青花瓶残片（H-TJ10：2）
5　龙头莲花纹青花托盘残件（H-TB8：1）
6　蝙蝠纹青花碗残片（H-TB8：2）
彩版二〇：1　青花盏托残件（H-T0518：1）
2　海水龙鱼纹青花盘残件（H-TM3：1）
3　青花碗碗底残件（H-TL8：1）
4　绛蓝釉小碗残件（H-TF5：1）
5　蟹青釉大碗残件（H-TJ10：3）
彩版二一：1　蟹青釉盘残件（H-TJ10：4）
2　浅蓝釉大盘残件（H-T0518：2）
3　豇豆红釉盘残片（H-T0518：3）
彩版二二：1　描金粉彩大盘盘底残件（H-T0113K：1）
2　粉彩托盘残件（H-TE6：3）
3　哥窑青釉小水丞残件（H-TE6：4）
彩版二三　瓷漆工艺绛红菊花盘残件（H-TA9：1）
彩版二四　瓷漆工艺绛红菊花盘残件（H-TA10：1）
彩版二五：1　乾隆款仿漆红釉菊花瓣瓷盘（承德避暑山庄博物馆瓷器厅展品）
2　乾隆款仿漆红釉菊花瓣瓷盘内描金乾隆御题诗（承德避暑山庄博物馆瓷器厅展品）
彩版二六：1　白瓷碗碗底残件（H-T1014：2）
2　福寿纹粉青长条瓷板（H-TXBK：2）
3　鸳鸯（H-T1013：1）
彩版二七：1　绿琉璃正吻（H-TXBK：5）
2　绿琉璃正吻（H-T0412：2）
3　蓝琉璃正吻（H-TK7：1）
4　蓝琉璃正吻（H-TG12：4）
5　蓝琉璃正吻（H-TG12：5）
6　蓝琉璃垂兽（H-TM14：1）
彩版二八：1　绿琉璃套兽（H-T0712：2）
2　绿琉璃套兽（H-T0118：1）

3 绿琉璃套兽（H-T0217：1）
4 蓝琉璃套兽（H-T0116：14）
5 黄琉璃仙人骑凤（H-T0612：2）
6 黄琉璃仙人骑凤（H-TA8：6）
彩版二九：1 黄琉璃仙人骑凤（H-TM11：1）
2 绿琉璃仙人骑凤（H-TXBK：3）
3 绿琉璃仙人骑凤（H-TG11：1）
4 绿琉璃仙人骑凤（H-T0612：1）
5 绿琉璃仙人骑凤（H-T0612：3）
6 绿琉璃仙人骑凤（H-TXBK：1）
彩版三〇：1 绿琉璃仙人骑凤（H-TD7：2）
2 蓝琉璃仙人骑凤（H-TM13：3）
3 蓝琉璃仙人骑凤（H-TXBK：4）
4 绿琉璃龙（H-T0712：1）
5 绿琉璃龙（H-TK4：1）
6 蓝琉璃龙（H-TM7：1）
彩版三一：1 黄琉璃凤（H-TM11：2）
2 绿琉璃凤（H-T0612：4）
3 绿琉璃凤（H-T0412：4）
4 蓝琉璃凤（H-T0312：1）
5 绿琉璃狮（H-T0712：3）
6 绿琉璃狮（H-TM18：2）
彩版三二：1 绿琉璃狮（H-TI9：2）
2 绿琉璃狮（H-TH20：1）
3 绿琉璃天马（H-T0913：1）
4 黄琉璃海马（H-TXBK：6）
5 绿琉璃海马（H-TM18：1）
6 黄琉璃瓦当（H-TJ11：3）
彩版三三：1 绿琉璃圆眼勾头（H-TM11：3）
2 绿琉璃瓦当（H-T0412：3）
3 绿琉璃瓦当（H-TI9：1）
4 蓝琉璃瓦当（H-TB4：2）
5 蓝琉璃瓦当（H-TB9：1）
6 黄琉璃滴水（H-TJ11：4）
彩版三四：1 蓝琉璃滴水（H-TB9：2）

2 蓝琉璃滴水（H-TB4：1）
3 绿琉璃博通脊（H-TXBK：8）
4 蓝琉璃三连砖（H-T1018：1）
5 “梵香楼”绿琉璃仙人底座（H-TA8：2）
彩版三五：1 蓝琉璃兽座（H-T0217：2）
2 三色琉璃砖（H-T1014：3）
3 双色琉璃挂檐板（H-TA9K：1）
4 双色琉璃望柱头（H-TM13：4）
彩版三六：1 黄琉璃构件（H-TD7：1）
2 黄琉璃构件（H-TJ11：2）
3 蓝琉璃构件（H-TE2：1）
4 双色转角琉璃构件（H-TJ11：1）
5 绿琉璃博脊连砖（H-TK12：1）
6 绿琉璃博脊连砖（H-TK12：2）

图 版 目 录

图版一　南牌楼基址（自西向东）
图版二　东牌楼基址（自北向南）
图版三　西牌楼基址（自南向北）
图版四：1　含经堂宫门月台东侧砖雕莲花铺地纹图案
　　　　2　含经堂遗址广场圆形毡帐（蒙古包）砖雕铺地纹图案遗迹
图版五：1　含经堂广场第8号古树树坑残存树根
　　　　2　含经堂广场第9号古树树坑残存树根
　　　　3　含经堂广场第15号古树树坑残存树根
　　　　4　含经堂广场第16号古树树坑残存树根
　　　　5　含经堂广场第17号古树树坑残存树根
　　　　6　含经堂广场第20号古树树坑残存树根
图版六：1　含经堂广场第21号古树树坑残存树根
　　　　2　含经堂广场第23号古树树坑残存树根
　　　　3　含经堂广场第24号古树树坑残存树根
　　　　4　含经堂广场第29号古树树坑残存树根
　　　　5　含经堂广场第31号古树树坑残存树根
　　　　6　含经堂广场第34号古树树坑残存树根
图版七：1　含经堂广场第35号古树树坑残存树根
　　　　2　含经堂广场第36号古树树坑残存树根
　　　　3　含经堂广场第41号古树树坑残存树根
　　　　4　含经堂广场第46号古树树坑残存树根
图版八：1　含经堂宫门内影壁门（仪门）基址（自西向东）
　　　　2　含经堂影壁门（仪门）东侧基槽出土的青石抱鼓石残件（自东向西）
　　　　3　含经堂大殿南侧基槽被破坏的状况（自东向西）
图版九：1　含经堂东配殿西侧被破坏的状况（自南向北）
　　　　2　霞翥楼基址鸟瞰
图版一〇：1　霞翥楼前厦三合土台基遗迹（自北向南）

2　梵香楼基址（自东北向西南）
图版一一：1　含经堂宫门内东垂花门基址（自北向南）
2　含经堂宫门内西垂花门基址（自北向南）
图版一二：1　淳化轩月台前的太湖石假山遗迹（自东南向西北）
2　淳化轩月台前太湖石假山石间的花盆遗迹
图版一三　淳化轩大殿、月台及太湖石假山遗迹鸟瞰
图版一四：1　淳化轩台明及柱础坑遗迹
2　淳化轩台明南侧剖面及南月台三合土台基（自东向西）
图版一五：1　得胜概敞厅台基及北侧临湖云步石阶（自北向南）
2　渊映斋遗迹鸟瞰（自北向南）
图版一六：1　渊映斋东侧连地炕（自南向北）
2　戏台地井遗迹（自南向北）
3　戏台地井南侧石阶通道（自北向南）
图版一七：1　买卖街北段遗迹（自南向北）
2　买卖街 H-TK10 北部灶址（自西向东）
图版一八：1　涵光室基址（自南向北）
2　涵光室东南隅设置的石沟漏与石沟门（自南向北）
图版一九：1　在涵光室东北隅与假山之间设置的瓶式洞门（自东向西）
2　三友轩西侧连地炕（自南向北）
3　三友轩假山北侧通道出口（连接静莲斋）（自北向南）
图版二〇：1　三友轩假山东北侧通道出口（通往蕴真斋）（自北向南）
2　三友轩假山西南侧通道出口（连接涵光室）（自南向北）
图版二一：1　三友轩假山天井盖石及内部通道（自东向西）
2　三友轩假山西侧地漏及石盖（自西向东）
图版二二：1　三友轩假山南侧 1 号古树树根
2　三友轩假山西南角 2 号古树树根
图版二三：1　三友轩假山西侧 3 号古树残树干及树根
2　三友轩假山天井内 4 号古树残树干及树根
3　三友轩假山西北角 5 号古树树根
图版二四：1　三友轩假山东北角 6 号古树树根
2　三友轩假山东北角 7 号古树树根
3　静莲斋东稍间连地炕（自北向南）
图版二五：1　西北隅宫墙外接砌的青砖礓䃰(自北向南)
2　西北隅第一组值房基址（自西向东）
3　西北隅第二、三、四组值房基址（自北向南）

图版二六：1　东库房F1基址（自西向东）
2　东库房F2基址（自西向东）
图版二七：1　东库房F3基址（自西向东）
2　东库房F4基址（自西向东）
图版二八　东北隅库房F5基址（自西向东）
图版二九：1　井亭遗迹（自西向东）
2　井口及井壁保存状况（自西向东）
图版三〇：1　西南1号木桥桥桩遗迹（自西向东）
2　买卖街东北甬道遗迹（自东北向西南）
图版三一：1　三合院主房内东北角1号灶址（自北向南）
2　三合院主房内西北角2号灶址（自北向南）
3　三合院主房西外侧3号灶址（自北向南）
图版三二：1　三合院门楼外东西向甬路图案遗迹（自东向西）
2　云容水态敞厅遗迹（自西向东）
图版三三：1　静缘亭（八角亭）北侧石台阶（自北向南）
2　静缘亭（八角亭）南侧石台阶及甬路遗迹（自西北向东南）
图版三四：1　玉松枝葡萄嵌饰（H-T0116：6）
2　玉山嵌饰（H-T0116：5）
3　玉鱼（H-T0414：5）
4　玉鹿（H-T0414：6）
5　玉兽（H-T0113：1）
6　玉镇尺（H-T1013：2）
图版三五：1　玉环（H-TB7：1）
2　玉环（H-TB7：2）
3　玉印章（H-T0414：1）
4　玉印章（H-T0414：2）
图版三六：1　玉印章（H-T0414：3）
2　玉印章（H-T0414：4）
图版三七：1　螺钿嵌饰（H-T0220：1）
2　螺钿嵌饰（H-T0220：2）
3　螺钿嵌饰（H-T0220：3）
4　螺钿嵌饰（H-T0220：4）
图版三八：1　螺钿嵌饰（H-T0220：5）
2　螺钿嵌饰（H-T0219：3）
3　螺钿嵌饰（H-T0219：5）

4 螺钿嵌饰（H-T0220：6）
5 螺钿嵌饰（H-T0219：4）
图版三九：1 陶范（HTAO-022）
2 陶范（HTAO-027）
3 陶范（HTAO-028）
4 陶范（HTAO-002：1）
5 陶范（HTAO-002：2）
6 陶范（HTAO-029）
图版四〇：1 陶范（HTAO-031）
2 陶范（HTAO-032）
3 陶范（HTAO-003）
4 陶范（HTAO-036）
5 陶范（HTAO-040：1）
6 陶范（HTAO-040：2）
图版四一：1 陶范（HTAO-037）
2 陶范（HTAO-039）
3 陶范（HTAO-033）
4 陶范（HTAO-001）
图版四二：1 《钦定重刻淳化阁帖》汉白玉石版（H-T0614：2）
2 《钦定重刻淳化阁帖》汉白玉石版（H-T0714：1）
图版四三 《钦定重刻淳化阁帖》汉白玉石版（H-TM10：1）
图版四四 石菩萨雕像残件（H-T0413：1）
图版四五：1 蓝琉璃花砖（H-T1014：4）
2 汉白玉望柱（H-T0317：6）
3 汉白玉望柱（H-T0317：7）
4 汉白玉寻杖（H-T0814：4）
5 汉白玉寻杖（H-TE6：1）
6 汉白玉栏板（H-TE6：5）
图版四六：1 汉白玉柱础石（H-TA8：5）
2 汉白玉覆莲座残件（H-T0218：1）
3 汉白玉圆桌面（H-TG5：1）
4 青石须弥座（H-T1014：5）
5 青石戗杆石（H-TA4：1）
图版四七：1 青石厢杆石（H-TJ4：2）
2 沟漏盖（H-T0115：10）

3 沟门（H-T0116：24）
4 拴马石（H-TM12：1）
图版四八：1 铭文砖（H-T1017：5）
2 铭文砖（H-T0718：2）
3 铭文砖（H-TXBK：9）
图版四九：1 铭文砖（H-TM13：6）
2 铭文砖（H-T0718：1）
3 砖雕海马（H-TA8：1）
4 砖雕构件（H-T0116：8）
5 砖雕构件（H-T0116：9）
6 砖雕构件（H-T0116：10）
图版五〇：1 砖雕构件（H-TA8：4）
2 砖雕构件（H-T1013：3）
3 砖雕构件（H-T1013：4）
4 砖雕构件（H-TM9：1）
5 砖雕构件（H-JYT：1）
6 砖雕构件（H-JYT：2）
图版五一：1 砖雕构件（H-JYT：3）
2 砖雕构件（H-JYT：6）
3 砖雕构件（H-JYT：7）
4 砖雕构件（H-T0212：1）
5 砖雕构件（H-T0212：2）
6 砖雕构件（H-TM13：1）
图版五二：1 砖雕构件（H-TL4：1）
2 砖雕构件（H-TM18：3）
3 砖雕构件（H-TK20：9）
4 板瓦（H-DSHG：4）
5 瓦当（H-T1014：1）
图版五三：1 瓦当（H-T0116：15）
2 瓦当（H-TA7：1）
3 瓦当（H-LXLK：1）
4 瓦当（H-TA9：2）
5 瓦当（H-TL11：1）
6 滴水（H-TD6：1）
图版五四：1 腰铁（H-T1017：1）

2　三角铁（H-YRSHT：1）
3　三角铁（H-YRSHT：9）
4　铁柄船桨（H-TXBK：7）
5　铁钩矛（H-T0113K：2）
6　铁扒锔（H-T1017：3）
图版五五：1　铁扒锔（H-T1017：4）
2　铁楔（H-T1019：1）
3　铁棍（H-T1019：3）
4　铁棍（H-T1019：4）
5　铁条构件（H-T1019：2）
6　铁扳手（H-T1019：5）
7　铁锥（H-T1019：6）
图版五六：1　铁环（H-T1019：7）
2　铁滑轮（H-T1019：8）
3　铁合页（H-T1019：9）
4　铁钉锔（H-T1019：11）
5　过火柏木板（H-T0817：1、2）

第一章 遗址概况

圆明园遗址位于北京市海淀区海淀乡西苑村，南连燕园（北京大学），东南接清华园（清华大学），西南与颐和园毗邻，北面为上地信息产业基地（图一）。

圆明园是闻名中外的清代皇家园林，被誉为“万园之园”和“一切造园艺术的典范”，在世界园林史上占有非常重要的地位。其大规模兴建始于康熙四十八年（1709年），后又历经雍正、乾隆、嘉庆、道光、咸丰五代皇帝150余年不断扩建和经营，最终建成了圆明、长春、绮春三座大型皇家御苑，统称圆明园。三园东西总长2620米，南北总宽1880米，周长11000米，占地3.5213平方公里，其中陆地面积2.284平方公里，水面面积1.2373平方公里，共有园林风景组群108处，总建筑面积约17万平方米。

含经堂遗址位于圆明园东部长春园的中央大岛上，四周山水环绕，风景幽雅。遗址南北总长300余米，东西总宽200米左右，北邻西洋楼大水法遗址，东接玉玲珑馆遗址，南连长春桥和澹怀堂遗址，西与海岳开襟和思永斋遗址隔湖相望。总占地面积6万余平方米，建筑遗迹面积（含南区广场）近3万平方米（图二；彩版一）。建于乾隆十年至三十五年（1745～1770年）。历史上的含经堂，为长春园中心区规模最大的一组寝宫型建筑景群。内设广场、牌楼、毡帐、宫门、影壁、垂花门、大型宫殿、小型斋室、看戏殿、扮戏房、戏台、敞厅、回廊、亭榭、假山，还有买卖街等各类建筑景点30余处。含经堂是这组建筑景群的统称，是乾隆皇帝为自己预备的“归政娱老”之所。自从含经堂寝宫建成以后，乾隆帝差不多每年有一半的时间居住于此。因此，这座寝宫是圆明园数以百计景群中规模较大、最具民族特色、建造工艺最为考究、收藏极为丰富、代表清代皇家园林最高建筑水平，因而最具历史文化价值的宫殿景群之一。然而，这颗璀璨的明珠，却于咸丰十年（1860年）第二次鸦片战争中，同整个圆明园其他建筑一起，惨遭英、法联军抢掠并被纵火焚毁，1900年含经堂再次被八国联军洗劫，后来又屡遭封建军阀、土豪劣绅和土匪强盗的掠夺、拆抢、盗卖，地面建筑荡然无存，最终成为一片废墟。解放后，含经堂遗址一直为海淀区水磨村生产队的用地，南区广场连续多年作为生产队的场院，遗址和景观又进一步遭到比较严重的人为破坏。

1988年，国务院公布圆明园遗址为全国重点文物保护单位。2000年9月29日，国家文物局对北京市文物局上报的《圆明园遗址公园规划》（由北京市城市规划设计院设计）作了批复（见国家文物局文物保函［2000］660号文件），2001年3月6日又对北京市文物局上报的《关于〈圆明园遗址考古规划〉的请示》（京文物［2000］663号文件）作了批复：“同意在长春园宫门和含经堂两个区域内进行考古勘探和发掘”，并进一步指示：“根据考古调查、发掘的结果和圆明园遗址保护工作的实际需要，经科学论证后，对各遗迹点采取具体保护措施。”2000年10～11月，北京市文物研究所受北京市文物局委托，开始对圆明园遗址进行调查，并制定了第一期考古发掘计划。2001年4月至2003年12月，遵照国家文物局的批复，北京市文物研究所对圆明园长春园含经堂遗址进行了有计划的科学发掘。

本报告为2001～2003年度圆明园长春园含经堂遗址的专题考古发掘报告。

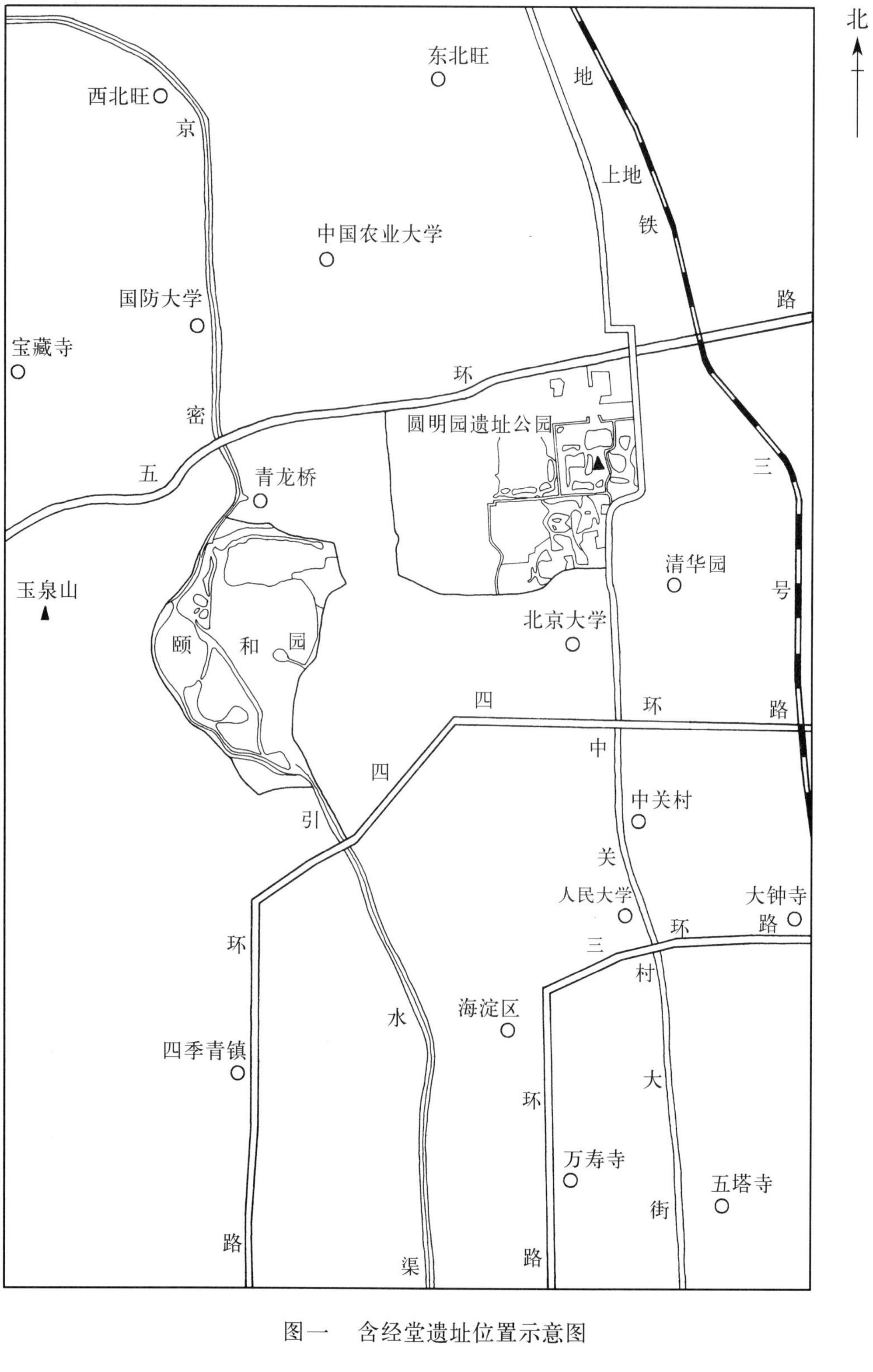

图一　含经堂遗址位置示意图

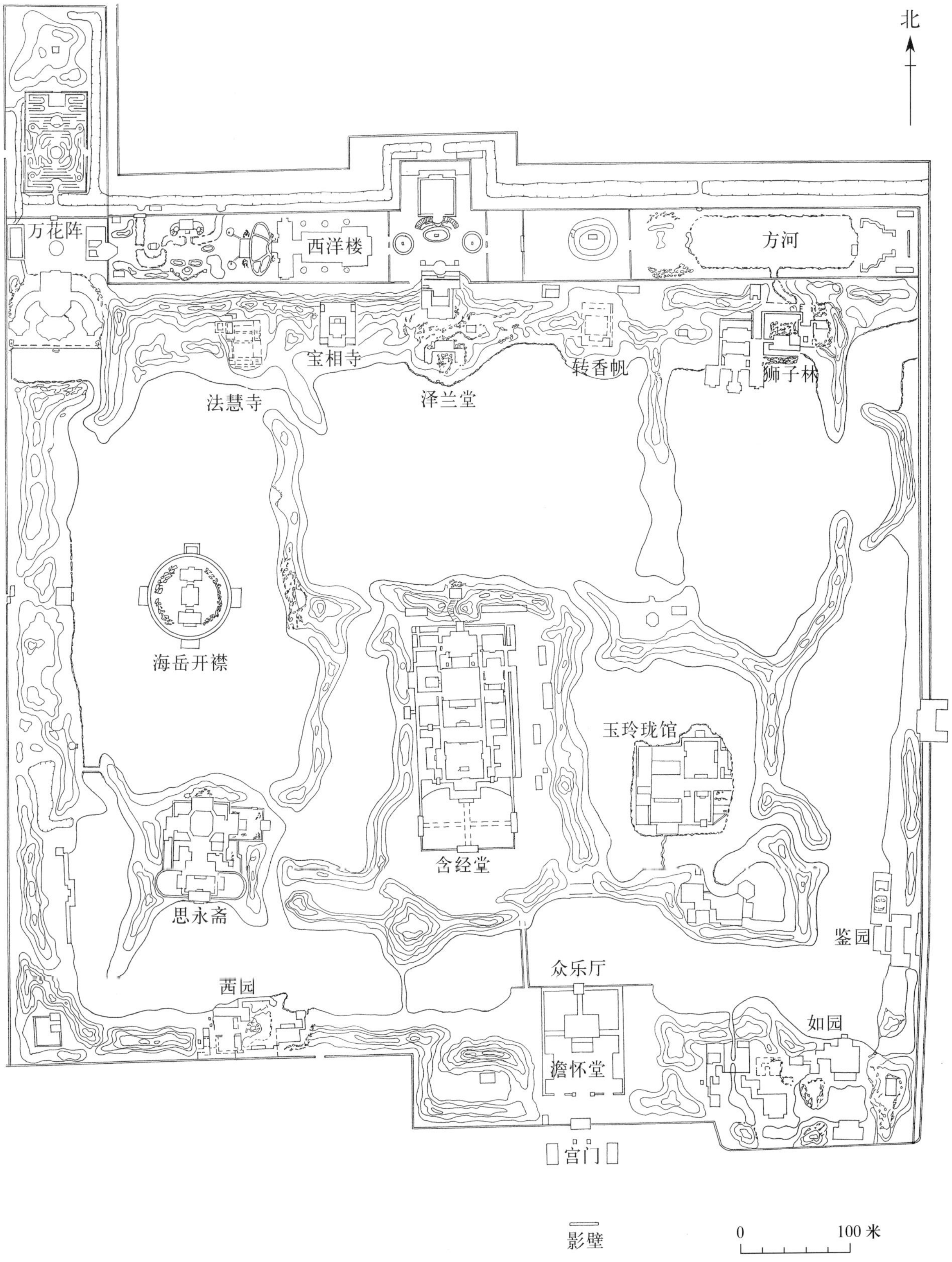
北
万花阵
西洋楼
方河
宝相寺
法慧寺
泽兰堂
转香帆
狮子林
海岳开襟
玉玲珑馆
含经堂
思永斋
鉴园
众乐厅
西园
如园
澹怀堂
宫门
影壁
0
100米

图二 长春园地形图

第二章　分区布方与地层堆积

一　分区布方

我们将含经堂寝宫遗址以淳化轩与含经堂之间的一组叠石假山为界，划分为南北二区，同时将含经堂宫苑宫墙以北和买卖街以东、西附属建筑遗迹，如值房、库房、井亭、明漪潇照方亭、云容水态敞厅和东北隅的静缘亭（八角亭），南甬道、东甬道、西南甬道、东北甬道以及遗址东南隅的早期三合院遗迹等，划归为宫苑周围其他遗迹。

2001年4月，在开始发掘含经堂寝宫遗址之初，即在该遗址西南角确定了整体布方基点（0点），然后向北拉出10×10米探方20排，向东拉出9排。考虑到出土外运和有利于遗址的保护问题，所以决定第一期发掘北区遗迹，第二期再发掘南区和周围其他遗迹。

2001年4～11月，第一期在北区共开10×10米探方89个，发掘面积为8900平方米。由南向北探方编号依次为：

T0112、T0113、T0114、T0115、T0116、T0117、T0118、T0119、T0120；

T0212、T0213、T0214、T0215、T0216、T0217、T0218、T0219、T0220；

T0312、T0313、T0314、T0315、T0316、T0317、T0318、T0319、T0320；

T0412、T0413、T0414、T0415、T0416、T0417、T0418、T0419、T0420；

T0512、T0513、T0514、T0515、T0516、T0517、T0518、T0519、T0520；

T0612、T0613、T0614、T0615、T0616、T0617、T0618、T0619、T0620；

T0712、T0713、T0714、T0715、T0716、T0717、T0718、T0719、T0720；

T0812、T0813、T0814、T0815、T0816、T0817、T0818、T0819、T0820；

T0912、T0913、T0914、T0915、T0916、T0917、T0918、T0919、T0920；

T1013、T1014、T1015、T1016、T1017、T1018、T1019、T1020。

2002年3月至2003年3月，第二期在南区及北区未发掘区域共开10×10米探方171个，面积为17100平方米，与第一期发掘探方全面衔接起来。为了便于与第一期发掘探方相区别，出土遗物不混淆，记录资料清楚，我们将第二期发掘的这171个探方，东西横向用英文字母排序表示，南北纵向采用阿拉伯数字表示，作为探方排序编号标记。它们从遗址西南角基点起，自南向北，然后再从西向东，编号依次为：

TA1、TA2、TA3、TA4、TA5、TA6、TA7、TA8、TA9、TA10、TA11（北面即与第一期发掘的T0112衔接）；

TB1、TB2、TB3、TB4、TB5、TB6、TB7、TB8、TB9、TB10、TB11（北面即与第一期发掘

的T0212衔接）；

TC1、TC2、TC3、TC4、TC5、TC6、TC7、TC8、TC9、TC10、TC11（北面即与第一期发掘的T0312衔接）；

TD1、TD2、TD3、TD4、TD5、TD6、TD7、TD8、TD9、TD10、TD11（北面即与第一期发掘的T0412衔接）；

TE1、TE2、TE3、TE4、TE5、TE6、TE7、TE8、TE9、TE10、TE11（北面即与第一期发掘的T0512衔接）；

TF1、TF2、TF3、TF4、TF5、TF6、TF7、TF8、TF9、TF10、TF11（北面即与第一期发掘的T0612衔接）；

TG1、TG2、TG3、TG4、TG5、TG6、TG7、TG8、TG9、TG10、TG11（北面即与第一期发掘的T0712衔接）；

TH1、TH2、TH3、TH4、TH5、TH6、TH7、TH8、TH9、TH10、TH11（北面即与第一期发掘的T0812衔接）；

TI1、TI2、TI3、TI4、TI5、TI6、TI7、TI8、TI9、TI10、TI11（北面即与第一期发掘的T0912衔接）；

TJ1、TJ2、TJ3、TJ4、TJ5、TJ6、TJ7、TJ8、TJ9、TJ10、TJ11、TJ12（北面即与第一期发掘的T1013衔接）；

TK1、TK2、TK3、TK4、TK5、TK6、TK7、TK8、TK9、TK10、TK11、TK12、TK13、TK14、TK15、TK16、TK17、TK18、TK19、TK20；

TL1、TL2、TL3、TL4、TL5、TL6、TL7、TL8、TL9、TL10、TL11、TL12、TL13、TL14、TL15、TL16、TL17、TL18、TL19、TL20；

TM1、TM2、TM3、TM4、TM5、TM6、TM7、TM8、TM9、TM10、TM11、TM12、TM13、TM14、TM15、TM16、TM17、TM18、TM19、TM20。

第二期除了发掘完上述171个探方以外，同时还在含经堂寝宫遗址北部，特别是在西北隅和东北隅，又大规模扩方发掘出被掩埋于土山之下的西北角值房遗迹12间、东北角库房遗迹13间、从买卖街通往东北山口和湖边的东北甬道、从东牌楼通往东南山口及云容水态的东南甬道、从南牌楼通往长春桥的南甬道、从西牌楼通往西南山口和思永斋的西南甬道和木桥基址，以及分布于含经堂遗址周围土山外侧、临湖的几处附属建筑，如东部的明漪潇照方亭、东南的云容水态敞厅和东北隅的静缘亭（八角亭）遗迹等，扩方面积合计约9000平方米。第一期与第二期发掘总面积为35000平方米（图三）。主体建筑群和周围附属建筑遗迹，已全部揭示清楚（附图一；彩版二）。

二　地层堆积

含经堂建筑遗址内的地层堆积比较简单，普遍分为二层，现以南区TL11东壁地层剖面为例，说明如下：

第1层：近、现代垫土层，灰褐色土，土质因经年被车碾压，较硬实，内含大量碎砖、残瓦，还有碗盘瓷片、铁丝、玻璃及一些建筑垃圾和生活垃圾，厚0.15～0.6米。

第2层：清代建筑遗迹地面。

北

T0120	T0220	T0320	T0420	T0520	T0620	T0720	T0820	T0920	T1020	TK20	TL20	TM20
T0119	T0219	T0319	T0419	T0519	T0619	T0719	T0819	T0919	T1019	TK19	TL19	TM19
T0118	T0218	T0318	T0418	T0518	T0618	T0718	T0818	T0918	T1018	TK18	TL18	TM18
T0117	T0217	T0317	T0417	T0517	T0617	T0717	T0817	T0917	T1017	TK17	TL17	TM17
T0116	T0216	T0316	T0416	T0516	T0616	T0716	T0816	T0916	T1016	TK16	TL16	TM16
T0115	T0215	T0315	T0415	T0515	T0615	T0715	T0815	T0915	T1015	TK15	TL15	TM15
T0114	T0214	T0314	T0414	T0514	T0614	T0714	T0814	T0914	T1014	TK14	TL14	TM14
T0113	T0213	T0313	T0413	T0513	T0613	T0713	T0813	T0913	T1013	TK13	TL13	TM13
T0112	T0212	T0312	T0412	T0512	T0612	T0712	T0812	T0912	TJ12	TK12	TL12	TM12
TA11	TB11	TC11	TD11	TE11	TF11	TG11	TH11	TI11	TJ11	TK11	TL11	TM11
TA10	TB10	TC10	TD10	TE10	TF10	TG10	TH10	TI10	TJ10	TK10	TL10	TM10
TA9	TB9	TC9	TD9	TE9	TF9	TG9	TH9	TI9	TJ9	TK9	TL9	TM9
TA8	TB8	TC8	TD8	TE8	TF8	TG8	TH8	TI8	TJ8	TK8	TL8	TM8
TA7	TB7	TC7	TD7	TE7	TF7	TG7	TH7	TI7	TJ7	TK7	TL7	TM7
TA6	TB6	TC6	TD6	TE6	TF6	TG6	TH6	TI6	TJ6	TK6	TL6	TM6
TA5	TB5	TC5	TD5	TE5	TF5	TG5	TH5	TI5	TJ5	TK5	TL5	TM5
TA4	TB4	TC4	TD4	TE4	TF4	TG4	TH4	TI4	TJ4	TK4	TL4	TM4
TA3	TB3	TC3	TD3	TE3	TF3	TG3	TH3	TI3	TJ3	TK3	TL3	TM3
TA2	TB2	TC2	TD2	TE2	TF2	TG2	TH2	TI2	TJ2	TK2	TL2	TM2
TA1	TB1	TC1	TD1	TE1	TF1	TG1	TH1	TI1	TJ1	TK1	TL1	TM1

0　20米

图三　含经堂遗址探方分布图

第三章 遗　　迹

含经堂宫苑组群主体建筑布局为一座坐北朝南的长方形大院落，四周围砌宫墙，中间有中轴线，将整个宫苑建筑群划分为中、东和西三路。从建筑的规模与格局结构特点看，中路建筑宏伟、严谨、庄重；东、西两路建筑则规模体量略小，布局和结构富于变化，尤以西路更为明显。若以淳化轩与含经堂之间的一组叠石假山为界，将含经堂宫苑分为南、北两区的话，则南区建筑是以中轴线为轴心，作严整对称布局，敞阔、庄严而尊贵；北区建筑虽然也以中轴线为对称坐标，但在具体置景、结构上却变得灵活、自然。经测量，含经堂寝宫建筑中轴线的方向为北偏西3°。

现在揭示出来的含经堂宫苑组群建筑，南区基本保留了乾隆时期（1736～1795年）的建筑格局，北区则因嘉庆十九年（1814年）作过局部改建，从而使乾隆时期的建筑格局有些变动，但这主要是指东路建筑群的变化。自嘉庆十九年之后，此处宫苑再未作过添、改建。故现今所见到的含经堂宫苑遗址的主体建筑格局，主要为乾隆时期的遗迹，其次也包括一少部分嘉庆十九年拆、改建的遗迹，而没有更晚期的遗存。现自南而北依次简要介绍含经堂宫苑三路建筑和周围有关附属建筑遗迹的情况。

第一节 南　　区

一　广场遗迹

广场位于含经堂宫苑南部，东西长86.5米，南北宽55.7米。曾建有南、东、西三座琉璃牌楼，铺有石板甬道和四块草坪，在草坪之上设置武帐，是清帝接待和宴赏外国使节和少数民族部族首领之所。在发掘中，我们在广场正南中央和东西两侧，的确发现琉璃牌楼基址各一座，在三座牌楼的两侧面中间，都有接砌的青砖宫墙墙基遗迹，在南牌楼与含经堂月台之间，发现南北中心甬道一条（为中轴线），在东、西牌楼之间，发现东西甬道一条，与南北中心甬道呈十字交叉状，在十字形交叉的甬道两侧，发现有对称的、带有图案的圆形和方形毡帐基础遗迹，周围还有排列有序的植树坑遗迹。

（一）牌楼遗迹

含经堂广场南、东、西三座牌楼的基槽，至今保存较好，其形状、结构相同，规格也相差不多。平面形状均呈长方形，直壁平底，四壁与底面均以坚硬的三合土墁筑，然后再码砌大块青砖和条石。槽底均有94～100厘米见方的青石质柱础石4方，原位未动，上有圆形柱窝，柱窝直径52厘米，深20厘米左右。柱础石两侧，有对称的呈凹字形的大石锁加以固定，以西牌楼出土的4对石锁保存得较为完好，其中有2对原位未动，此石锁通长202～204、宽82～83、锁口长94～100厘米许。南、东牌楼的石锁构件已被移位，多出在柱础石旁侧。基槽内出土较多石条构件和琉璃瓦、脊兽等残件。可见这三座牌楼均应为四柱琉璃牌楼。其中南牌楼规格为东西长19、南北宽3.45、深1.45米（图四；图版一），在出土的大量砖瓦构件中，有一件蓝琉璃构件上遗有阴刻三字："正楼青"。东牌楼基槽的规格为南北长19、东西宽3.6、深1.63米（图五；图版二）。西牌楼基槽的规格为南北长19、东西宽3.65、深1.65米（图六；图版三）。在三座牌楼基槽的四周，均有散水遗迹，散水面宽均为1.5米，铺砌散水的砖面已不存，现仅存三合土基础痕迹。三座牌楼基槽内遗存的柱础、石锁及出土的戗杆石和其他石构件情况，参见附表1～3。

（二）宫墙遗迹

含经堂广场南、东、西三面宫墙用材相同，皆以长方形青砖砌筑，砖的规格为42.5×22.5×9.5厘米。墙基基槽宽0.9、深1米，槽底以三合土墁平。南墙筑在南牌楼东、西两侧中间，分别向东、西两边笔直延伸，西段长32.4米，东段长33.4米，东西墙分别筑在东、西牌楼南、北两侧中间，分别向南、北两边笔直延伸，东墙南段长13.5米，北段长5.5米，西墙南段长14.3米，北段长5.8米。宫墙东南角和西南角均为直角。在宫墙内、外侧，遗有0.65米宽的散水基础，局部尚存残余青砖和三合土底面。在散水外侧，以长条青砖镶嵌砖牙子，牙子砖的规格为33.5×9.5×8.5厘米。

（三）甬道遗迹

含经堂广场的中心甬道，自南牌楼内侧中心至宫门月台中心阶下，长37.7、宽5.5米。东西甬

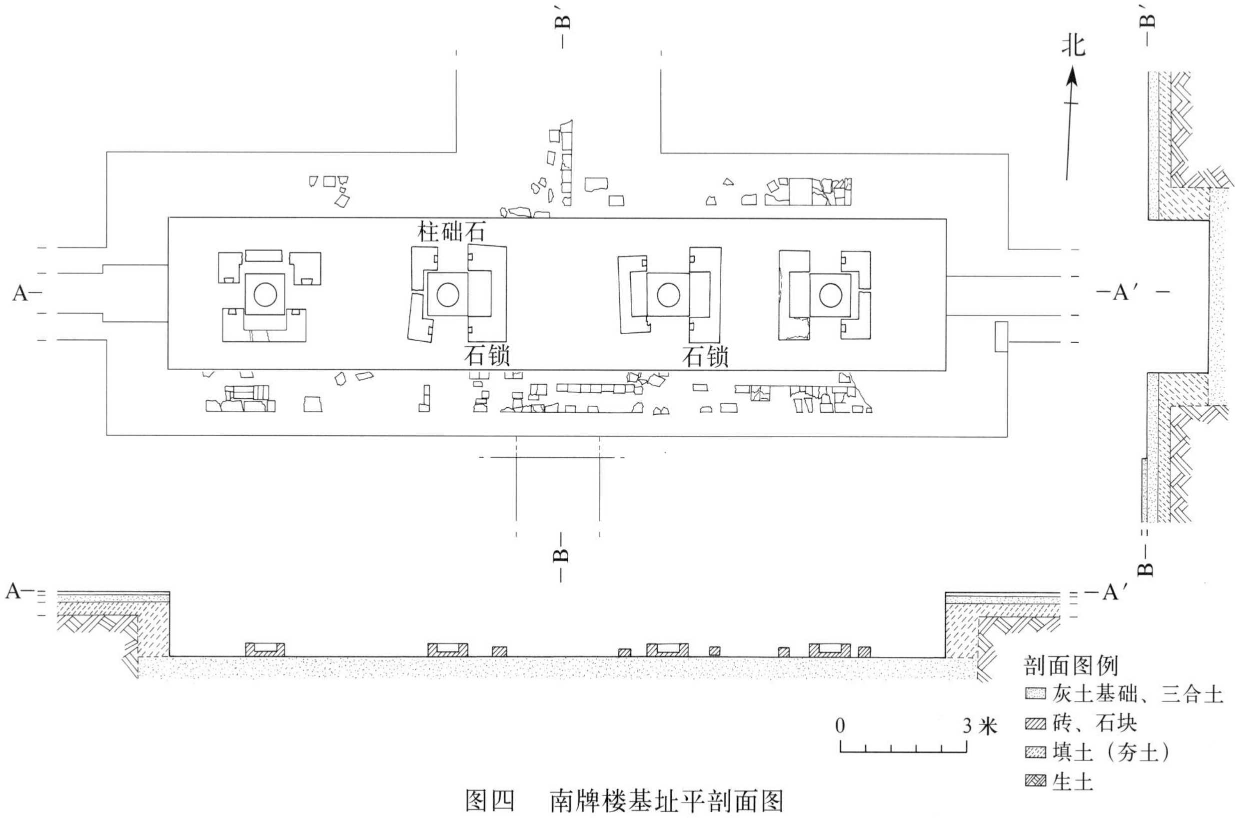

图四　南牌楼基址平剖面图

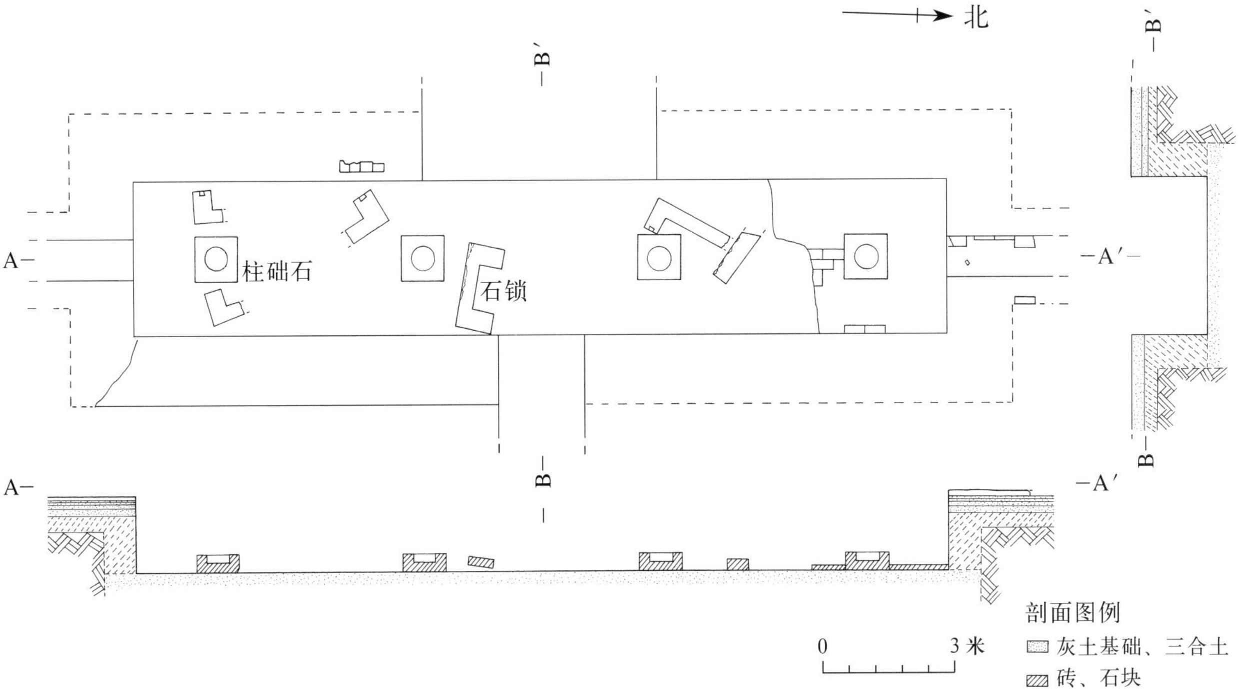

图五　东牌楼基址平剖面图

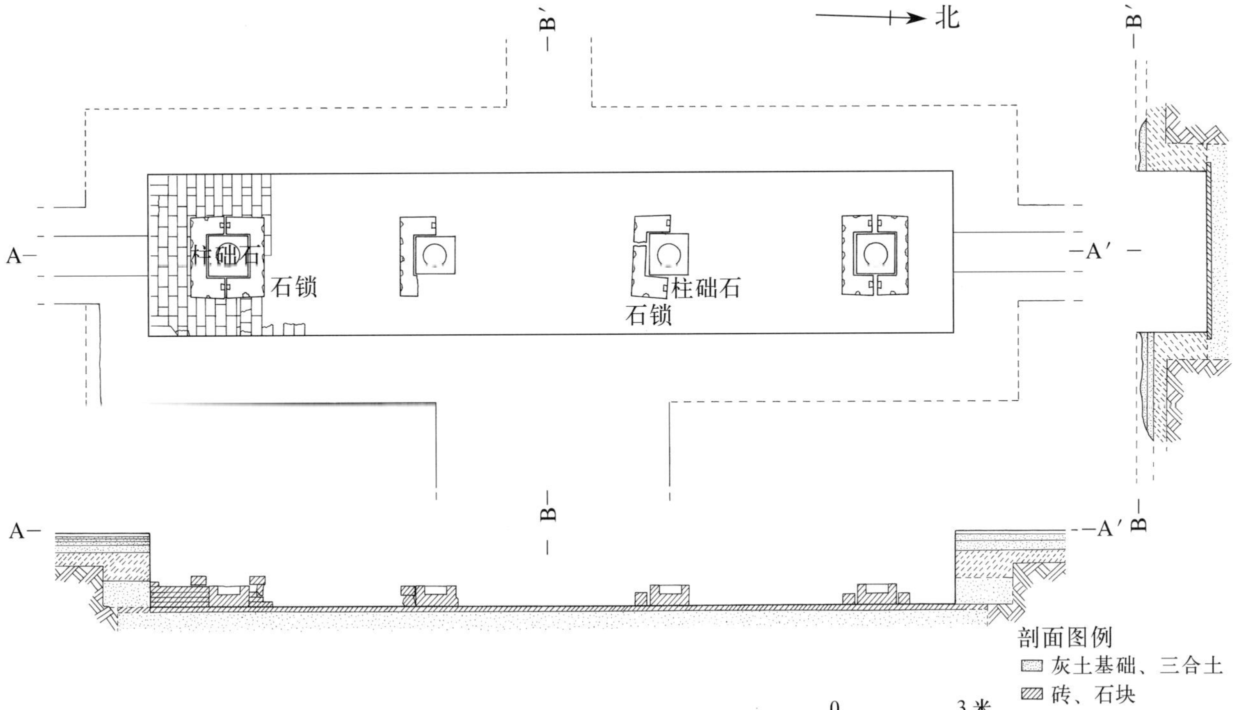

图六　西牌楼基址平剖面图

道，自东牌楼内侧中心至西牌楼内侧中心，长82.1、宽5米。两条甬道在广场中心略偏北的位置作正十字形交叉状，将广场地面分为四块。甬道基础保存较好，是由三合土与碎石、残砖混合夯筑而成，接近路面部分皆为三合土夯层，路基厚0.24～0.32米，路面中间略呈弧形拱起，原路面石板现已无存。

需要指出的是，两条甬道在出了三座牌楼门的外侧，即出了广场宫墙之后，仍有向外延伸部分，如南北中心甬道的南端，出了南牌楼之后，又有一段通往长春桥的南甬道；东西甬道的东端，出了东牌楼之后，又有一段通往云容水态敞厅的东甬道；东西甬道的西端，出了西牌楼之后，又有一段通往思永斋的西南甬道。这3条向外延伸的甬道遗迹，将在后面第三部分宫苑周围其他遗迹中分别叙述，在此不赘。

（四）砖雕铺地纹及毡帐基础遗迹

1．砖雕铺地纹

在含经堂广场十字甬道的两侧，均发现有成片的砖雕铺地纹或三合土铺地纹印迹（原砖雕已被拆掉，其印迹遗留在砖下三合土地面上）。铺地纹图案有：方形（或长方形）加相对三角纹、万字纹，六角形加六瓣莲花纹，八曲弧线加八瓣莲花纹，八角形加方格纹，还有如意云纹等。北半部保存较好，图案较清晰；南半部多被破坏，仅局部略见轮廓，大部分已不见痕迹。如北半部宫门月台两侧，各保存有对称的六角形加六瓣莲花砖雕铺地纹一组，砖雕图案基本完好，甚为难得。这两组砖雕莲花铺地纹图案面积相等，均东西长11.5、南北宽5.2米（图七；图版四：1），中间略上弧，与月台东、西外沿边缘平行。

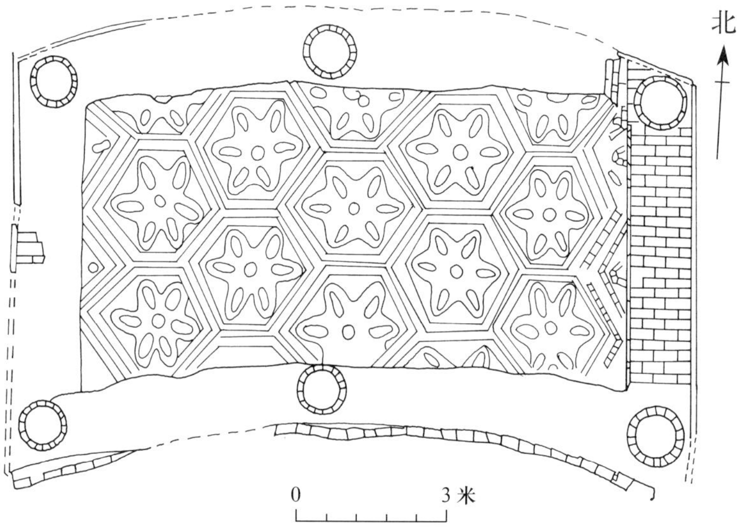

图七　砖雕莲花铺地纹图案

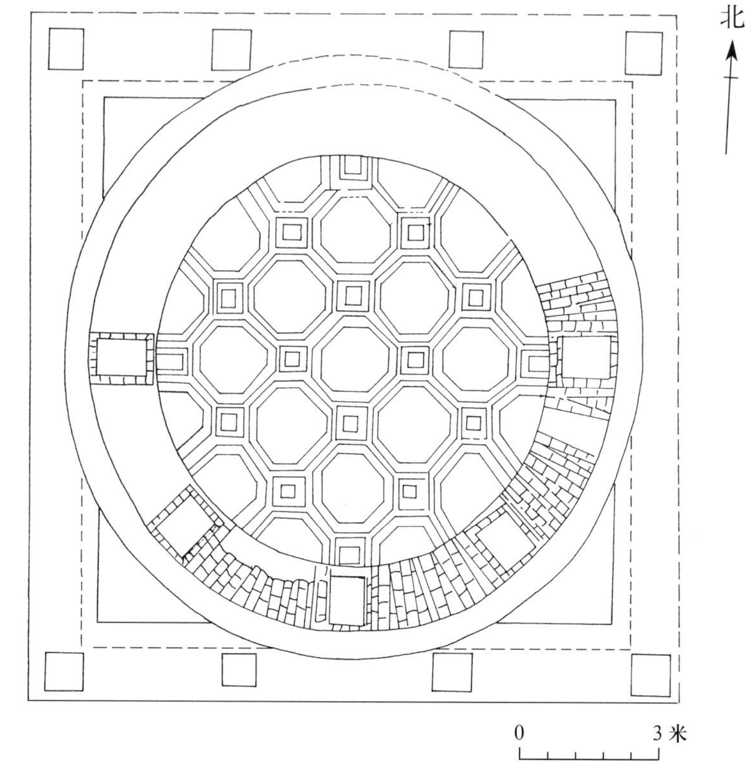

图八　砖雕毡帐铺地图案

2．毡帐基础遗迹

在宫门月台南侧，南北中心甬道东、西两侧，分别发现对称的圆形和方形毡帐基础各1座。两座圆形毡帐位于中轴线左右近旁，两座方形毡帐则位于两座圆形毡帐的外侧。这4座毡帐的基础，皆以三合土夯实打底，上面再码砌两层青砖，这些青砖除周边散水外，其余均为铺地纹雕砖。其中圆形毡帐基础的铺地纹，为八角形加方格纹组成的连续图案，寓意当为连接四面八方。这两座圆形毡帐规格相同，直径为12.5米（图八；图版四：2）。方形毡帐基础的铺地纹为四角由方形加对称三角纹组成的方块纹，中间为万字几何纹，寓意应为“万方统和，天下归心”。这两座方形毡帐的规格也完全相同，边长均为13.9米。保存状况以中轴线西侧的圆形毡帐基础保存得较好，结构完整，铺地纹清晰可辨；其他3座毡帐基础，均遭不同程度破坏，铺地纹多已残缺不全。

（五）植树坑遗迹

在含经堂广场，共发现植树坑58个。这些植树坑分7排有规律地分布在被十字甬道分割的四块广场地面上（详见附图一中南区广场部分1～58号植树坑平面分布）。多数植树坑内，至今尚遗留有保存较好的柏树根（图版五、六、七），表明含经堂广场原来曾有计划地栽种过柏树。树坑的平面形状有圆形、八角形、方形和长方形4种，树坑规格（直径或见方）一般在0.8～1米左右，深度多距广场原地面以下约0.45～0.9米。其中分布于宫门月台东西两侧砖雕莲花铺地纹遗迹四周的各6个；分布于中轴线东、西两侧2座圆形毡帐周围的各8个；分布于2座方形毡帐周围的各4个；分布于十字甬道南侧的2块长方形铺地纹遗迹周围的各11个。详见附表4。

二　宫门遗迹

宫门位于含经堂宫苑中轴线上，南距南牌楼内侧50.5米，北距含经堂正殿33.7米。据清代文献记载，含经堂宫门原为五间，中间为三间，四面有檐廊，南有月台，南、北中央设台阶，北檐廊东、西两侧连接回廊。经发掘，宫门基址的结构布局与文献记载基本吻合。宫门殿基平面呈长方形，东西长19.7、南北宽9.1米，基槽深距原地平1.9米（图九）。殿面高出月台顶面0.6米，上部三合土分2层夯筑，上层厚0.2、下层厚0.22米。三合土夯层之下为夯土层，厚1.86米，分8层夯筑，每层厚约0.2～0.25米。夯土层之下为三合土基槽底面，非常坚硬、平整。殿之四角，三合土基础加厚，以东南角剖面为例，自上而下共分5层：第1层为三合土夯层，分2层夯筑，上层厚0.2、下层厚0.22米；第2层为夯土层，内含碎砖石；第3层为三合土夯层，厚0.53米，分3层夯筑；第4层为基槽底部三合土层，厚0.33米；第5层为柏木地钉夯入生土层。宫门檐廊宽2米。南月台东西长23.6、南北宽5.8、较广场地平高1.6米。乾隆三十五年（1770年）以前，曾在此南月台上安置铜龙1对，乾隆三十五年之后，换为刻有“大清乾隆年制”款石座镀金铜狮1对。南月台东、西两侧延伸部分呈对称拱弧形，两端分别与广场青砖宫墙衔接，中间设左、右石阶各一座，以与月台上之东、西垂花门相通，西侧（右）石阶已无存，东侧（左）石阶仅存最底层踏跺石一块。南月台上面三合土夯层有0.5米，分3层夯筑，自上而下夯层厚度分别为0.2、0.1、0.2米；三合土之下为夯土层，内含碎砖石，厚1.1米；夯土层之下为三合土基槽面，甚坚硬、平整。月台东西两侧延伸部分，上面三合土夯层分2层夯筑，上层厚0.18、下层厚0.24米；三合土层之下为夯土层，厚0.8米，下部亦含碎砖石；夯土层之下是三合土基槽面，与月台基槽面保持同一地平。南北两面台阶均被拆毁，石条无存，现仅余基础轮廓，其中南台阶东西长11.6、南北宽4.1米；北台阶东西长13、南北宽2.5米。

三　含经堂院落遗迹

在含经堂寝宫的中轴线上，自南而北布有三进院落，第一进院落为含经堂院落；第二进院落为淳化轩院落；第三进院落为蕴真斋院落。

含经堂院落遗迹，包括影壁门、甬道、含经堂正殿、东西配殿、霞翥楼、梵香楼、回廊、垂花门以及宫墙遗迹等。

（一）影壁门遗迹

在含经堂宫门内，原有影壁门一座。在发掘过程中，我们在位于宫门和含经堂正殿中轴线上找

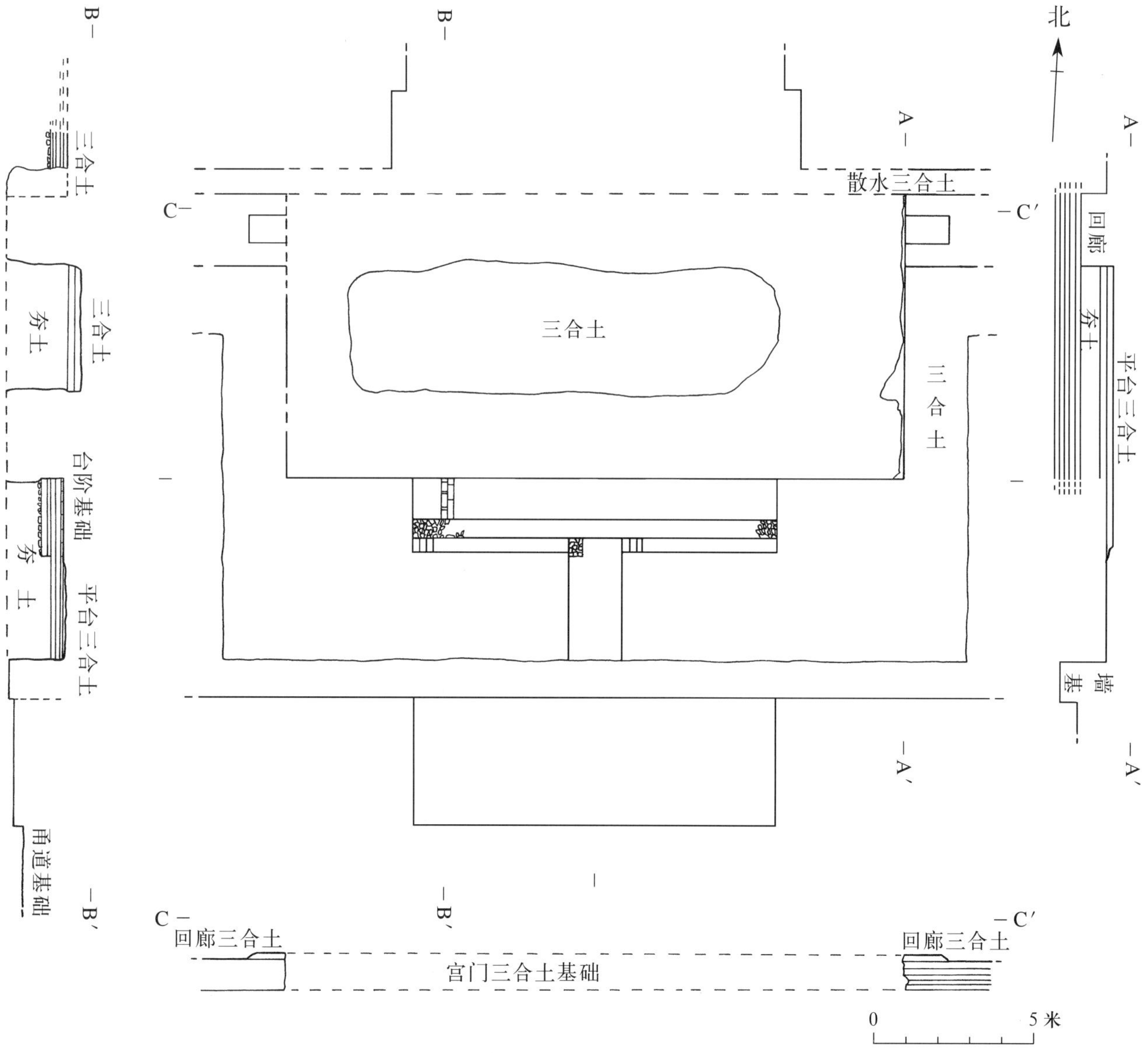

图九　含经堂宫门基址平剖面图

到了这座影壁门的基础，它东距霞翥楼15米，西距梵香楼15米，北距含经堂正殿23.6米，南距宫门7.2米，基槽坑平面呈长方形，东西长6.9、南北宽3.5、槽底距原地平深1.85米。基槽内现存原位柱础石2方（图一〇；图版八：1）。槽底以三合土夯筑墁平，然后上砌磉墩（两层青砖），其上再置青石质柱础石，两柱础石中间有拦土墙，周边垒砌砖台，直至与柱础石面相平，其余部分以三合土填平。柱础石平面呈正方形，边长75、高58厘米，柱窝直径25、深15厘米，两柱础石间距3.85米。基槽内东西两端各出土从地面掉入的残碎抱鼓石3块，上面雕有精美的包袱角石鼓及兽面纹等纹饰（图版八：2）。这即为影壁门东西两端的滚墩石无疑。据清史档案载，乾隆十三年（1748年），意大利画家郎世宁曾奉乾隆帝御旨，专门为含经堂宫门内此照壁画过通景油画一幅。

（二）甬道遗迹

自宫门北台阶至含经堂正殿南台阶，有南北中心甬道一条，长27.5米，与广场上的南北中心甬道同在一条中轴线上，其南段宽12、北段宽4.5米；在东、西配殿前脸中间又设东西甬道一条，长32、宽4.5米，在院中心与南北甬道呈十字形相交。甬道路面现仅存三合土基础，存厚0.1～0.16米，保存状况尚好。

（三）含经堂正殿遗迹

历史上的含经堂，为二层七间重檐歇山琉璃瓦顶大殿，堂楣上悬挂乾隆御笔“含经堂”鎏金铜字匾，这是含经堂宫苑建筑群中的中心建筑，也是乾隆、嘉庆诸帝在长春园内的主要游憩寝宫。乾

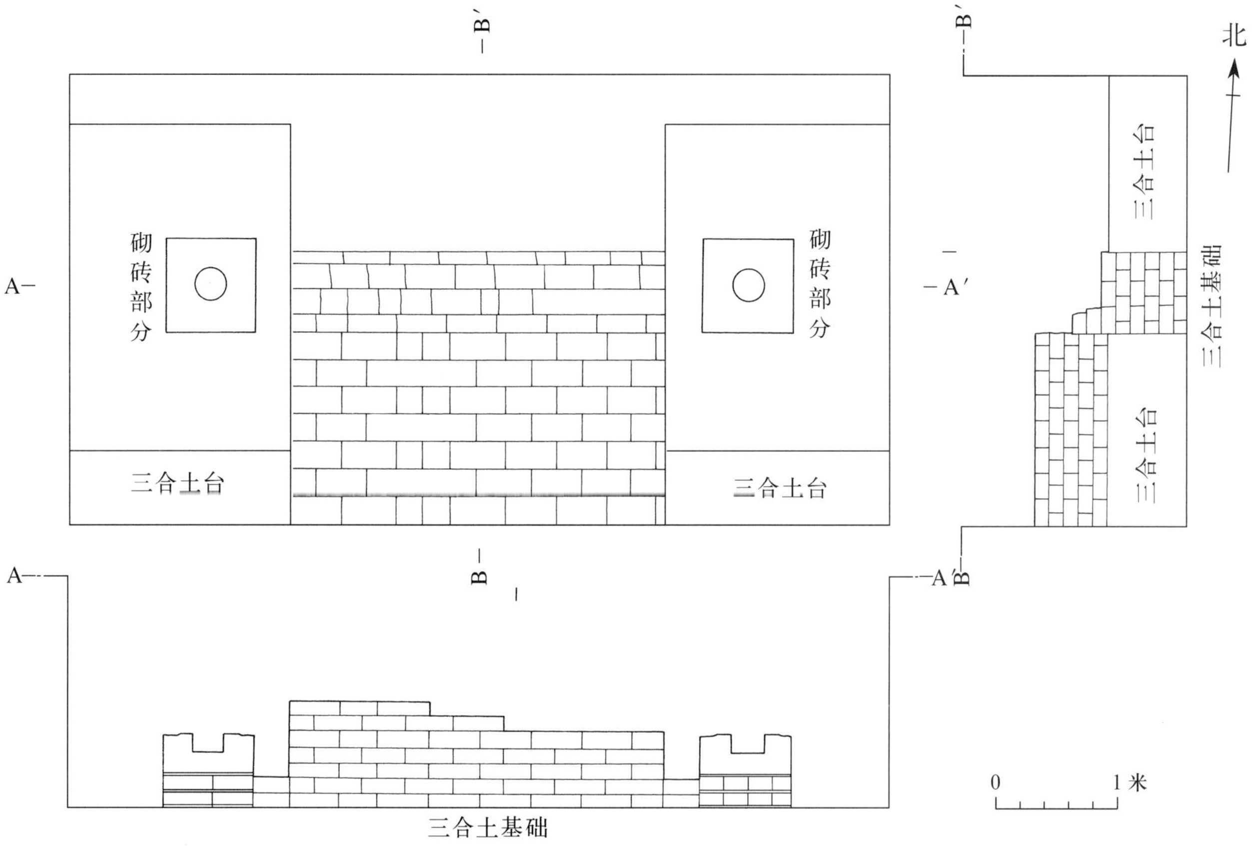

图一〇 影壁门基址平剖面图

隆帝每逢元宵节后总先莅此，在这里或接见边疆民族首领，或宴赏外国使节。含经堂正殿位于南北中轴线上，其南面基础距宫门北面基础33米，坐北朝南。经发掘，含经堂殿面基础东西长25.8、南北进深8米，殿面高出院落原地平0.55米（图一一）。基槽平面呈长方形，东西长31、南北宽13.2、深2.15米。现以殿基东南角剖面为例，说明其基础建筑特点。含经堂正殿基础结构自上而下共分5层：第1层为三合土层，厚0.25米；第2层为夯土层，厚0.7米，分3层夯筑而成；第3层为三合土夯层，厚1.1米，分6层夯筑而成，每层厚度约0.16～0.2米；第4层为红色砂岩石块层，厚0.1米；第5层为柏木地钉夯入生土层，柏木地钉直径7.5、长196厘米。此殿面及基槽遭大火焚烧和人为破坏程度严重。殿面铺地青砖已被大火烧成红烧土色，表面完全迸裂；地基三合土均被刨毁翻动（图版八：3），既无柱础石出土，亦不辨柱础坑位置。

在大殿四周，均存有散水，其中南面和西北角保存较好，其余儿面均遭破坏。散水以三合土为基础，上面铺砌青砖，南面散水三合土基础面宽1米，青砖规格为42 × 21 × 9厘米。

在含经堂正殿南北两侧中间（位于中轴线上），均有台阶基础。南台阶仅余灰土基础痕迹，东西长4.5、南北宽2.7米。南台阶基础东西两侧，遗有三合土散水面，宽0.75米。台阶南面与南北中心甬道相衔接。北台阶除有灰土基础以外，上面还保存有部分青砖和砖铺散水，台阶基础东西长11.76、南北宽2.84米，散水面宽0.72米，青砖规格为42 × 21 × 9厘米。

在北台阶的东、西两侧，各发现圆形花盆基座1个，用弧形磨砖拼成，直径0.84米，砖内边长26、外边长34、厚12厘米，中间以碎砖填充。

在含经堂正殿东、西两端，各发现连地炕一座。西端的一座位于正殿西梢间及尽间之北半部，残长5.7、宽3.97米，炉膛为圆形，直径0.6米，由炉膛至地面，有一条倾斜上扬的主烟道，长4.8、宽0.38米，其两侧各设有6条支烟道，均为长1.16、宽0.22米。东端的一座位于正殿东端梢间与尽间之中部，除炉膛被破坏外，其他部分均保存完好，未予解剖，推测其内部结构与西端连地炕相同。

（四）东、西配殿遗迹

含经堂东、西配殿原各有穿堂五间，其前檐廊分别与含经堂东、西两侧回廊相衔接。发掘结果与历史文献所载一致，唯两座配殿均已被破坏，基础多已残缺不全（图版九：1）。

东配殿基础现南北长17.5、东西宽8.7米，前面有檐廊，基槽底部夯有柏木地钉，柏木地钉间距为0.15～0.2米，基础三合土厚1米，分5层夯筑，每层厚0.2米左右，上距散水三合土面0.9米，比回廊三合土高出1层。在东配殿基槽前面底部，发现方形柱础石4方，平面规格为65厘米见方，古镜直径为40厘米。明间面阔3.5米，南、北第一次间和第二次间面阔均为3.2米。

在东配殿明间前檐廊西侧，与含经堂院内东西甬道东端衔接处，有台阶一座，基础遗有三合土面及铺在三合土面上的少量青砖，三合土基础保存较好，南北长5.7、东西宽1.85、厚0.6米，分5层，每层厚约0.1～0.2米。

西配殿基础现南北长17.6、东西宽8.9米，基础三合土距前散水三合土面高0.6米，前散水三合土距台心三合土高0.85米。明、次间规格同东配殿。现存双联柱础坑遗迹3座，位于西配殿东南角，长2.2、宽0.85米。

在西配殿明间东、西檐廊下，各有石台阶一座。其中东台阶与含经堂院内东西甬道西端衔接，阶条石已不存，仅余三合土基础，南北长6.1、东西宽2.4、存厚0.4米。西台阶保存梢好，现存完

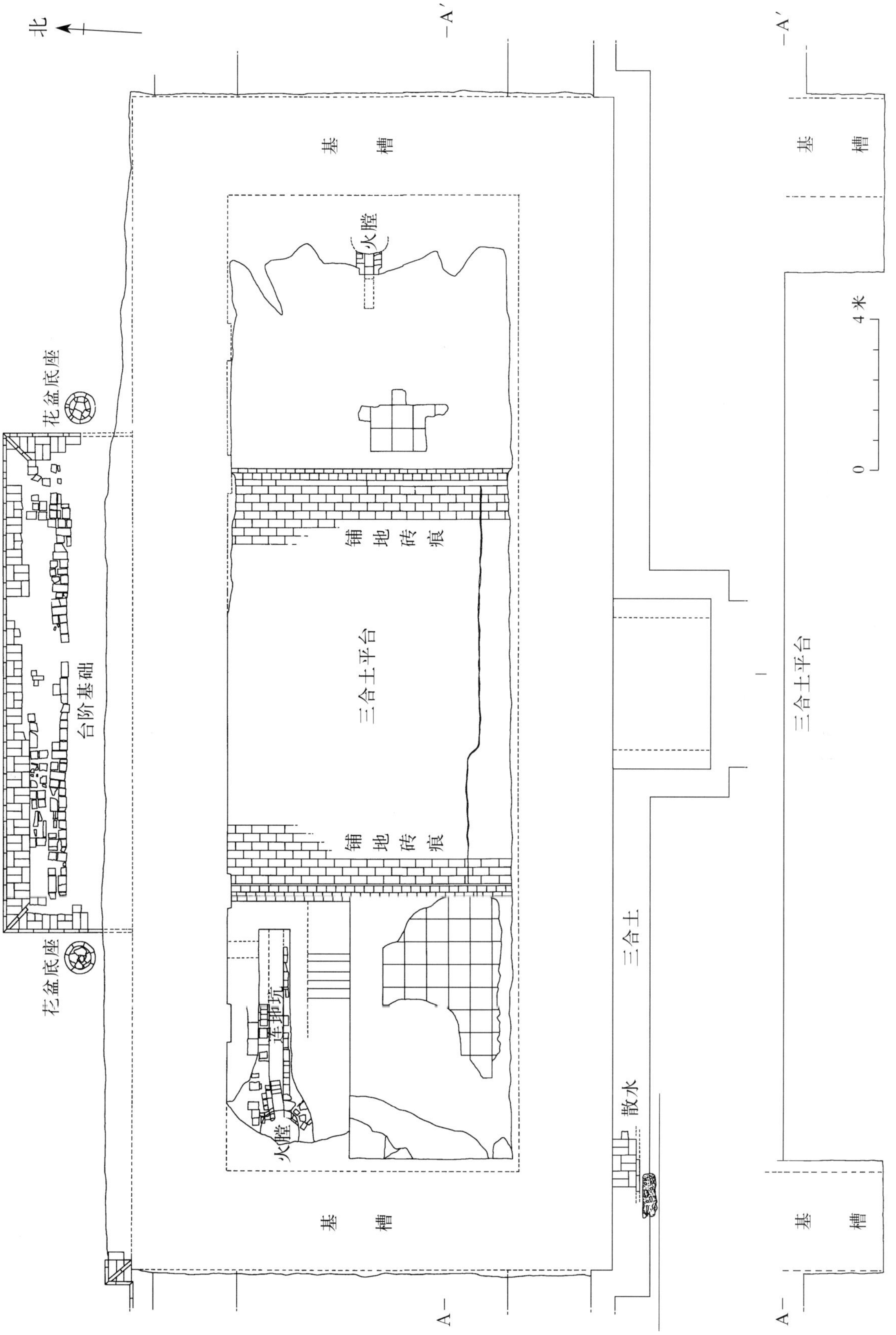

图一一 含经堂正殿基址平剖面图

整燕窝石1块，长405、宽50厘米，还有踏跺石1块，长180、宽40、高11厘米，台阶宽30厘米。

（五）霞翥楼遗迹

霞翥楼位于含经堂东配殿东侧，与梵香楼作东、西对称布局。原为一座藏书楼，其外檐挂“霞翥楼”匾，内额题“味腴书室”。乾隆四十五年（1780年）将纪晓岚总纂而成的《四库全书荟要》一万两千卷第二部缮写本贮此，专供乾隆帝御览。

霞翥楼平面呈坐东朝西的“山”字形，南、北房各3间，东房7间，共13间带前厦（图一二；图版九：2）。经发掘，霞翥楼基础结构及布局，与历史文献所记相符。东房后墙长35.8米，明间面阔3.5米，左、右第一、第二次间面阔均为3.2米，第三次间面阔3.6米，进深5.2米；南、北房后墙长均为15.2米，山墙南北长8.3米，明间面阔4米，东次间面阔5.2米，西次间面阔4米，进深均为5.2米。前厦三间，其基础为三合土夯筑（图版一〇：1），与霞翥楼的基础三合土为同一平面，二者台基也基本相平。前厦基础南北长11、东西宽8.8米，明间面阔3.5米，左、右次间面阔均为3.2米，其西边与东配殿共用柱础，但柱础已被破坏，故进深不详。

霞翥楼东房墙基，前墙总宽1.65米，由内墙、拦土墙和外墙三部分组成，其中内墙宽0.5米，中间拦土墙宽0.55米，外墙宽0.6米，多被破坏，仅存基槽，内墙和拦土墙以青砖或青砖加石块砌筑，外墙专用红色砂岩虎皮石块砌筑，拦土墙与柱础之间的空隙，以渣土填实。后墙总宽1.45米，由内墙与外墙两部分组成，其中内墙基槽宽0.95米，为青砖砌筑；外墙（即宫墙）宽0.5米，为红色砂岩虎皮石块砌筑。南房与北房的山墙后墙，宽均为1.25米，墙体为内砖外石结构。霞翥楼基础内共发现砖砌柱础磉墩遗迹34个，其中单柱础遗迹24个，集中分布于东房后墙、东房与南房内拐角处、东房与北房内拐角处及前厦南、北墙基；双联柱础遗迹10个，集中分布于东房前檐。柱础石实物共出土12方，均被翻动，离开原位。规格一般为平面70～90厘米见方，厚30～40厘米，古镜直径为47厘米，其结构形式可分为6种，其中古镜呈半圆形者为后墙柱础石，圆形者为前檐外柱础石，直角半圆形者为墙角柱础石。

在霞翥楼北房西边间南侧和南房西边间北侧，各有作对称布局的石台阶一座。其中北房南台阶保存较好，基础三合土东西长4.1、南北宽3.2米；燕窝石保存完整，由2块组成，总长290、宽40厘米，其中西边石条长110厘米，东边石条长180厘米。西边土衬石长130、宽50厘米，踏跺石仅存一步，长120、宽35、高11厘米。燕窝石与铺地砖为同一平面。南房北台阶规格、结构与北房南台阶一致。

（六）梵香楼遗迹

梵香楼位于含经堂西配殿西侧，与霞翥楼呈对称布局。原为一座二层转角楼，上下各十三间，专一供奉佛教文物，并为喇嘛念经场所。外檐悬挂乾隆御笔“梵香楼”匾。

经发掘，梵香楼平面形状呈“凹”字形，基础共13间，其中西房7间，北房与南房各3间，前面有檐廊（图一三；彩版三；图版一〇：2），发掘结果与历史文献所载相符。西房明间和南、北房东次间，各有台阶一座，西房北第二和第三次间，有隔墙。梵香楼西墙总长35.8、宽1.5米，南、北房后墙长15.2、宽1.2米，南、北房东山墙长8.3、宽1.2米，后墙散水距台心高1.6米，前檐散水距台心高0.5米，西房明间面阔3.5米，左、右第一和第二次间面阔均为3.2米，第三次间面阔均为3.6米，进深5.2米。南、北房明间和东次间面阔均为4米，西次间面阔5.2米，进深5.2米。檐廊

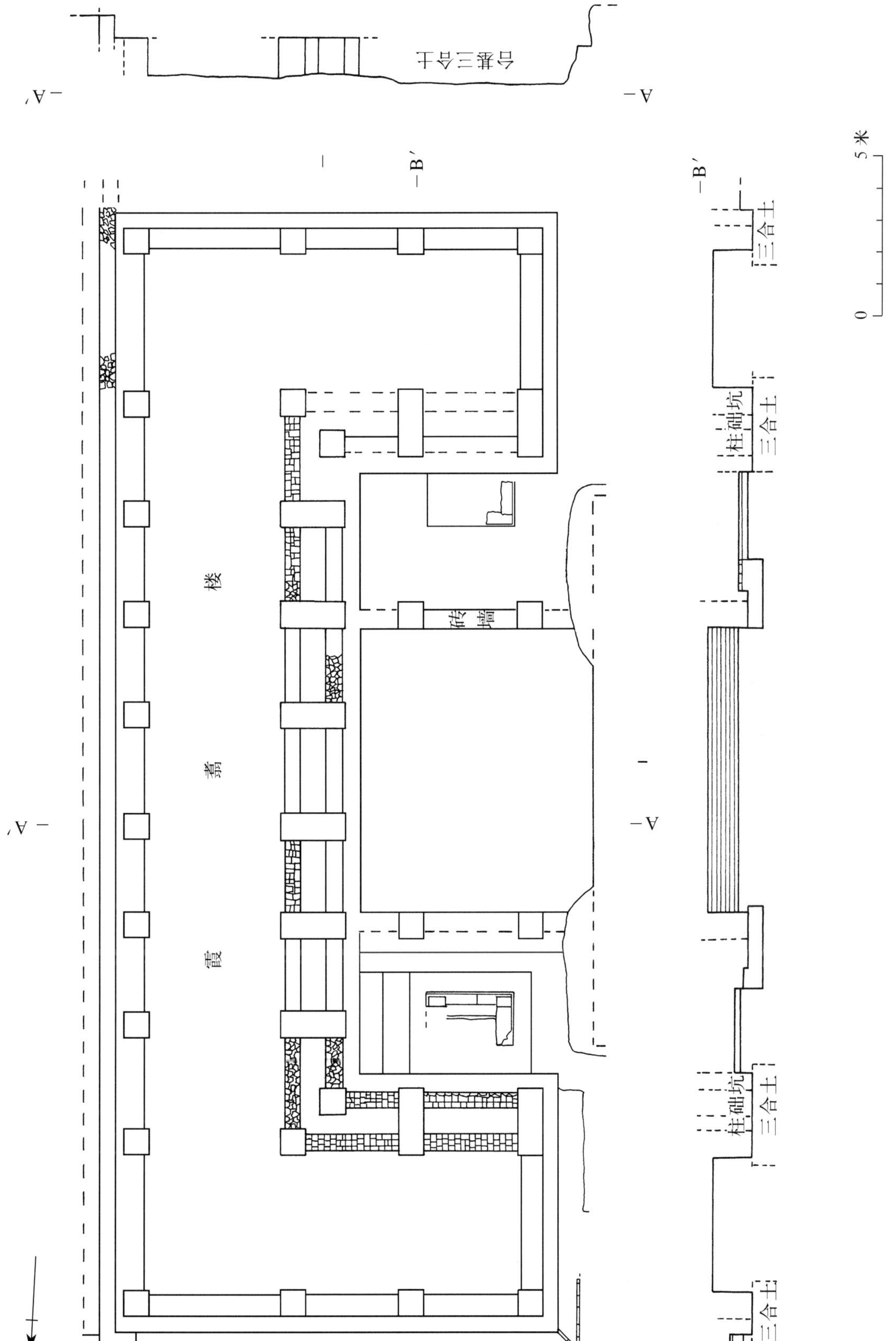

图一二　霞翥楼基址平剖面图

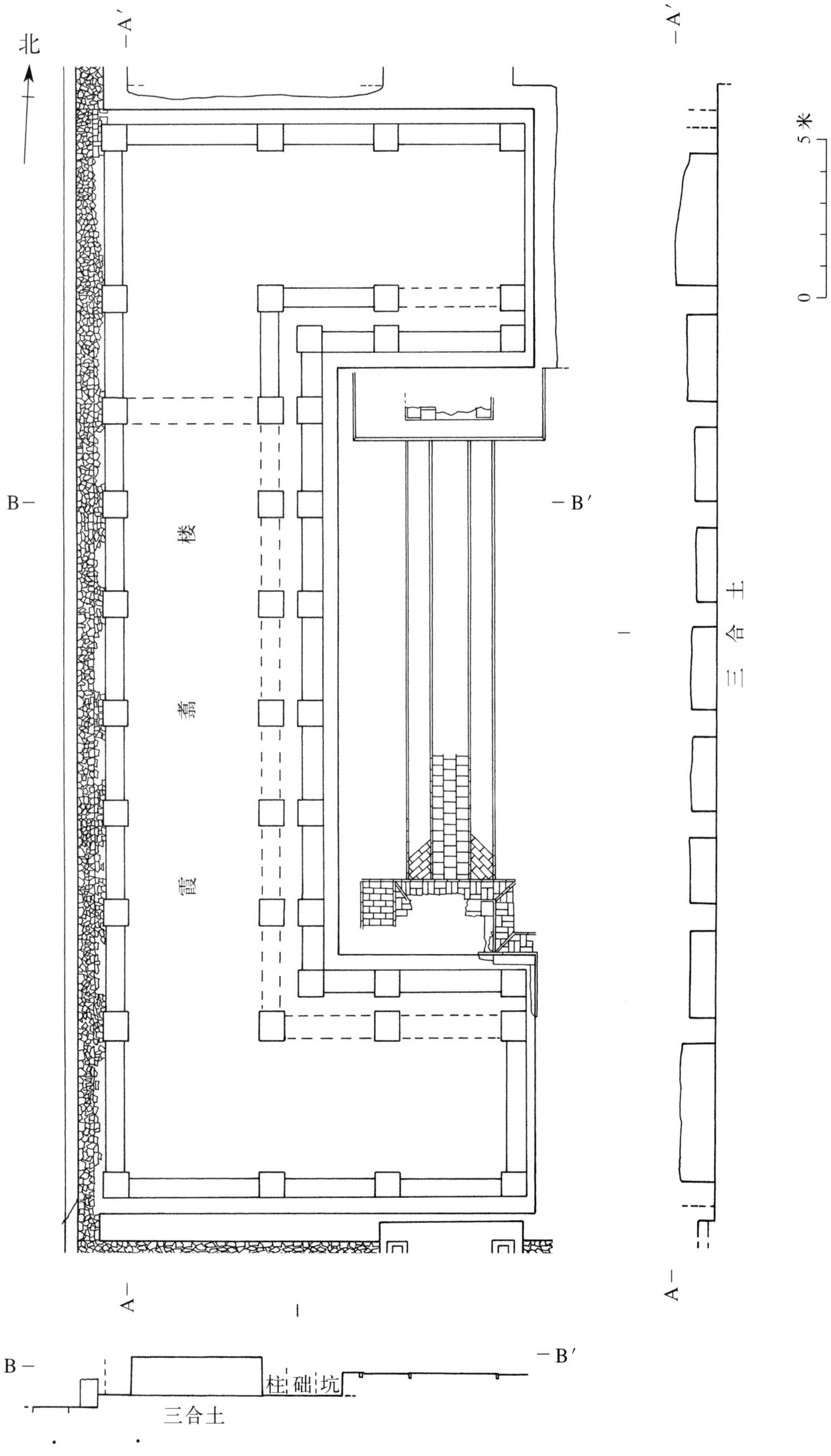

图一三 梵香楼基址平剖面图

柱础间距1.3米。梵香楼的基础结构，也是先挖出大于所需基础的带状形基槽，然后于基槽底部往生土里夯砸柏木地钉，之后铺上一层红色砂岩片石，再打三合土，其后砌筑砖墙或石头墙体，最后将四周空格部分用黄土夯实、填平。

梵香楼西房台基前檐墙宽2.6米，其中内墙和拦土墙宽均为0.6米，外墙宽0.5米，内墙由青砖砌筑，外墙和拦土墙已被破坏。西边后墙底部是宫墙部分，边是房基三合土拦土墙和墙基外墙，高0.9米，两墙之间有宽0.35米的空间以碎石块填平。南、北房后墙和山墙宽1.15米，已被破坏。前檐拦土墙与内墙、磉墩之间的方格，用碎三合土块和碎砖及渣土填平。台心填土厚1.2米，由5层构成，每层厚0.19～0.3米，上面一层由细土和白灰构成，底部4层由碎砖、瓦和碎三合土块组成。三合土经夯打，保存状况不太好。

梵香楼基础内共发现柱础石30方，其中单柱础石20方，分布于西房后墙基16方，前檐廊拐角处4方；双联柱础石10方，分布于南、北房前檐廊各2方，西房前檐廊6方。这些柱础石，一般为平面70～90厘米见方，厚30～40厘米，古镜直径37～47厘米。

石台阶遗迹共发现3处，保存状况不太好。其一为北台阶，位于梵香楼北房东边间，现存燕窝石2块，总长290厘米，西边的长110厘米，东边的长180厘米，宽40厘米。其二为西台阶，位于西房明间，现存南、北土衬石各1块，象眼石2块，南边土衬石长110、宽40厘米，北边土衬石长120、宽35厘米，2块象眼石长70～85、宽12、高8～27厘米。其三为南台阶，位于南房东边间，现存东半部土衬石和燕窝石各1块，土衬石长12、宽40厘米，燕窝石长100、宽50厘米。

十字甬路遗迹1处，位于梵香楼与西配殿之间，呈南北向与东西向交叉，路面保存较好。南北甬路中间铺方砖，两边铺条石；东西甬路为青砖褥子面。

散水遗迹，分布于房址四周，其中西后墙散水保存完好，南北与宫墙散水相连，宽0.4米，边缘立砌砖牙子，中间铺卵石；北房后墙与山墙、南房山墙的散水现存三合土面，宽0.85米。前檐褥子面散水犹在，砖牙子镶边，青砖规格为38 × 19 × 9厘米。

（七）回廊遗迹

回廊遗迹分布于含经堂院内，并向北延伸至淳化轩和蕴真斋东、西两侧，整体平面形状呈南北向长方形，南北总长121.6米（其中包括含经堂东、西配殿殿基长度和在淳化轩东、西两侧断开的一段），东西跨度为42.3（南半部）～42.6米（北半部），以中轴线为基准，作东西对称布局。南端起于宫门北檐廊东西两侧，分别沿东、西横轴线向外延伸11.3米，然后向北垂直折拐至东、西配殿前檐廊之南侧，接着再从东、西配殿前檐廊之北侧，继续向北延伸至含经堂正殿之东、西两侧，在此与含经堂前、后檐廊相连通，然后又继续向北延伸至淳化轩前檐廊之东、西两侧，再接着从淳化轩后檐廊之东、西两侧往北延伸至蕴真斋之东、西两侧。

回廊基槽规矩平整，东西两壁拦土墙顶面与原地面相平，笔直如削，基槽宽2.3米，距原地平深1.06～1.2米（南半部略浅，北半部渐深），槽底为坚硬的三合土夯土面，东西南北呈同一水平，槽中磉墩与拦土墙作间隔布局，用来砌磉墩和填空的青砖，现多已不存，唯余槽内以黄土夯筑的长方体拦土墙。现存拦土墙均居于基槽中心线上，夯筑得十分坚实，东西向基槽内的一般为长1.3、宽0.9、高1.06～1.2米之间；南北向基槽内的一般为长1.5～2、宽0.9、高1.06～1.2米之间，夯层一般分4层，每层厚0.2～0.3米。拦土墙与槽帮壁间距一般为0.66～0.67米，各个拦土墙之间的距离为0.66～0.69米。

（八）垂花门遗迹

嘉庆十九年（1814年）以前，在含经堂宫门和含经堂正殿之东、西两侧，曾各建两卷做法垂花门一座。均依中轴线作东、西对称布局。嘉庆十九年之后，将含经堂正殿东侧的一座垂花门拆除，改建为五间穿堂房，故现存垂花门遗迹只有3座，其中以含经堂宫门东、西两侧垂花门基址保存状况较好（图一四、一五；图版一一：1、2）。这两座垂花门分别距宫门东、西檐廊19米，南邻月台和广场，北连霞翥楼、梵香楼。二者建筑结构相同，遗存状况相近，现以东垂花门为例，介绍如下：

基础为长方形三合土竖穴基槽，槽坑东西长4.8、南北宽2.7、深1.1米（距月台三合土面）。底部为夯实的三合土面，甚坚硬，基槽四壁下半部为生土，内以青砖贴砌，唯青砖多已被拆毁，尚遗贴砖印迹。上部为三合土夯层，分2层夯筑，上层厚0.18、下层厚0.16米。槽底遗存原位方形柱础石2方，青石质，呈东西向分布，二柱础石间距3.5米，西侧柱础石东西长76、南北宽73厘米，东侧柱础石平面为81厘米见方，二者厚均为27厘米，上面皆有方形柱窝，柱窝规格均为平面36 × 36厘米见方，深15厘米。在基槽东、西两壁和西北角，尚存部分贴砌青砖，其中西北角残存8层，青砖规格为37 × 22 × 11厘米。

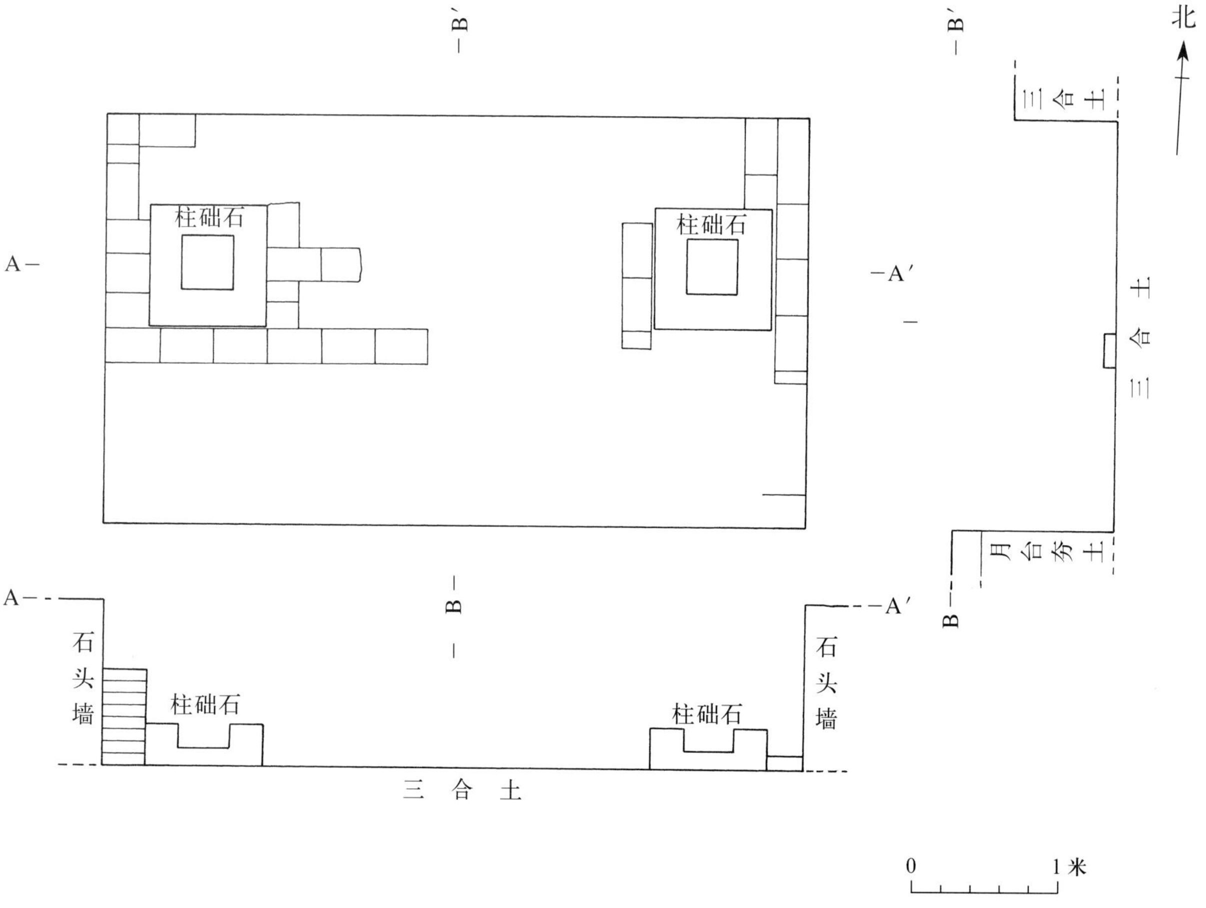

图一四　东垂花门基址平剖面图

（九）宫墙遗迹

在含经堂院落南侧和东、西两侧，以及北区宫苑的东、西两侧和北侧，都围砌有虎皮石宫墙。南侧宫墙在含经堂宫门东、西两侧，将东、西两侧回廊与垂花门之间，还有垂花门与东、西两侧宫墙之间的空间作东西向一条直线连接起来，这道宫墙属内宫墙。东西两侧围墙属外宫墙，作南北一条直线，与广场的砖砌宫墙（也属外宫墙）相衔接，衔接点在东西牌楼基址北侧7米处，月台向东、西两侧作弧形延伸的最南端，宫门东、西两侧的东西向内宫墙与南北向的外宫墙在月台北侧垂直交接。内宫墙墙基宽0.8米，外宫墙墙基宽0.9米。经解剖，外宫墙虎皮石墙基槽距原地表深1米，基槽底面与广场段砖砌外宫墙底面保持同一水平，其地基结构特点与砖砌外宫墙基本一致（如先在槽底夯砸柏木地钉，然后在上面夯筑4层三合土基础，最后再码砌虎皮毛石墙根）。外宫墙地上部分保存状况较好，其中西墙比南墙和东墙还要好些，残存部分高一般在0.6～1米，有的墙段上面还遗有压面石，压面石的规格一般为(100～136)×46×16厘米。

在宫墙墙根外侧，铺有整齐、笔直的卵石散水（彩版四：1），外边镶砌青砖牙子，散水面通宽0.42米，砖牙子的规格为27×7×6厘米，系将青砖一破为二直接使用的。

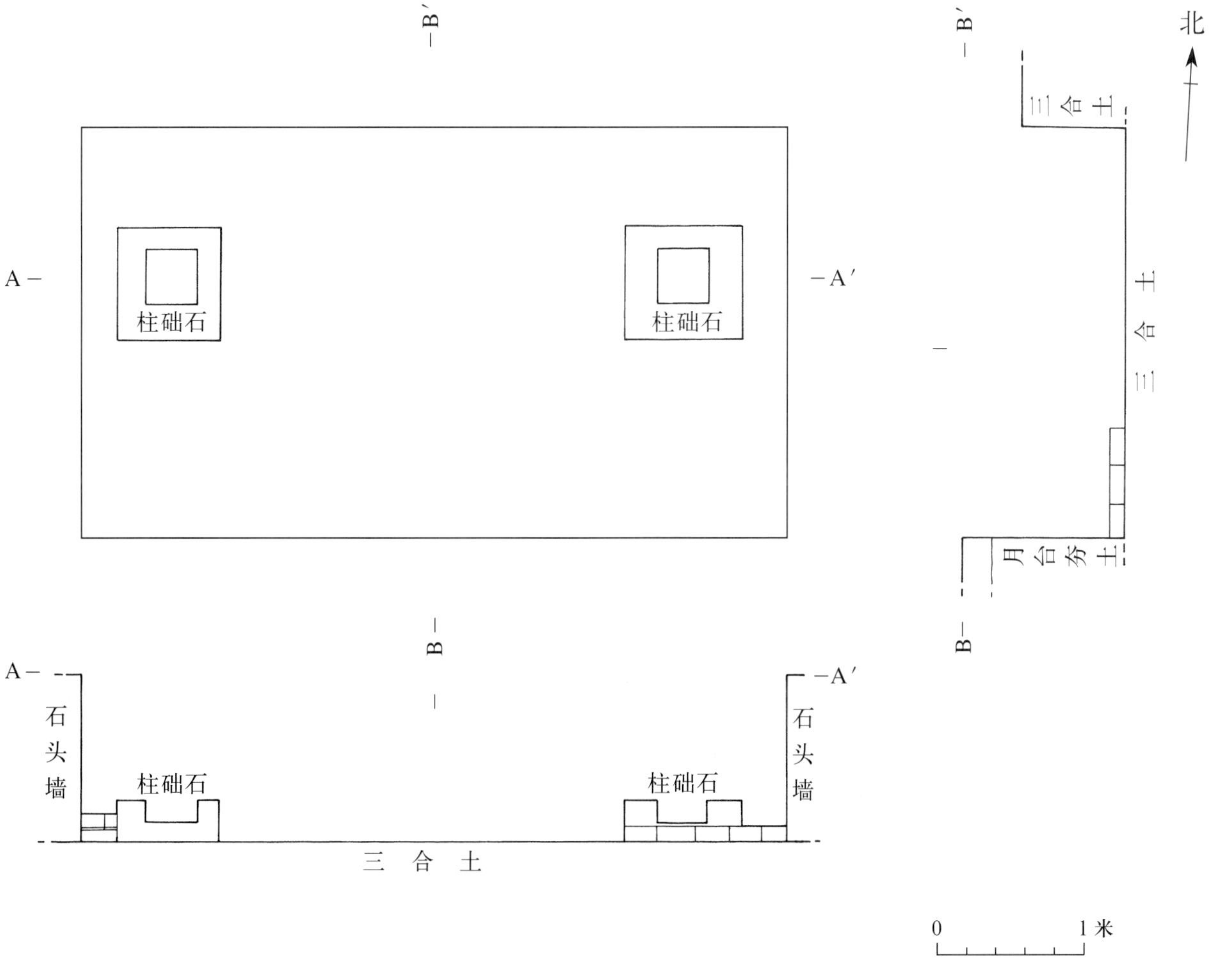

图一五　西垂花门基址平剖面图

第二节 北 区

北区建筑分中、东、西三路。中路建筑，即分布在中轴线上的一组建筑，有淳化轩及殿前假山、蕴真斋、北院门和得胜概敞厅；东路建筑有渊映斋、扮戏房、戏台、看戏殿、附东路外建筑买卖街（即铺面房）；西路建筑有涵光室、三友轩、静莲斋、理心楼、待月楼，附西路外建筑澄波夕照敞厅。此外，还有北区宫墙遗迹等（彩版四：2）。

一 中路建筑遗迹

（一）淳化轩月台前太湖石假山及甬路遗迹

在淳化轩南月台正南侧约10米处，尚存太湖石叠砌的假山基础遗迹一处。假山分东、西两组，以中轴线为中心呈东、西对称布局，平面均呈不规则椭圆形。东侧一组假山基础占地东西长15、南北宽6.5米；西侧一组占地东西长17、南北宽6.3米，残存高度0.9～1.8米（图版一二：1）。在中轴线处，留有宽约2.5～3米的中心通道，在东、西两组假山中间，还有较窄的仅可容一人通过的曲径小道，通道路面皆以不同颜色的冰裂纹石板铺砌。在假山周围，用小卵石铺设曲线散水，散水面宽0.5～0.7米，散水外侧以青砖牙子镶边，散水内用小灰瓦或砌出数个圆形花池，或砌出几何形图案（图一六）。在假山太湖石中间，或选择向阳背风处安置花盆等（图版一二：2）。

在淳化轩月台前太湖石假山与淳化轩月台之间，筑有一条东西向的甬路。东自渊映斋西侧回廊，西至涵光室东侧回廊，东西长37.8米，南北宽3.2米。路面原铺砌青砖，南北两侧边镶砌砖牙子，现已全部被拆毁，唯余三合土及碎石、碎砖混合夯筑的路基。经解剖，该甬路路基厚0.18～0.25米，路面中间略作上弧拱起状。中段南侧与太湖石假山北面的冰裂纹石板地面和曲线卵石散水相连，北侧则与淳化轩月台南台阶相接。

（二）淳化轩遗迹

淳化轩位于含经堂大殿正北中轴线上，是含经堂宫苑建筑群中的主体建筑之一。据清代档案记载，淳化轩原为七开间、进深三间，两卷勾连悬山式、带前后廊，并内设东、西暖阁和二层仙楼的一座大型寝宫，建成于乾隆三十五年（1770年）。其建筑规制和结构特点及功能，与稍后在紫禁城内建成的宁寿宫乐寿堂一致。轩外檐悬挂乾隆御书“淳化轩”黑漆玉金龙纹匾。轩前东西回廊各12间，其前檐槛窗镶嵌乾隆《钦定重刻淳化阁帖》石刻，每间嵌石帖版六块。

经发掘，淳化轩大殿殿基平面形状呈长方形，坐北朝南，台明东西总长33.8、南北总宽26.6米，台面高出原地平1.08米。共发现柱础坑4排（自南而北），其中南、北两排为对称的双联柱础坑各8个，表明淳化轩的确为面阔七间大殿（附图二；图版一三），与清代档案所记一致。台明保存较好，台芯三合土及东北、西南、西北三角基本完整（图版一四：1），遗存连地炕6座，柱础石6方，西、北两侧檐廊下有土衬石7块，南月台东侧遗有原位青石须弥座1座，还有土衬石和散水遗迹等。唯东南角及台帮阶条石与陡板已被拆掉无存。

经对淳化轩大殿东南角地层解剖，了解到淳化轩基槽是一座规模宏大的、采用“一块玉儿”满堂红形式开挖建造的三合土基槽，其压槽较台明基座四面均加放宽出1.9米，槽深（距原地平以下深度）1.85米。槽底为黑色胶黏土生土层，在这层黑色胶黏土层内，普遍夯入较密集的柏木地钉，

柏木地钉间距6～20厘米，直径在5～10厘米之间；在柏木地钉之上，铺砌一层虎皮毛石片，厚0.12～0.15米；在毛石片层之上，则以三合土逐层严密夯筑，自下而上共12步，总厚1.7米，每步厚在0.15～0.18米之间，甚为坚硬。台明即建在此基槽之上，台明基础深0.7米，露在地上部分为1.08米。台明基础为虎皮毛石与夯土掐砌的方格式拦土墙基础，其中虎皮毛石墙体宽为0.7米，夯土墙宽为1.24米（每层夯土厚一般在0.2米左右），二者相间布局，形成网状结构。虎皮毛石拦土墙均从基槽面起步，一直砌至台明顶部，上面仅有一层0.05～0.06米的三合土面墁平，故各虎皮毛石拦土墙高度均在1.72～1.73米左右；夯土拦土墙虽也在基槽面开始夯起，但在距台明顶面0.06米高的位置，即被三合土夯层严密封平，故夯土拦土墙在基础内的高度只有1.18米左右。台明顶部封压在夯土拦土墙之上的厚0.6米的三合土层，分3层夯筑，上层厚0.18、中层厚0.15、下层厚0.27米。由于基础深厚，每步工艺都精细到位，故至今淳化轩大殿台面仍较完好。

在淳化轩台明上，共有双联磉墩柱础坑20个（南、北两排各8个，其中东南角有2个被破坏，南数第三排有4个），其规格一般为南北长3.55、东西宽1.6、深1.72～1.8米左右；另有单磉墩柱础坑8个，分布于台明东、西两侧中间各4个，规格一般为平面1.6米见方，深1.5米左右。柱础石现存8方，皆为青石质，已被翻动移位，规格有4种：第一种，4方，平面145厘米见方，厚60厘米，古镜圆形，直径9厘米，高5厘米，方形柱窝，平面16厘米见方，深13厘米。第二种，1方，平面110厘米见方，厚55厘米，古镜圆形，直径9厘米，高5厘米，圆形柱窝，直径16厘米，深10厘米。第三种，1方，平面110厘米见方，厚55厘米，古镜圆形，直径42厘米，高5厘米，圆形柱窝，直径15厘米，深10厘米。第四种，2方，处于西间连地炕近旁，平面呈长方形，长68、宽54、厚36厘米，无古镜，圆形柱窝，直径10厘米，深7厘米。

淳化轩南月台，台明平面呈长方形，东西长20.6、南北宽5.4米，台面为三合土夯筑，高出原地平面0.88米，台基上部三合土总厚0.58米，分2层夯筑，上层厚0.28、下层厚0.3米（图版一四 ：2）。三合土层下为素黄土夯层，厚0.3米。素黄土夯层夯筑在三合土基槽面上，此基槽保存较好，未作解剖，深度不详。原设在月台南面正中位置和东、西两侧正中位置的台阶现已无存，仅在东侧偏北处，保留石须弥座1座，下面还有土衬石1块。

在淳化轩发现连地炕6座，其中分布于北侧东梢、西梢、尽间各1座，分布于南侧东梢、西梢、尽间各1座。这6座连地炕均有不同程度的残损，从平面形状和结构特点看，基本一致。以北侧东梢间T0616F1连地炕为例，包括炉膛、出火口、烟道以及操作室，以青砖砌筑。操作室和炉膛在北边，操作室为长方形地下室，南北长1.8、东西宽1.4米，距原地表深1.4米，底部为三合土面，遗有码砖痕迹。炉膛平面呈长圆形，膛口宽0.5米，膛腹南北长1.5、东西宽0.95米，炉膛东、西两壁中间，各有1条长方形斜坡式支烟道，长0.53、宽0.05～0.1米，底与两壁均有经火烧烤过的使用痕迹。炉膛残高0.75米。出火口位于炉膛南，形如喇叭，南北长0.45、北内口宽0.15、南外口宽0.25米。烟道位于出火口以南，平面呈长方形，南北残长1.75、东西宽0.5米，北低南高，距原地表0.3～0.5米。东、西两侧的支烟道已被破坏，仅余烟道东西两侧的少量残砖。

（三）蕴真斋遗迹

蕴真斋位于淳化轩正北中轴线上，为含经堂宫苑建筑群中的主体建筑之一，约建成于乾隆十二年（1747年）前后。历史上的蕴真斋，原紧邻含经堂正殿之北，即现存淳化轩的位置，因乾隆三十五年（1770年）增建淳化轩，而移此斋于淳化轩之北。蕴真斋的建筑规制为面阔七间，周有围廊，带前抱厦五间悬山顶与后抱厦三间歇山顶，屋顶悉为“全釉青瓦”，内设东、西仙楼。此斋原悬“妙理清机”雕漆匾，后于乾隆二十年（1755年）于外檐换挂乾隆御题“蕴真斋”黑漆金字玉匾。

现发掘出的蕴真斋殿基平面呈“十”字形，坐北朝南，台明东西长30、南北宽21.8米，台面高出原地平0.7米（附图三）。共发现柱础坑4排（自南而北），其中南数第一排为单磉墩柱础坑6个；南数第二排中间为双联柱础坑6个，东、西两侧各为四联柱础坑1个；南数第三排中间为单磉墩柱础坑4个，东、西两侧各为双联磉墩和四联磉墩柱础坑各1个；南数第四排中间为双联磉墩柱础坑2个，东、西两侧各为四联磉墩柱础坑1个。这一结果，与清代档案的记载是吻合的。台明保存状况较好，台明边界与柱位清楚，三合土台芯、台基四角、毛石拦土墙等基本完整，唯中间略显塌陷。在西南、西北角，遗有清楚的砖铺散水。

对蕴真斋台基未作解剖，据观察，其基槽与台基的做法当与淳化轩一致。蕴真斋的柱础石现保存5方，其规格为83 × 83 × 42厘米，古镜圆形，直径57厘米，高4厘米，圆形柱窝，直径14～15厘米，深12～14厘米。

蕴真斋殿前有月台与淳化轩相连。月台台明呈长方形，以三合土夯筑，保存较好（彩版五），东西长13.6、南北宽8.1米，台面高出原地平面0.55米，三合土分3层，上层厚0.2、中层厚0.16、下层厚0.19米。月台四周有砖铺散水，东、西两侧宽0.72米，北侧宽0. 65米，南侧宽1.35米。

在蕴真斋发现连地炕4座，分布于蕴真斋东、西两侧梢、尽间各1座。其中以东侧梢、尽间的2座保存较好，炉膛、烟道结构形式各有变化。

东梢间连地炕包括炉膛、出火口、烟道及操作室，以青砖砌筑。操作室与炉膛在北侧，操作室为长方形地下室，东西长2.37、南北宽1.8米，距原地表深1.6米，基槽面为三合土，上面遗有三层青砖铺砌的工作台面。炉膛为南北向，呈袋形，口小膛大，膛门开口朝北，底宽0.6、上口宽0.3、高1.05米，膛底长1.43、宽1.17、残高1.05米，出火口开在南侧，宽0.3、深1.1米，作斜坡式与主烟道相接。烟道设于梢间中间，主烟道长9.85、宽0.25米，斜坡式，南高北低。支烟道开在主烟道东、西两侧，每侧各6个，相互对称，支烟道有长短之差，长者0.45、短者0.15、宽均为0.12米，间距0.35～0.45米。

东尽间连地炕，以青砖砌筑，烟道开在暖阁中间，呈南北向，其与东梢间连地炕在结构形式上的区别在于：操作室与炉膛不是设在北侧，而是设在烟道东侧中间部位，将烟道一分为二，变作南北对称、均衡形式供暖，缩短了单烟道烟火行程。此操作室平面接近正方形，同样属地下室，东西长2.25、南北宽2.05米，残存工作台面为三层方砖铺砌，砖的规格为35 × 35 × 6厘米。炉膛门开口朝东，宽0.5、高0.9米，西侧开出火口，宽0.3米。炉膛为东西向椭圆形，径1.35 × 1.05米，残高1米。主烟道南北向，通长7.8米，其中北半段长3.65、宽0.3米，南半段长4.15、宽0.34米，均为斜坡式，南、北两头高，中间炉膛处最低。南半段有损坏，北半段保存较完整。在北半段主烟道东、西两侧各有支烟道4条，在南半段主烟道东、西两侧各有支烟道6条，均为斜坡式，支烟道长0.37～0.45、宽0.12米，最深处0.3米。

（四）北院门遗迹

北院门位于蕴真斋北侧中轴线上，门址基础尚存，呈南北向长方形，南北通长7.15、东西宽

5.45米。东、西两侧遗有对称柱础坑3对，其间为毛石拦土墙和夯土基础，毛石拦土墙宽0.6、存高0.6～1.15米。南端一对柱础坑平面呈曲尺形，南北长1.2、东西宽0.7～1.1、深1.3米，坑内尚存青石质柱础石，西侧的一方平面55厘米见方，东侧的一方平面65 × 55厘米，厚度不得测量。中间与北端的一对柱础坑，平面均呈正方形，规格一致，边长0.67、深1.1米，坑底遗有磉墩残砖数块，用砖规格为44 × 22 × 9厘米。东、西两柱础坑中间，为三合土台面，厚0.2米，三合土之下为素夯土，厚0.25米，素夯土之下为二层青砖，青砖之下为毛石基础，毛石基础高于原地平散水0.4米。门址北端，尚存原位云步青石踏跺二步，上步中间的一块长210、宽35、厚75厘米，两边还各有1块略小的云步青石。门址东、西两侧中间接砌北宫墙，宫墙外侧铺有卵石散水，散水面通宽0.41米，散水外侧还铺设一条与北宫墙平行的东西向卵石甬道，两边镶砌砖牙子，甬道通宽1.17米。

（五）得胜概敞厅遗迹

得胜概位于蕴真斋北院门以北，北山口背后临湖处，在含经堂宫苑景区中轴线最北端。敞厅三间，建成于乾隆十二年（1747年）。乾隆御笔“得胜概”黑漆金字玉匾悬挂于北门之上。“得胜概”，即在此可得天下胜景之意。

得胜概敞厅遗迹，现存三合土芯和毛石拦土墙台基保存较好，柱位清楚，散水遗迹及云石踏跺基本完整。台明东西长13.65、南北宽8.5米，台面高出卵石散水0.3米，三合土面厚0.2米，下面为素夯土。台明上有南、北对称的柱础坑二排，每排4个，其中东、西两端为四联柱础坑，平面规格为2米见方，深1.35米；中间的两个为双联柱础坑，规格为2.05 × 0.7 × 1.55米。这与清代档案所记得胜概为敞厅三间的规制相合。柱础坑内尚遗有柱础石7方，规格均为平面55厘米见方，厚23～28厘米，古镜圆形，直径40厘米，高3厘米，圆形柱窝，直径10厘米，深10厘米。台基四角各存留角柱石1方，平面45厘米见方，高出散水面30厘米，埋入地下部分未作解剖。台基四面铺卵石散水，散水面宽0.48～0.5米（含砖牙子镶边）（图一七）。

从北院门至得胜概，有北山为屏，辟北山口为通道，通道平面呈反“S”形，以云步青石铺就（至今保存完好）（彩版六：1）。此通道南北通长27.6、东西宽约1.3～2米。在得胜概至后湖水面，又以云步青石相接，台阶平面形状呈“八”字形（图版一五：1），南北坡长9.75、东西宽9.5米，靠近湖岸地段，云石多被翻动，已散乱无序；靠近遗址坡上部分，阶石保存完好，自下而上共分五步：第一步，长250、宽90厘米，石板厚9～13厘米，阶高10～15厘米；第二步，长235、宽90厘米，石板厚10～17厘米，阶高6～21厘米；第三步，长200、宽80厘米，石板厚7～10厘米，阶高10～13厘米；第四步，长175、宽70厘米，石板厚18厘米，阶高13～15厘米；第五步，长200、宽70厘米，石板厚13～15厘米，阶高12～13厘米。

二　东路建筑遗迹

（一）渊映斋遗迹

渊映斋位于淳化轩东侧回廊外，原为五间歇山顶殿宇，带前、后廊，与西路涵光室相对应，于乾隆十二年（1747年）建成。迄嘉庆十九年（1814年），将明间改作穿堂。

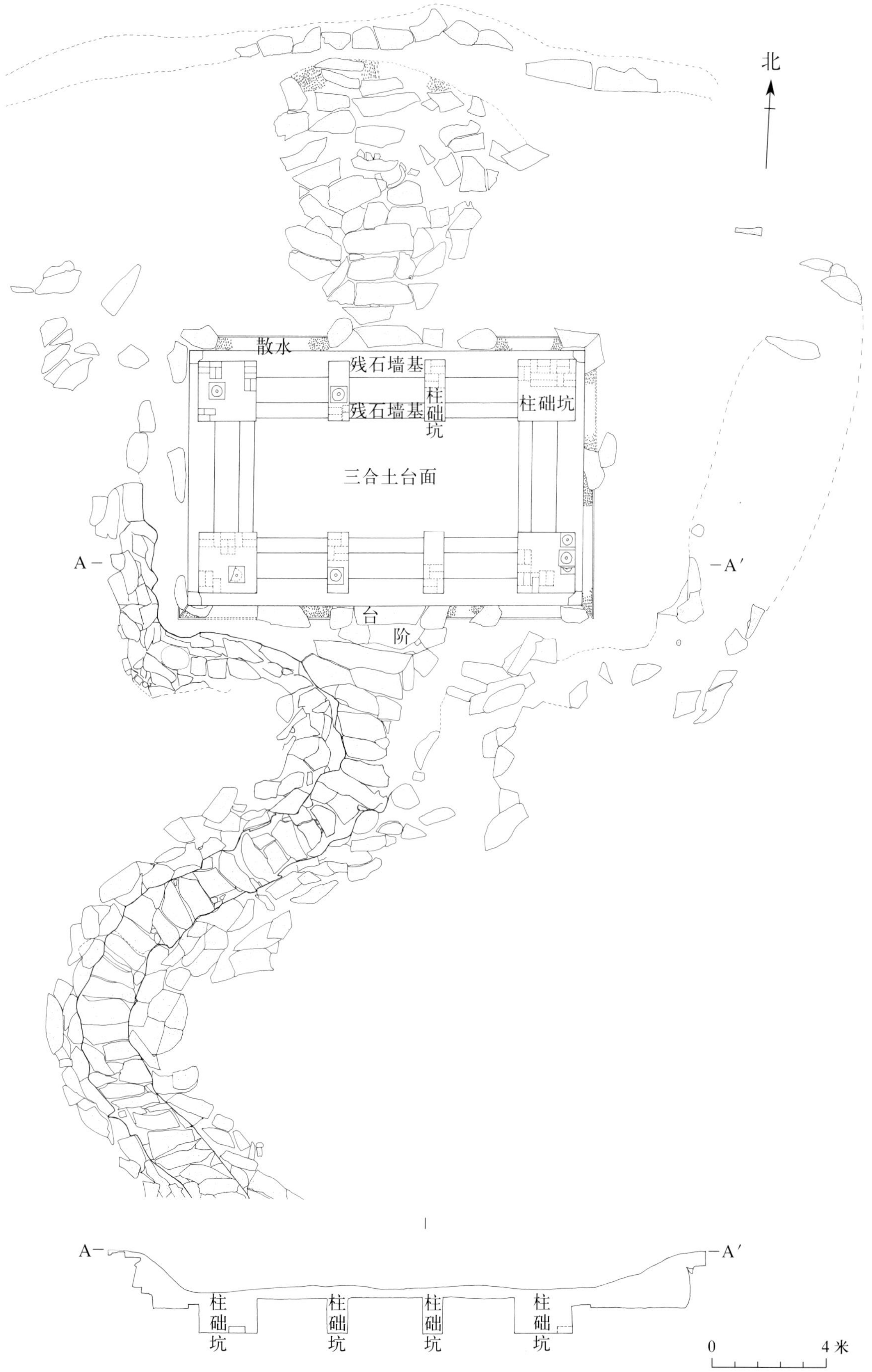

图一七　得胜概敞厅基址平剖面图

现存渊映斋台基三合土芯和毛石拦土墙基本完好，柱位清楚，发现连地炕2座，台明南侧有散水遗迹，北月台边界明确。

渊映斋台基平面呈长方形，东西长17.2、南北宽8.9米，台基高出原地平0.5米。台面为三合土夯筑，夯层厚0.2～0.24米；下面为素夯土，厚0.26～0.3米，在前、后檐廊双联柱础坑之间，各有两道宽为0.6米的毛石拦土墙，将基础隔成方格网络。前、后檐廊双联柱础坑各有6个，作南北对称布局，规格一致，平面均为长方形，南北长2.1、东西宽0.9、深1.8米（图版一五：2）。这一规制，与清代档案所记渊映斋殿五间、有前后廊的史实相符。在柱础坑内或柱础坑近旁，遗有青石质柱础石3方，规格为平面73厘米见方，厚40厘米，古镜圆形，直径52厘米，圆形柱窝，直径8.5厘米，深5～7厘米。台明南侧局部尚保留有砖面散水，宽0.6米。在渊映斋东、西梢间，各有连地炕1座。这两座连地炕皆以青砖砌筑，形制结构与规格基本相同。操作室在南侧，平面呈长方形，南北长1.2、东西宽1、深1.6米；炉膛平面呈长圆形，南北长1、东西宽0.6、深0.4米；主烟道在北侧，南北向，呈斜坡式，南深北浅，通长3.5、宽0.3米；支烟道附设于主烟道东、西两侧，在距炉膛口以北1.5米外，东、西两侧各设5条，亦为斜坡式，每条长0.25、宽0.12米（图版一六：1）。

在渊映斋北檐廊与扮戏房前檐廊之间有月台一座，台面呈长方形，高出砖面散水0.3米，东西长11、南北宽4.8米。台芯为毛石拦土墙与素夯土方格式结构，台面以三合土夯实，上面铺方砖，方砖规格为42 × 21 × 9厘米。台面经大火焚烧，砖已迸裂成碎块和碎片。月台西侧中间遗留石台阶一座，残存青石质如意石和燕窝石各1块，如意石规格为300 × 46 × 16厘米，已残断；燕窝石尚完整，规格为294 × 47 × 16厘米。

（二）扮戏房与“乐奏钧天”戏台遗迹

扮戏房位于渊映斋北侧、淳化轩东侧，戏台位于扮戏房北侧、蕴真斋南月台东侧。乾隆时期，扮戏房原是库房，戏台本为“振芳轩”（五间）。嘉庆十九年（1814年）将五间库房改建为五间两卷扮戏房，将“振芳轩”改建成一座五间重檐戏台，上层悬挂“阆苑仙音”匾，下层悬挂“乐奏钧天”匾。

现发掘的扮戏房基址平面呈长方形，东西长17.9、南北宽15.2米，台明高出原檐廊下砖面散水0.67米，台面为三合土夯筑，散水以上三合土夯层有4层，每层厚0.16～0.18米不等，散水以下，三合土还有二层，上层厚0.28、下层厚0.11米；三合土夯层之下能看到垒砌青砖二层，每层砖厚0.09米，再往下未作解剖，故基槽开挖深度不详。据观察，其台明做法大体与淳化轩一致。台面上铺地青砖已不存，唯余砖的印痕。在扮戏房台明南侧前檐廊，发现南北向长方形双联磉墩柱础坑6个，规格相同，南北长2.7、东西宽1.15、深1.6米；在台明中间，与前檐廊双联磉墩柱础坑对应的北侧位置，有长方形单磉墩柱础坑6个，规格一致，南北长1.1、东西宽0.9、深1.5米；在台明北侧与戏台地井交接处，发现南北向“凸”字形双联磉墩柱础坑4个，规格一致，南北长1.5、东西宽0.75～0.95、深1.5米，底部以花岗岩石条铺底。这一规制，与清代档案所记扮戏房为五间两卷式相符。在柱础坑内和坑口附近，有青石质柱础石14方，皆被翻动，且大多已残损不全，其规格多为90 × 90 × 45厘米，古镜圆形，直径60厘米，高7厘米，均无柱窝。

戏台基址，平面呈倒“凸”字形，南北通长16.4、东西通宽11.5、深2.47米（自地井通道铺地砖面至通道口顶部）。戏台基础以花岗岩石条砌筑。地井平面近正方形，南北长6.4、东西宽6.1米，东、西、北三壁现存花岗岩石条6层，深1.86米。南端设有通道，平面呈长方形，南北长6.9、东西宽2.4米，东、西两壁遗有花岗岩石条8层，深2.47米。通道内保留有完整青石质台阶8级，每级高差为0.21～0.23米，保存状况较好（图一八；图版一六：2、3）。各级台阶石条，皆采取分层错缝形式垒砌，每层石条之间，以三合土灰浆作黏合剂。地井台帮所用花岗岩石条，规格多为长123～185、宽64、厚30厘米；地井通道台阶所用青石条规格多为长70～128、宽25、厚21～23厘米。地井通道底面与地井底面，为同一平面，均以方砖铺砌，方砖规格为33×33×6厘米，最上层方砖，大部分已被拆掉，仅四周边缘处一小部分得以保留。地井中尚存原位柱础石4方，规格为40×40×10厘米，古镜圆形，直径29厘米，高3厘米，无柱窝。

地井四壁和地井底部遗有大量木炭黑灰和烟熏火燎痕迹，下半部墙壁呈黑红色，或黑色，底部积有黑炭灰厚0.07～0.12米，并有被火烧毁、烧焦的柏木戏台地板六七根，塌落到地井下面。砌筑井壁的花岗岩石条，大多颜色泛红，有一些已经迸裂。地井东侧的砖铺地面，已被大火烧酥，砖面多已粉碎（彩版六：2），表明此戏台当年确曾毁于一场大火。

（三）“神心妙达”看戏殿遗迹

“神心妙达”看戏殿位于“乐奏钧天”戏台正北，从戏台台明北沿至看戏殿台明南侧陡板，间距6.7米。乾隆时期这里曾建有五间殿宇，称之曰“神心妙达”殿，自嘉庆十九年（1814年），将此殿改建成抱厦双卷勾连悬山顶五间看戏殿，外檐悬“神心妙达”、内檐挂“宣扬风雅”匾额。

经发掘，“神心妙达”看戏殿殿基平面呈长方形，东西长18.2、南北宽15米，台面高出周围砖面散水0.67米。保存状况较好，三合土芯完整，三合土台面厚0.17米，下面为花岗岩石条砌筑的基础，石条规格为70×50×25厘米、125×60×25厘米、205×67×30厘米。柱位清楚，柱下磉墩即为花岗岩石条；台明南侧尚存有平头土衬石和陡板石及砖面散水遗迹。平头土衬石边宽8.5厘米，陡板石规格多为160×50×18厘米或90×50×150厘米，砖面散水宽0.76米，有砖牙子镶边，用砖规格为44×22×10厘米。这是含经堂遗址中殿基遗迹保存状况最好的一例（图一九）。

在看戏殿台明南侧前檐廊和台明中间，各发现南北向长方形双联磉墩柱础坑6个，规格一致；在台明北侧，有方形单磉墩柱础坑6个，规格也一致，磉墩尚存，还有8方柱础石保存在原位，这与清代档案所记“神心妙达”看戏殿为五间前抱厦的规制相符。这些柱础石形制、规格均相同，平面75厘米见方，厚30厘米，古镜圆形，直径50厘米，高4厘米，圆形柱窝，直径13厘米，深6～9厘米。

看戏殿台明东南角外侧1.17米处，有完整石沟漏1处，以青石凿制而成，平面呈正方形，规格为58厘米见方，厚15.5厘米，中间镂雕外圆内方钱形漏水孔，外郭径40、内郭径32厘米，中心菱形孔径16厘米，菱形孔与郭边之间夹有4个梭形孔，梭孔长19厘米。沟漏盖已失。

在看戏殿与戏台之间，为一青砖铺地小院，在与看戏殿6方南檐柱础石相对应的南侧砖地上，距看戏殿台明南侧平头土衬石以南4.4米处，发现6方压风石，可能直接与五间看戏殿拴卷竹帘有关，压风石的规格为46×42×13厘米。此院内的铺地砖，同时包括看戏殿南侧的陡板石与砖面散水，均遭大火焚毁，砖、石面全已迸裂或酥碎，绝大多数砖面泛红，有的甚至已接近红烧土的颜色（彩版七）。

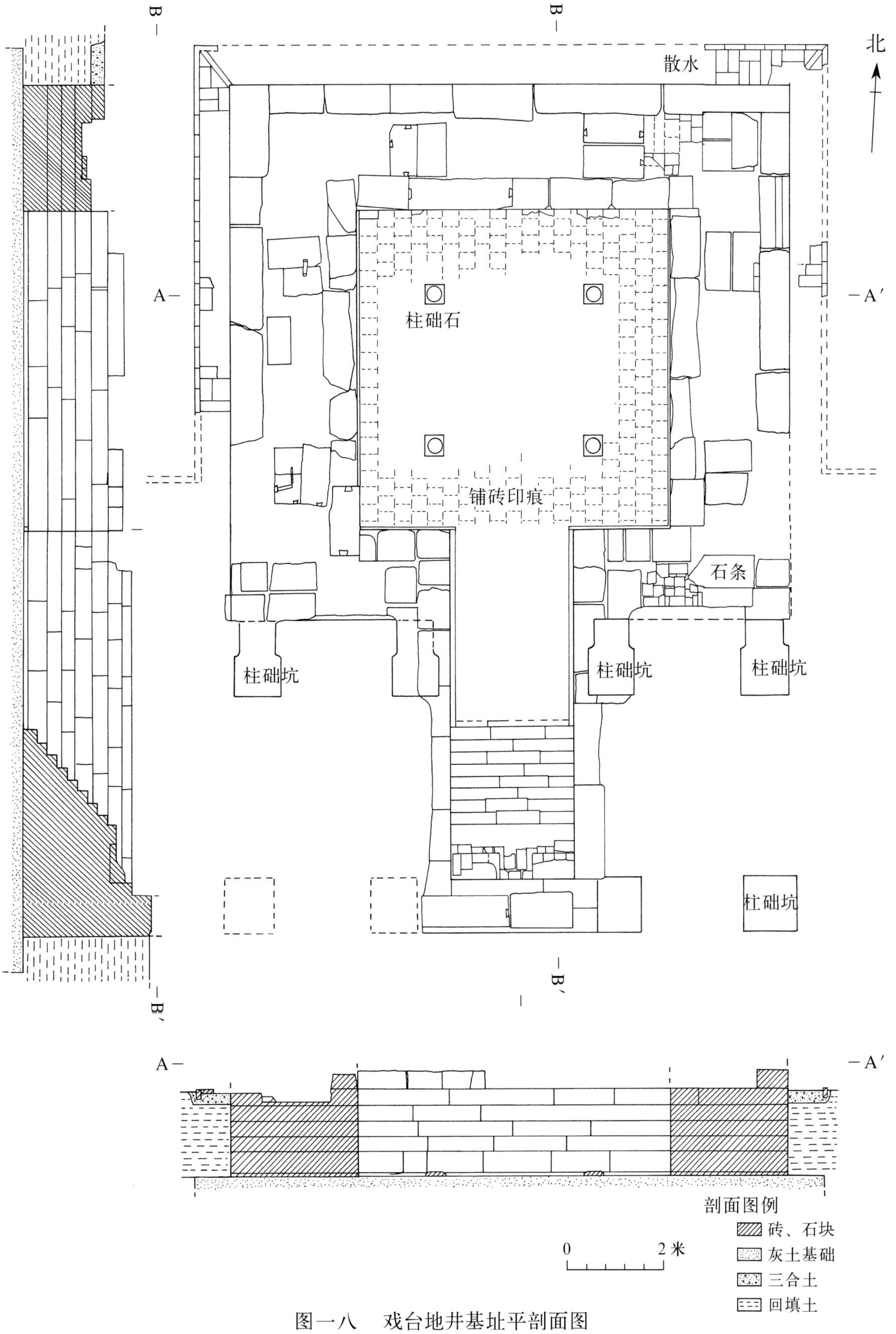

图一八　戏台地井基址平剖面图

三 东路外买卖街（铺面房）遗迹

买卖街（铺面房）亦称长街，位于含经堂主体建筑群东侧，建于乾隆时期，是清代北京西郊皇家园林中著名的四大买卖街之一。此买卖街每年正月开市三日，由太监扮作商人，在店铺中出售各类奇珍物品供嫔妃们挑选。这是清代帝后寝宫生活的内容之一。

现存买卖街遗址在“神心妙达”看戏殿、戏台、扮戏房、渊映斋、霞翥楼东侧宫墙外，西距含经堂宫苑东宫墙3.9米。南北总长135.65、铺面房基东西宽6.3米，共计40间（图二〇；图版一七：1）。

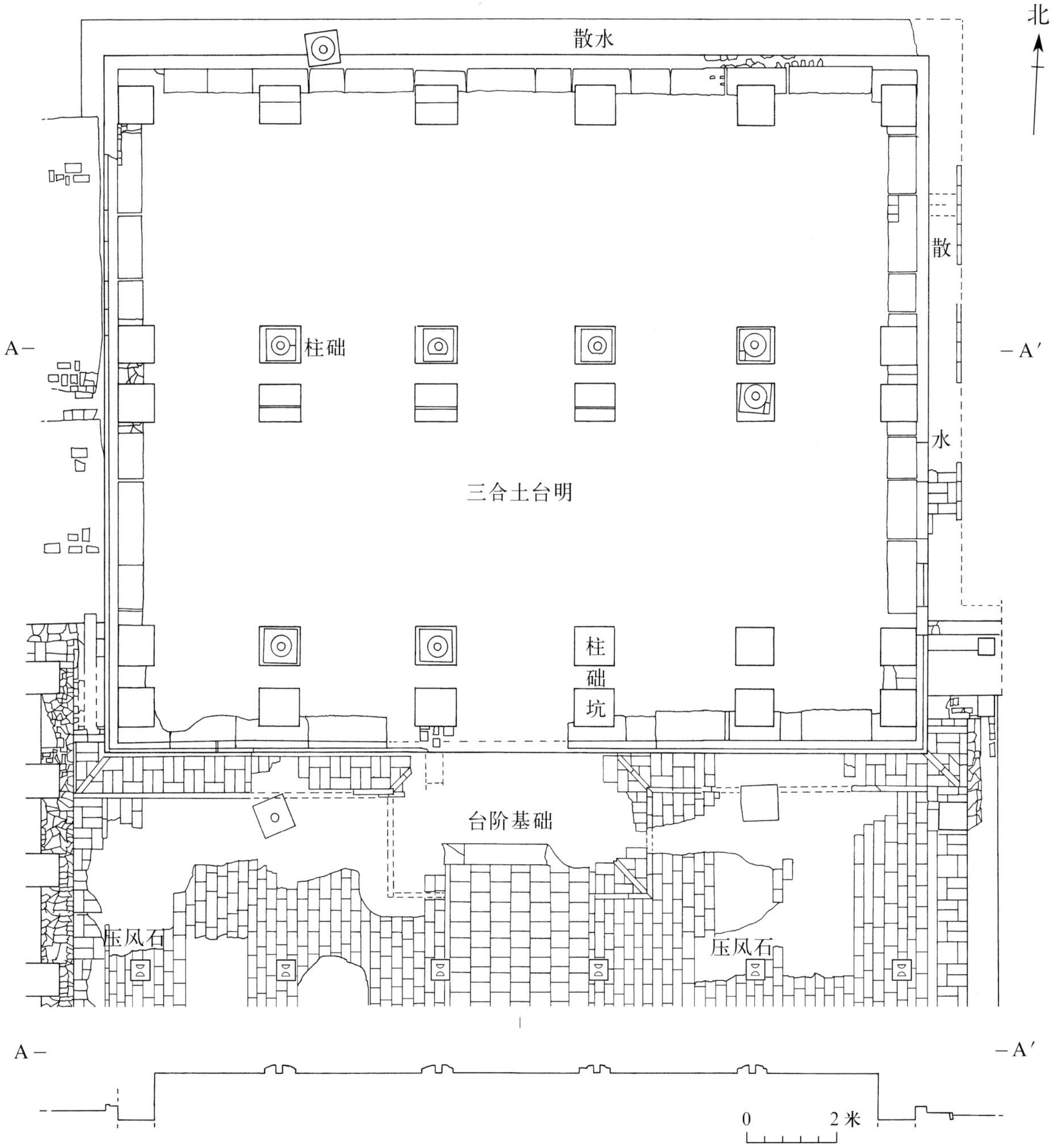

图一九 神心妙达看戏殿基址平剖面图

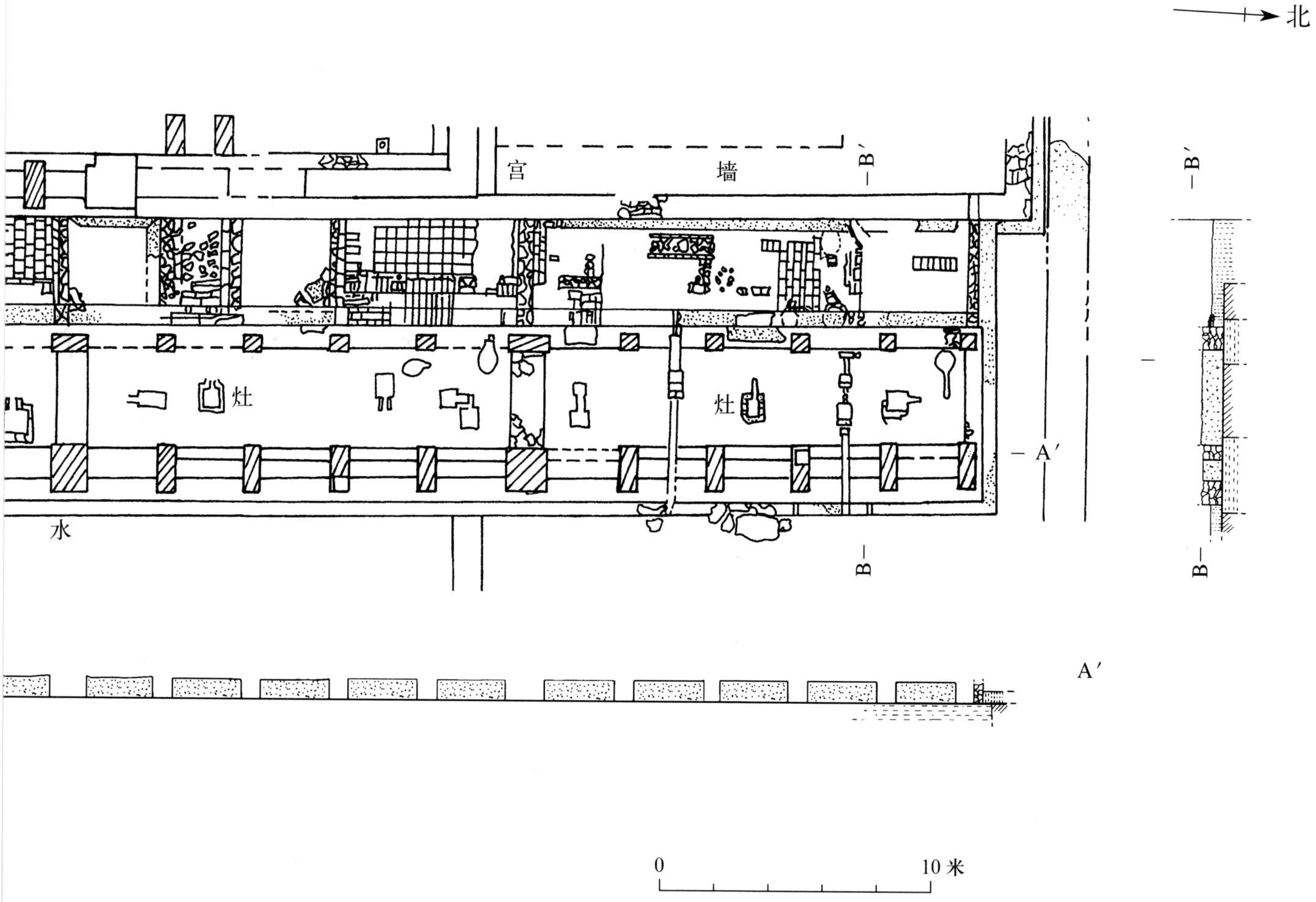

北
宫
墙
B′
A′
灶
灶
水
B
0
10米

房屋地面保存状况较差，仅存少量铺地方砖，规格33 × 33 × 5厘米，砖下是一层三合土，厚0.12米。房基槽两边都有拦土墙，以白灰和红砂岩垒成。拦土墙高0.75米。前部有两道拦土墙，外墙宽0.86、内墙宽0.5米，两道墙间隔0.75米。后部拦土墙宽0.8米。墙内用土夯实，最上层为厚0.12米的三合土。夯土自上而下共分5层：第1层用碎砖、细土和三合土夯成；第2层厚0.1米，用较小的石块、碎砖和土夯成；第3层与第2层相同；第4层厚0.1米，用细土和砂子夯成；第5层厚0.15米，用细土夯打而成。

40间铺面房共分9个单元，自北而南，第1～4和第7～9单元均为5间一个单元，只有第5和第6两个单元比较特殊，分别为3间和2间一个单元。

铺面房柱础坑共有三种形式：一是方形单柱础坑，共33个，均分布于铺面房西侧、南北向双联柱础坑之间，平面规格为0.7米见方，深0.75米。二是长方形四联柱础坑，共8个，均分布于铺面房东侧，在东西向双联柱础坑之间，平面规格为1.75 × 1.1米，深0.75米。三是长方形双联柱础坑，共41个，分两种，第一种东西向，皆在铺面房东侧，33个，分布于四联柱础坑之间，规格为东西长1.75、南北宽0.7、深0.75米；第二种南北向，皆在铺面房西侧，共8个，位于与四联柱础坑相对应的地方，规格为南北长1.1、东西宽0.7、深0.75米。铺面房基址内柱础石无一保留。

排水沟保存较好的共3处，分布在买卖街的北部，皆设在铺地砖三合土下，横跨铺面，宽0.18、深0.2米，沟壁用青砖砌成，上部用石条或砖封盖，在两侧拦土墙设有出口，高0.2、宽0.2米。其用途应是为西侧宫殿区排水。

灶，共发现28座。均以青砖砌筑，大多只残存操作坑，保存有炉膛和烟道的只有2座。小型灶只有炉膛和火门。依操作坑的不同，灶可分为两种类型：一种为操作坑和火门呈“凸”字形，另一种为操作坑和火门呈刀把形。炉膛可分为三种类型：一种是炉膛呈椭圆形，并有主烟道和支烟道（地炕式），此属大型灶；另外两种是小型灶，只有火膛和火门，火膛的形状有圆形和椭圆形两种。

大型灶操作坑和火门呈“凸”字形者，可以铺面房自南边数第八间的一座为例：灶呈东西向，操作坑东西长1、南北宽0.95、残深0.77米，火门宽0.25、高0.47米，炉膛长0.7、宽0.45、残深0.7米，炉膛上盖有一块铁板，正方形，边长55厘米。主火道长2、宽0.3米，有6条支烟道，支烟道宽0.12～0.2米不等（图版一七：2）。

大型灶操作坑和火门呈刀把形者只有1座，位于南边第一间房内。该灶仅存操作坑和火门，灶为东西方向，操作坑东西长0.65、南北宽0.45、残深0.55米，火门宽0.2米，因被破坏高度不详。

小型灶共有8座，以南边数第十间内的灶为例，炉膛平面圆形者，呈东西向，火门在东侧，炉膛在西侧。炉膛直径0.75、残深0.12米，火门宽0.3米，炉膛内有大量红烧土。炉膛平面椭圆形者，亦为东西向，炉膛东西长0.9、南北宽0.7、残深0.15米，火门宽0.25米。

台阶，买卖街通向大殿的台阶有两处，保存状况不太好。一处在北部，是通向戏台的台阶，通长3.9、通宽3.1米，仅剩二级残条石和较完整的燕窝石；两侧象眼以红砂岩砌筑，已破损，残高0.12～0.58、宽0.35米。自下而上，第一级条石残长148、宽24、高14厘米，第二级条石残长110、宽24、高15厘米。另一处在南部，是通向含经堂殿区的，台阶通长3.9、宽3.1米。仅剩台阶基面，与底面几乎平行。象眼基础宽0.45、通宽2.2米。进入买卖街铺面房的台阶共五处，皆为青石云步，保存状况一般。其中两处在北部东侧和西侧，两踏跺相对，距东北、西北角7米。外侧踏跺二步，保存状况一般，第一踏跺长160、宽68、高20厘米；第二踏跺长170、宽50、高20厘米。西侧踏跺仅存一步，长135、宽50、高25厘米。第三处踏跺在东侧，保存状况较差，距东北角8.6米，有二步，第一步残长46、宽42、高10厘米；第二步残长100、残宽30、高15厘米。第四处踏跺在西侧，距西北角49米，一步踏跺，长80、宽50、高16厘米。第五处踏跺位于买卖街的南端，与南部拦土墙相连，有二步踏跺，第一步长130、宽50、高14厘米；第二步残长90、宽40、高8厘米。

四　西路建筑遗迹

（一）涵光室遗迹

涵光室位于淳化轩西侧回廊外，与渊映斋作东西对称布局，原有殿五间，歇山顶，并设东、西耳房各一间。乾隆十二年（1747年）建成，于殿外檐悬乾隆御笔“涵光室”黑漆金字玉匾。

现存涵光室殿基，平面呈长方形，东西长16.9、南北宽9.2米，台明高于原地平面0.7米，保存状况较好（图二一；图版一八：1）。台基三合土芯与毛石拦土墙基本完好，柱位清楚，南、北两侧遗有散水与踏跺，东南隅尚遗有排水设施石沟门与石沟漏一组（图版一八：2）。

在殿基南、北两侧，各发现南北向双联磉墩柱础坑6个，相互对称，规格一致，平面为2.05×0.9米，深1.5米。这一结果，与清代档案所记涵光室为歇山顶殿五间的规制是一致的。

在柱础坑内及附近，发现青石质柱础石8方，规格为75×75×34厘米，古镜圆形，直径49厘米，高4厘米，圆形柱窝，直径13厘米，深12厘米。台明北侧中间，保存有太湖石踏跺三步，中间的踏跺石自下而上东西长120～145、宽40～45、厚30～40厘米。在踏跺东、西两侧，留有青砖褥子面散水，宽0.73米。台明南侧散水与踏跺已残缺不全，在涵光室东北隅砖面散水上，还巧设青石质瓶式洞门一座，起到了框景的作用，给涵光室和假山前的景观，平添了几分雅趣。此瓶式洞门上部已残失，底宽0.3、腰宽0.55、残高1.35米（图版一九：1）。东南隅青石质水沟门的规格为宽0.36、厚0.09、高0.43米，沟漏的规格为平面44厘米见方，中间钱形漏孔直径31厘米，厚8厘米。此外，在台基的东、西两侧梢间内，各发现南北向连地炕一座，形制、规格相同，以青砖砌筑，均由操作室、炉膛、出火口和烟道四部分组成，操作室与炉膛在南侧，出火口和烟道在北侧。现以西梢间连地炕为例，介绍如下。操作室呈东西向长方形，长2.3、宽1.3、深1.6米。炉膛与操作室之间有一墙相隔，紧邻操作室北侧，平面形状呈长圆形，南北长1.2、东西宽0.8、高0.7米。出火口紧接炉膛北侧中间，平面呈长方形，为斜坡式，南北长0.55、东西宽0.3米。主烟道开在出火口北侧，平面呈长方形，斜坡式，南北残长1.75、东西宽0.45米。支烟道已被破坏，规格不详。

（二）三友轩及叠石假山遗迹

三友轩与叠石假山位于淳化轩西侧，叠石假山平面作东西向“椅子圈”形，坐西朝东，口朝东开，三友轩坐落其中。

三友轩原为南向三间二层小楼，内设暖阁，为含经堂宫苑寝宫之一，于乾隆三十五年（1770年）建成。因三友轩东次间紧接淳化轩，故清室《活计档》称之为淳化轩“西顺山殿”，或称“淳化轩殿内西间三友轩”，或“淳化轩三友轩寝宫”。屋外植松、竹、梅，殿内安装大玻璃，取其“岁寒三友”之意。

现存三友轩殿基，平面呈长方形，东西长12.05、南北宽8.2米，台明高出散水面0.37米。保存

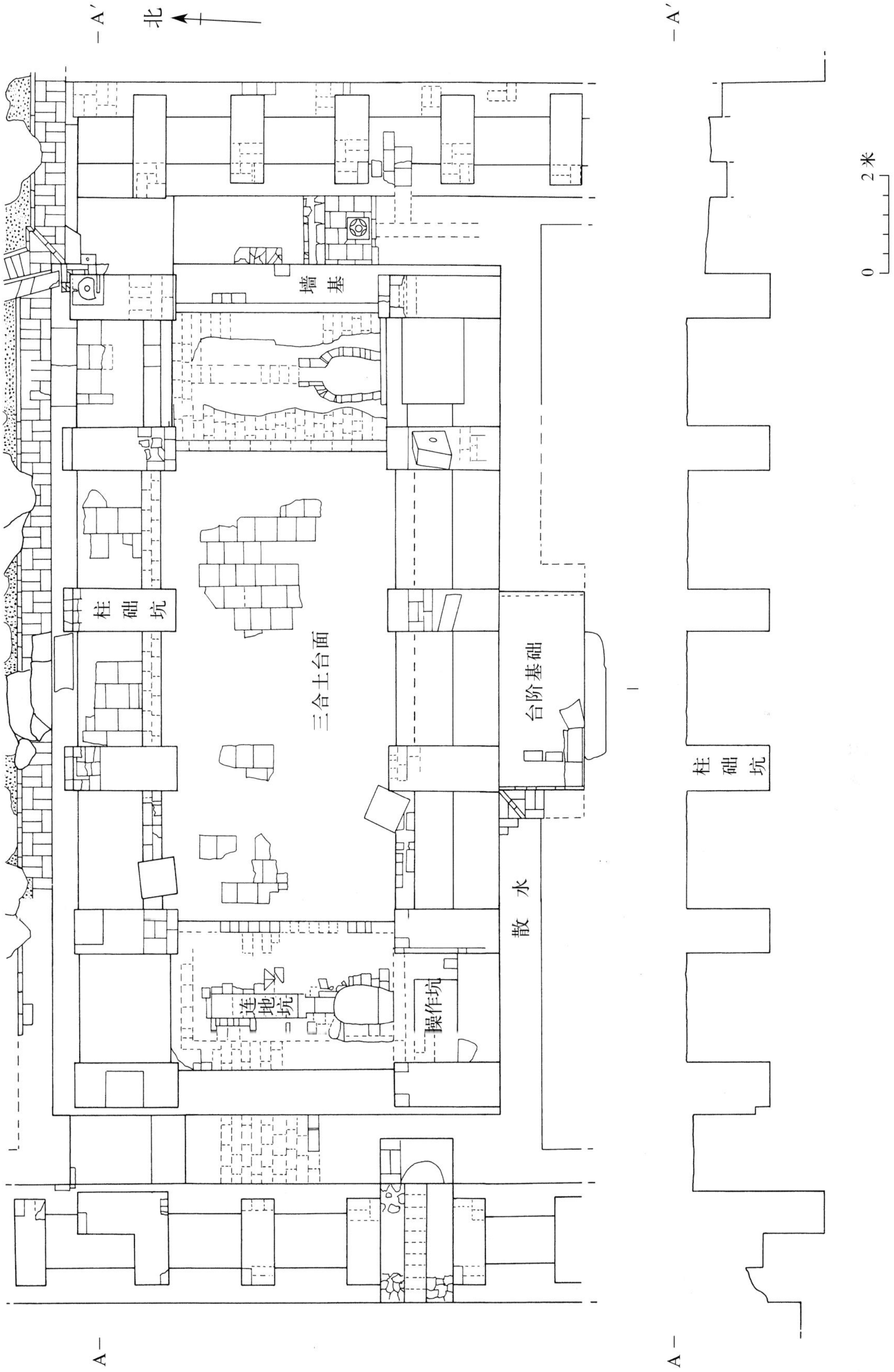

图二一　涵光室基址平剖面图

状况较好，台基三合土芯和毛石拦土墙，以及散水都较完好，柱位清楚，在东、西次间内保存连地炕2座（图二二）。

在殿基南、北两侧，各发现南北向长方形双联磉墩柱础坑3个和正方形四联磉墩柱础坑1个。双联磉墩柱础坑的规格为1.9 × 0.9 × 1.95米；四联磉墩柱础坑的规格为1.9 × 1.9 × 1.8米。在殿基南、西、北三面，有檐廊遗迹。这一结果，与清代档案所记三友轩南向三间的基本规制相符。

在台明南、西、北三面外侧，铺设冰裂纹石面散水，外边镶砌青砖牙子，散水面通宽0.7米。在台明南侧中部与涵光室中间，还有台明北侧中部及西北隅与叠石假山之间，各用太湖石垒筑踏步一座，其中南侧中部踏步为4步，自下而上踏步规格依次为：84 × 54 × 21厘米、145 × 53 × 22厘米、150 × 53 × 30厘米、180 × 60 × 33厘米；北侧中部作汀步3步，自南而北汀步规格依次为：157 × 54 × 26厘米、136 × 42 × 30厘米、180 × 82 × 36厘米；西北隅踏步为3步，自北而南（自

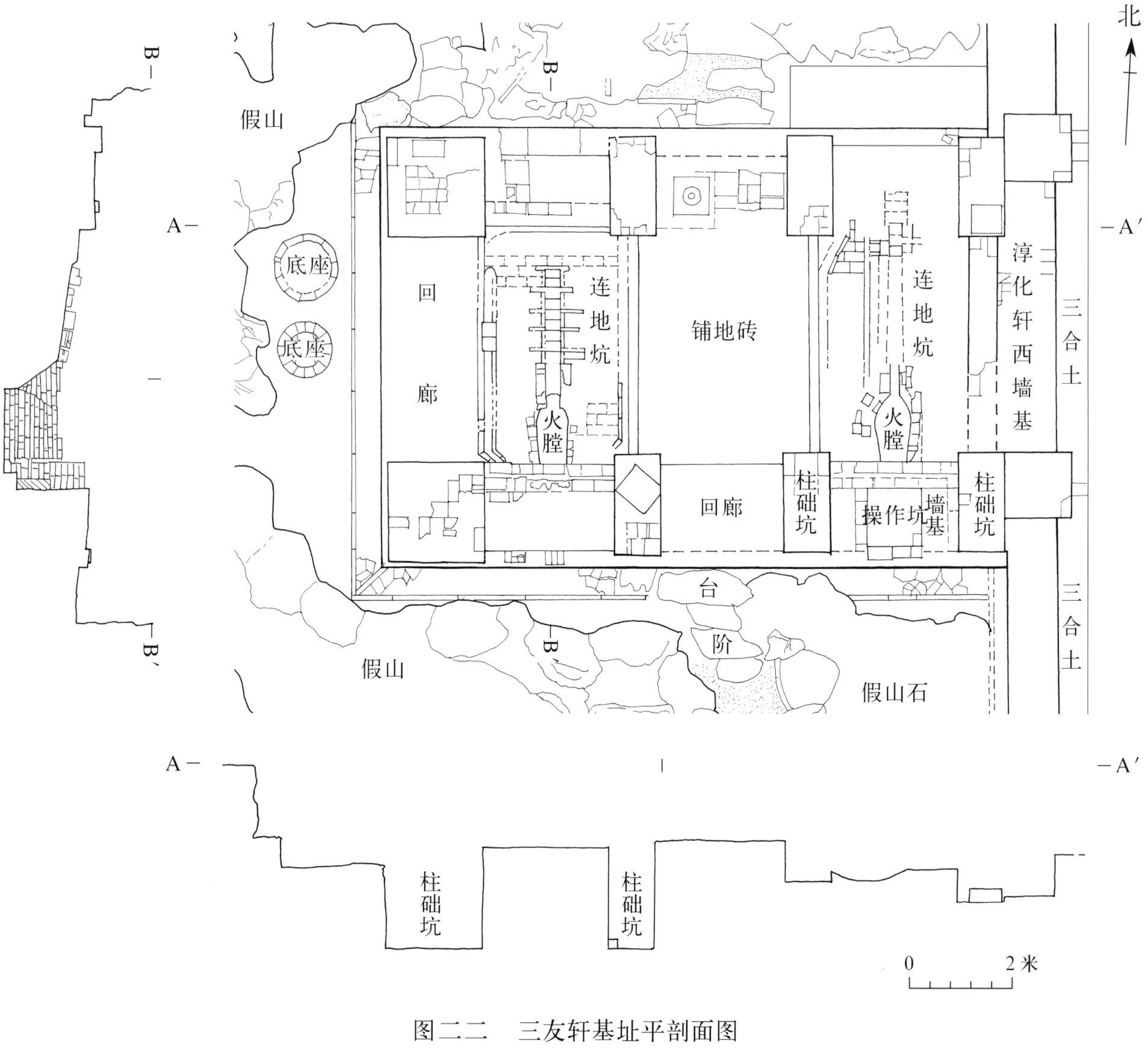

图二二　三友轩基址平剖面图

高而低）踏步规格依次为：113 × 72 × 20厘米、80 × 55 × 32厘米、85 × 57 × 3厘米（此为地面以上厚度，埋入地下部分未予解剖）。此外，在西侧散水中部与叠石假山之间，还遗有砖砌圆形花盆底座2个，作南北一字排列，基础为碎砖块和三合土夯土，三合土上面铺一层青砖，北侧的一个只余周边砖牙子，圆心部分的铺砖被拆掉，直径1.25米；南侧的一个砖面完好，直径1.05米。

建在三友轩东、西次间的两座连地炕，形制、结构大体一致，其中西次间的一座保存略好，由操作室、炉膛、出火口、烟道四部分组成，以青砖砌筑（图版一九：2）。操作室平面呈长方形，位于最南端，东西长1.65、南北宽1.25、深1.55米。炉膛紧邻操作室北侧，平面形状呈长圆形，南北长1.05、宽0.5、残深1.1米。出火口紧邻炉膛北侧，平面形状呈长方形，南北长0.87、宽0.3米，斜坡式，南低北高，深0.2～1.06米。主烟道在出火口北侧，平面形状呈长方形，斜坡式，南低北高，南北长1.87、东西宽0.3、深0.2～0.28米。支烟道开在主烟道东、西两侧，每侧4条，作对称排列，每条支烟道长0.44米，宽度自南而北，逐渐递增，在0.05～0.1米之间，残深0.07～0.31米。

叠石假山如三块屏障，从南、北、西三面，将三友轩围在其中（彩版八）。垒砌假山所用的石料为南太湖石，总体颜色呈黄褐色。现存假山基础部分，原有的许多叠石早在解放前即已被拆毁移走。凡经翻动过的浮石（共计1200余块），此次发掘时均从假山现场清理出去，暂存遗址东山口外湖岸西侧。据估算，原叠砌这座假山所用南太湖石料当不少于4500块。

经测量，假山占地规格东西通长23、南北通宽22米，现存最高处3.5米，最低处0.5米。三面山体宽度在4～9米之间（图二三、二四、二五、二六）。整个假山用大小不等的太湖石错缝垒叠，参差不齐，错落有致（彩版九），以白灰勾缝，并多处使用铁锔子，将两块相邻的石块锔连在一起。

假山内设有四条曲径通道，分别连接南侧的涵光室与北侧的静莲斋，东北侧的蕴真斋，西侧的待月楼与涵光室（图版一九：3、二〇），假山里面的三友轩与涵光室及静莲斋，则以太湖石云步踏跺形式相连接。通道底部也以太湖石精心铺砌，以白灰勾缝。在假山南北通道偏北处，上部尚存留一块长250、宽40～120、厚60厘米的棚顶石，使通道在这里变作一处洞口（图版二一：1）。由此推断，这条通道南、北两段原来可能是一条曲径山洞，中间当设有天井。原假山西北隅顶部，曾有方亭一座，已被拆毁，山顶仅遗方形青石质柱础石4方，均被翻动移位，其中2件完整，2件残坏，平面规格为78厘米见方，厚48～49厘米，上面凿制方形柱窝坑二级，上面（第一级）柱窝平面43厘米见方，窝深5厘米；下面（第二级）柱窝平面16厘米见方，窝深26厘米。山下西侧，出土数件汉白玉栏板与望柱构件，以及若干砖雕构件，估计与此方亭有关。在假山南、西、北三侧山脚，随山体走向，铺有曲线多变的细小卵石散水。在假山西侧散水与待月楼东侧散水之间，设南北向（南高北低）曲线排水沟一条，通向假山西北隅外侧有一处石沟漏，其质料、形制均与看戏殿东南角出土者一致，唯规格略小，上覆四通式圆形青石沟漏盖1块（图版二一：2）。

在假山南、西、北三面外缘山根石窝中及中间天井通道西侧台上，还发现有8个植树坑和残存的8棵古柏根部遗迹（图版二二、二三、二四）。这8棵古柏的残存高度为0.13～1.5米，直径在0.21～0.35米之间。这是当初设计和建造这座假山时留下的附属遗迹，对于我们了解当时的设计思想和营造方案及其景致效果，是很有价值的一份实物资料，参见附表5。

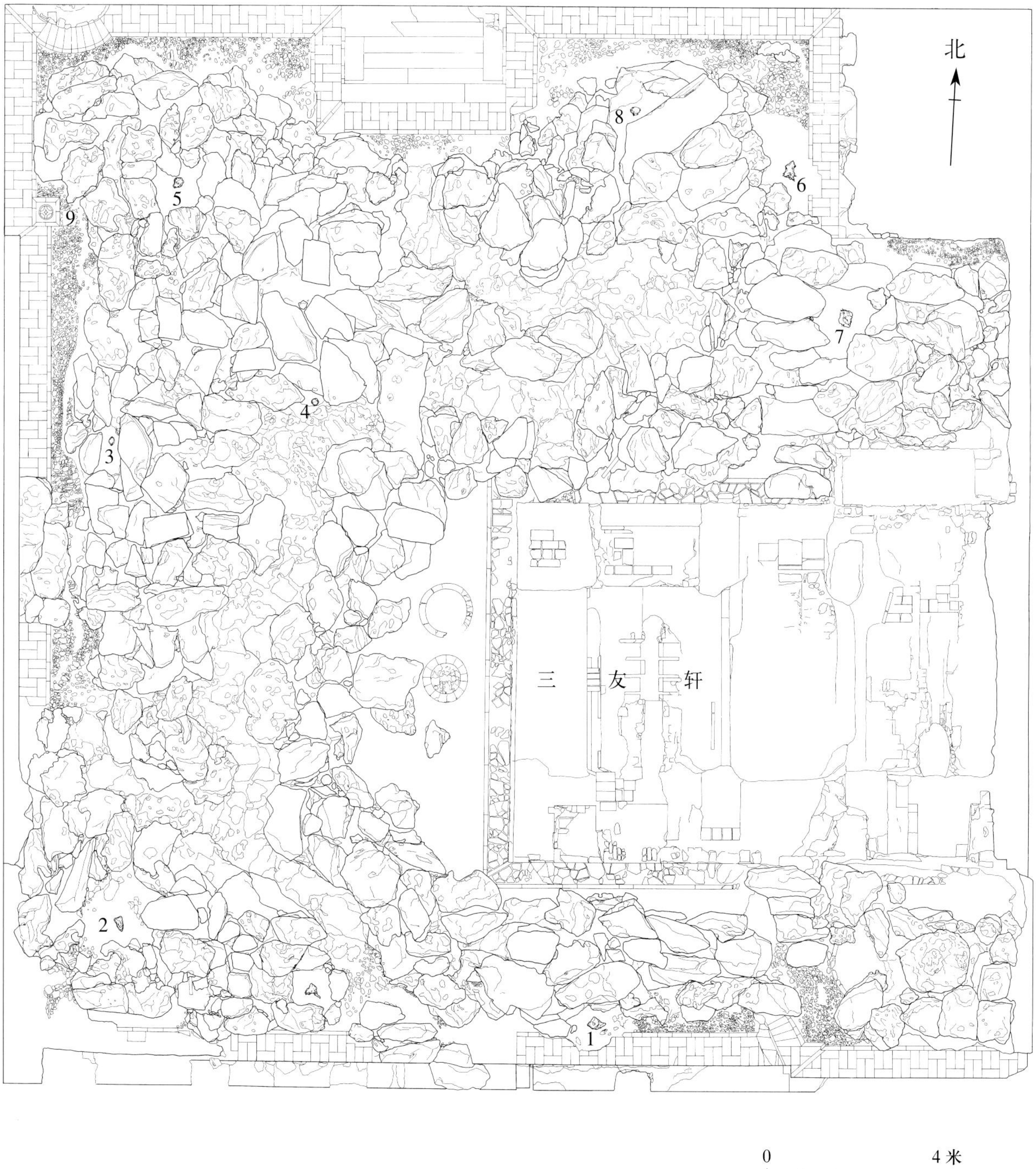

图二三　三友轩周围叠石假山平面图
1～8．古树　9．石沟漏

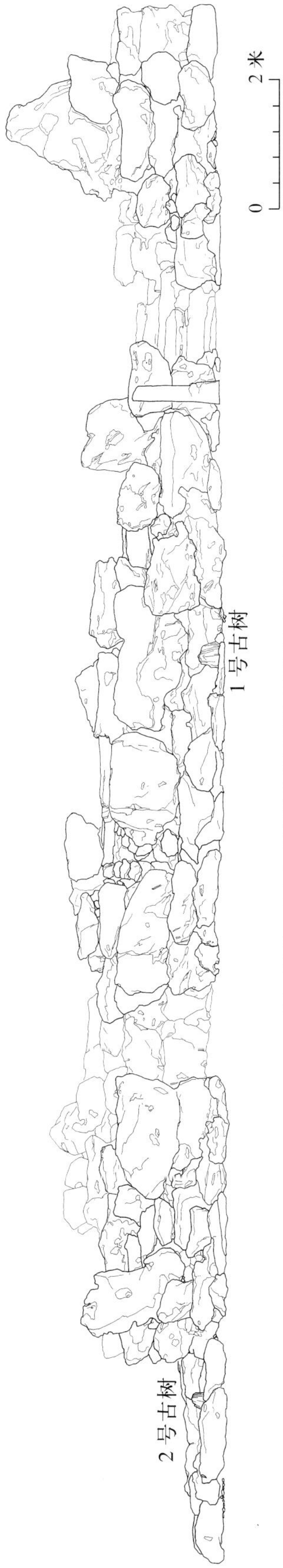

图二四　三友轩周围叠石假山南侧立面图

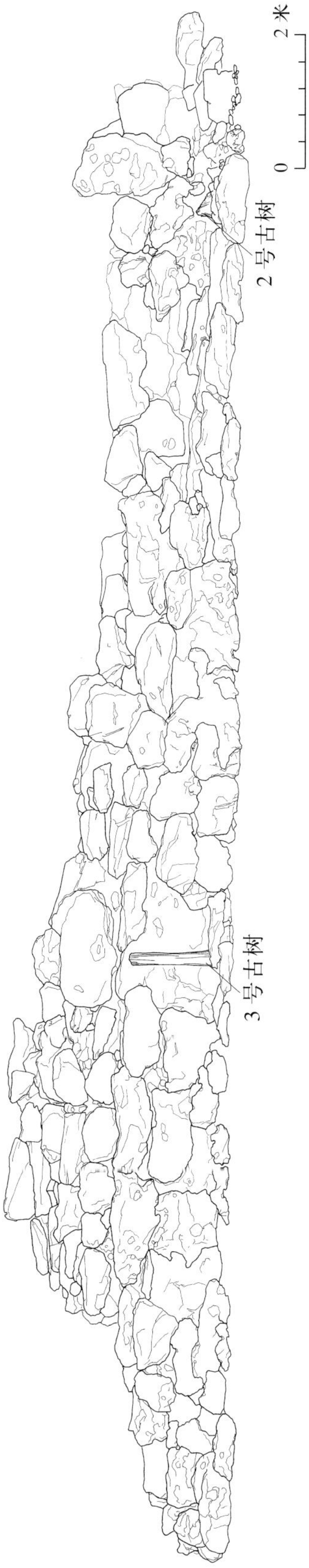

图二五　三友轩周围叠石假山西侧立面图

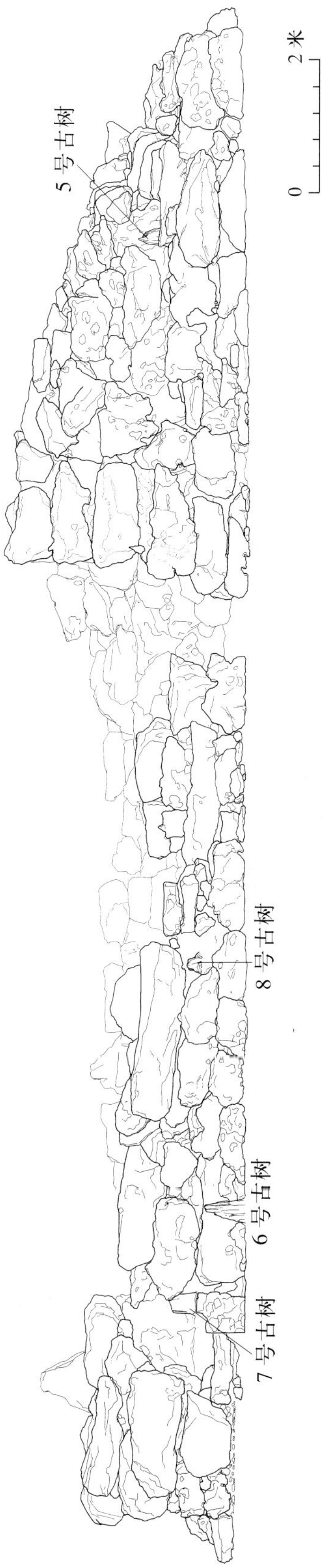

图二六　三友轩周围叠石假山北侧立面图

（三）静莲斋遗迹

静莲斋位于三友轩和叠石假山北侧，原为南向歇山顶殿五间，于乾隆三十五年（1770年）建成。外檐悬乾隆御笔“静莲斋”黑漆金字玉匾。内额为“幽偏自怡”和“那罗延窟”。

现存静莲斋殿基平面呈长方形，东西长17.5、南北宽9.4米，前、后有檐廊，台明高出砖面散水0.66米。台基三合土芯和毛石拦土墙大部保留，仅局部残缺，柱位清楚，尚存9方原位柱础石，台明南侧保留石台阶一座，东、西梢间内各有连地炕一座（图二七）。

在殿基南、北两侧各遗存南北向长方形双联磉墩柱础坑6个，规格为2.1 × 0.9 × 1.75米，其中北侧有5个坑内保留原位柱础石9方，这些柱础石皆以青石凿制，形制、规格相同，均为72 × 72 × 32厘米，古镜圆形，直径48厘米，高5厘米，圆形柱窝，直径13厘米，深8.5厘米。出于柱础坑附近、已被移动的柱础石有14方，可复原归位，从总数看，静莲斋的柱础石现仅缺失1方。这一结果，与清代档案所记静莲斋为南向殿五间的规制一致。

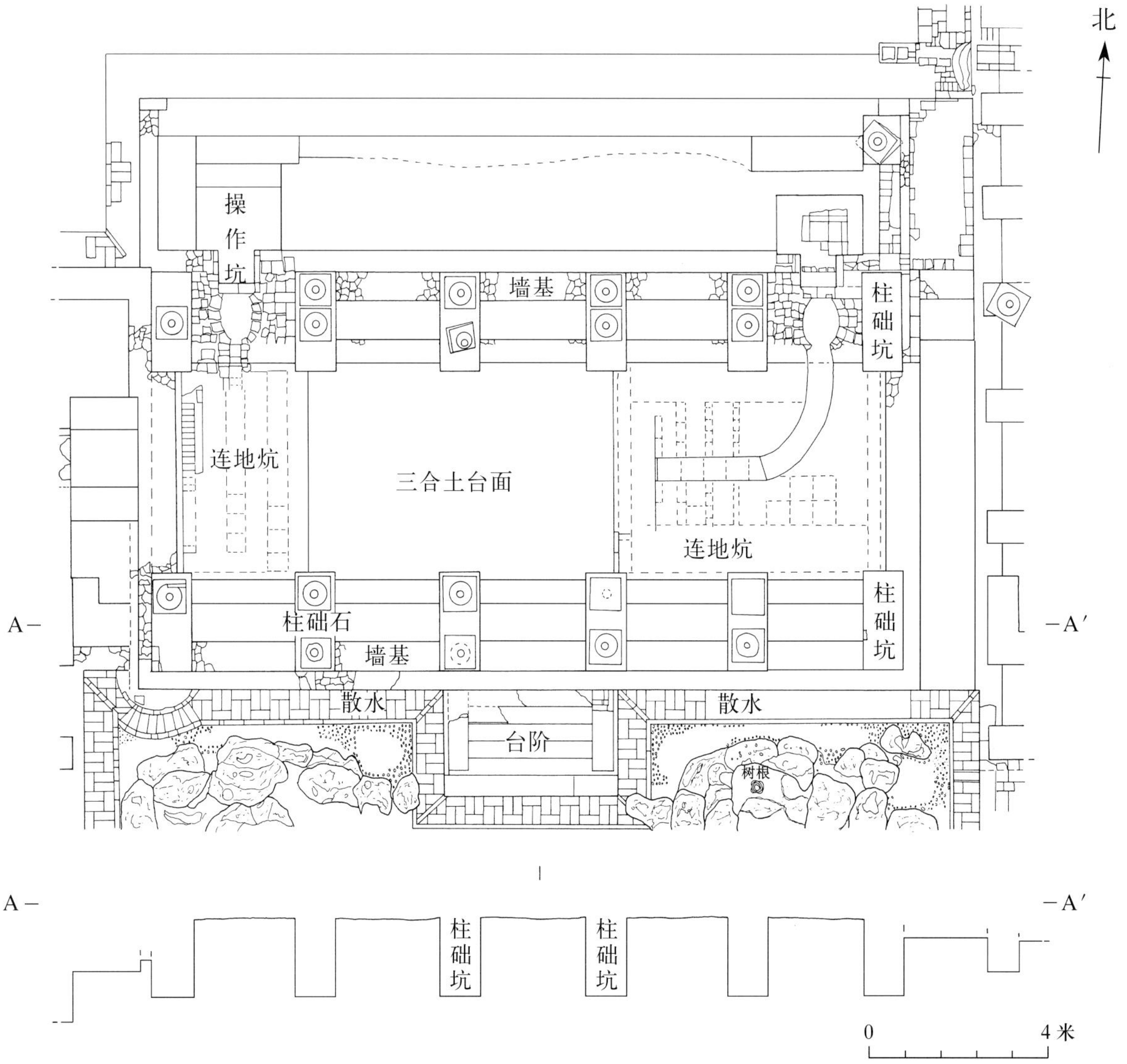

图二七　静莲斋基址平剖面图

台明南侧中间保留的台阶，坐北朝南，东西通长3.7、南北通宽2.3、高0.66米。分五级，最上面的阶条石和两侧的象眼石缺失，上、中两级条石长280、宽36、厚12厘米左右（阶高），局部有残缺，东、西两侧垂带宽46厘米，下面的燕窝石和如意石通长均为388厘米，宽分别为47厘米和44厘米。西、南两侧遗有褥子面青砖散水，散水面宽0.72米（含砖牙子镶边）。

设于东、西梢间的两座连地炕，皆为南北向，以青砖砌筑，由操作室、炉膛、出火口与烟道四部分组成，操作室与炉膛在北侧，出火口与烟道在南侧。二者的区别在于，西梢间者主烟道呈正南北方向直行到底，而东梢间者主烟道南半段作弧形弯曲拐向西侧，这种结构形式在含经堂宫苑连地炕中尚属首例（图版二四：3）。此连地炕操作室亦属地下室，东西长2.6、南北宽2.3、存深0.85米。炉膛平面呈椭圆形，南北长1.05、东西宽0.83、存深0.6米。出火口上部被破坏，南北长0.8、宽0.35、北端深0.72米。主烟道宽0.56米，北段直行距离为0.94米，向南拐弯一段长1米，向西2.8米；支烟道开在主烟道向西伸延一段的南、北两侧，每侧设5条，宽度相同，均为0.13米，长、深东西两端有所区别，东端者长1.05、深0.27米，西端者长0.4、深0.15米。

（四）理心楼遗迹

理心楼位于静莲斋北侧、蕴真斋西侧，原为南向殿五间，建于乾隆三十五年（1770年），外檐悬乾隆御书“理心楼”蓝字玉匾。

现存理心楼殿基平面呈长方形，东西长17.2、南北宽6.9米，前面有檐廊，台明高出南侧东端砖面散水0.5米。台基三合土芯、毛石拦土墙较完好，柱位清楚，散水尚有部分保存，东、西梢间内各遗留连地炕一座（图二八）。

在殿基南侧发现南北向双联磉墩柱础坑6个，规格为2.1 × 0.9 × 1.42米（存深）；北侧在上述双联柱础坑对应的位置，发现有方形单磉墩柱础坑6个，规格为0.7 × 0.68 × 0.5米（存深）。在南侧双联柱础坑内，遗留青石质柱础石7方，规格一致，平面规格为70厘米见方，厚26厘米，古镜圆形，直径46厘米，高3厘米，圆形柱窝，直径13厘米，深13厘米。在北侧方形单柱础坑内，遗留有青石质柱础石4方，平面规格为60厘米见方，厚20厘米，古镜圆形，直径43厘米，高3厘米，圆形柱窝，直径9厘米，深9厘米。这一结果，与清代档案所记理心楼为南向殿五间的规制相符。保留于东、西梢间内的连地炕，皆为南北向，以青砖砌筑，操作室与炉膛在南侧，烟道在北侧，烟道部分多被破坏，其结构特点与前述同类连地炕基本一致。另外，在理心楼西侧和北侧，还有库房和执事房遗迹，建筑年代偏晚，台基有叠压痕迹。

（五）待月楼遗迹

待月楼位于三友轩和叠石假山西侧，东向三间围廊双层楼，歇山过垄脊屋顶。建于乾隆三十五年（1770年）。

现存待月楼殿基平面呈长方形，南北长14.1、东西宽8.6米，台明高出东侧砖面散水0.68米，高出南、北、西侧卵石散水分别为1.75、1.64和1.78米。保存状况较好，台基三合土芯和毛石拦土墙较完好，台明边界较完整，柱位清楚，东侧散水和云石踏跺较完好（图二九）。

在殿基东、西两侧，各遗存方形四联柱础坑2个，平面规格为2.25米见方，深2.1米；东西向双联柱础坑2个，规格为2.1 × 0.9 × 1.05米。保存青石质柱础石8方，平面规格为70厘米见方，厚37厘米，古镜圆形，直径50厘米，高4厘米，圆形柱窝，直径11厘米，深6.5厘米。这一结果

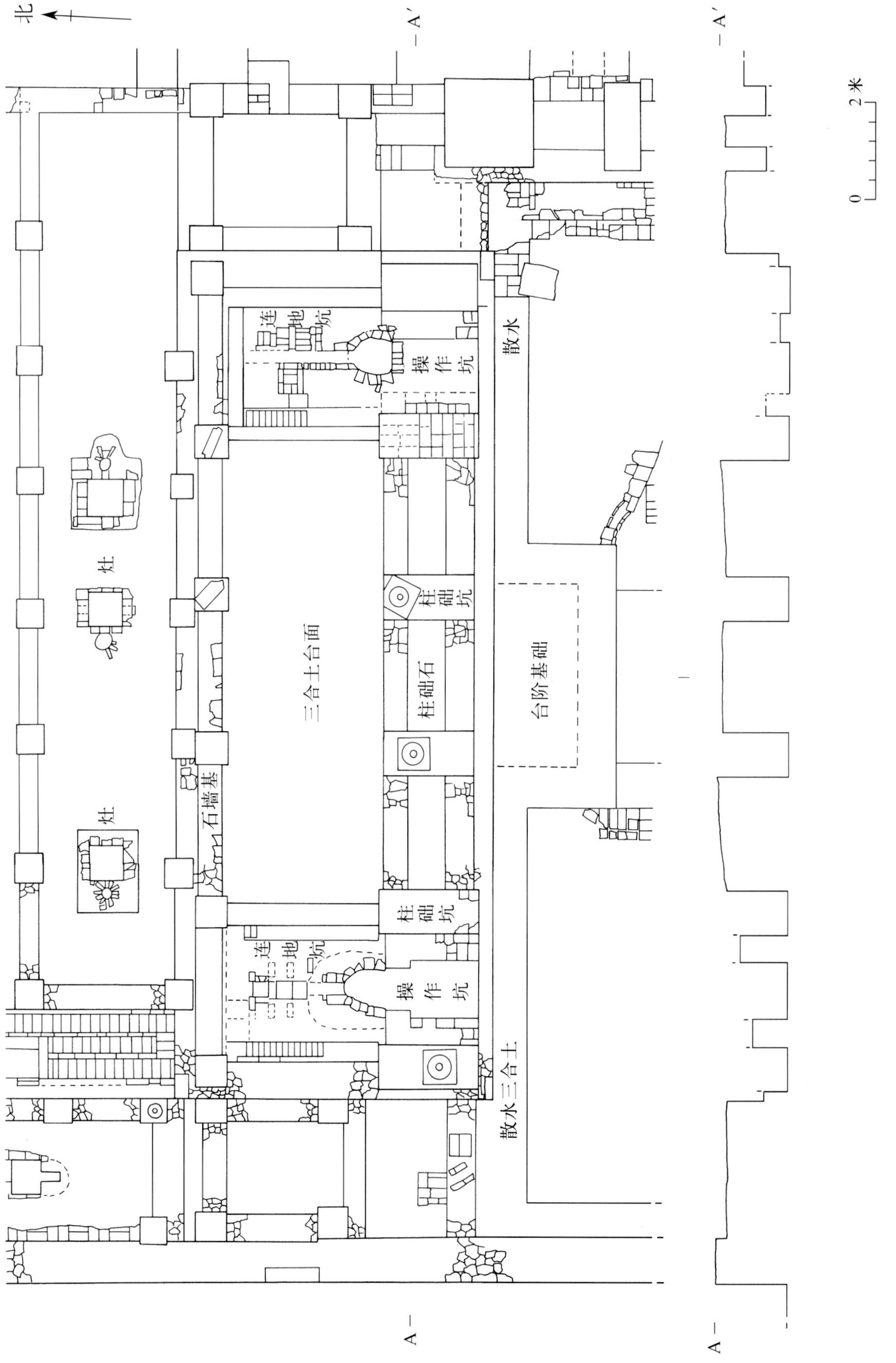

图二八　理心楼基址平剖面图

与清代档案所记待月楼为东向三间二层楼，四周有围廊的规制相符。

台明东侧褥子面青砖散水保存较完整，宽0.73米。中间保留有太湖石云石踏跺一座，南北通长3.08、东西通宽1.36米，分二步，每步由3块太湖石对接组成，中间的一块较长大宽厚，如上步中间的一块规格为132 × 55 × 34厘米，下步中间的一块为165 × 65 × 33厘米。

五　西路外澄波夕照敞厅遗迹

澄波夕照位于含经堂宫苑西宫墙外、西山口临水处，原为西向临水三间敞厅。建成于乾隆十六年（1751年），厅内朝西悬挂乾隆御书“澄波夕照”黑漆金字玉匾。厅内地面原铺砂砖，乾隆五十六年（1791年）改墁花斑石砖。

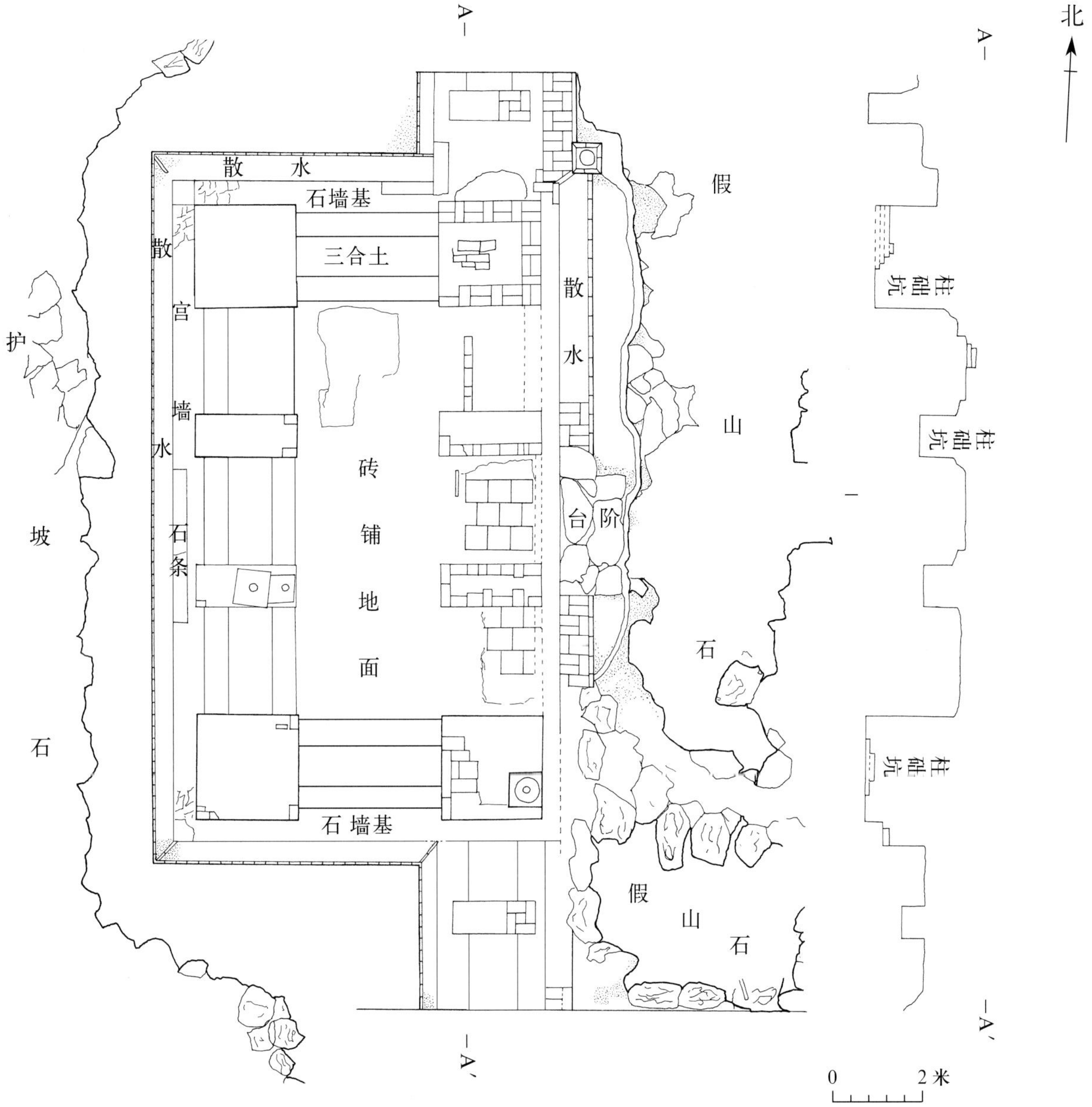

图二九　待月楼基址平剖面图

现存澄波夕照台基平面呈长方形，南北长11.6、东西宽5.9、台明高出散水0.4米。台基三合土芯和拦土墙大多完好，柱位清楚，南侧卵石散水尚存，北侧和西侧保留较完好的云石踏跺，东侧爬山廊基础犹存（图三〇；彩版一〇）。

在殿基东、西两侧，各发现东、西对称的正方形单磉墩柱础坑4个，平面规格为0.9米见方，深1.05米。遗存青石质柱础石1方，平面规格60厘米见方，厚29厘米，古镜圆形，直径43厘米，圆形柱窝，直径13厘米，深12厘米。在台明东南和西北角，尚存青石质角柱石，西南角遗有青石质厢角柱石，高均为63厘米，宽、厚各有差别。在台明东部中间，接出爬山廊一段，东西长5.79、南北宽3.38米，东高西低，作斜坡式，东端高1.03、西端高0.46米（指高出卵石散水）。在台明西部中间，接砌青石云石踏跺一段，自东而西，由高而低，直抵湖边，东西长9.3、南北宽3.9米，分三步，每步宽0.57～0.74米，由3～4块青石对接组成。在台明南、北两侧中间，也各设青石云石踏跺一座，其中北侧踏跺保存较完好，东西通长2.47、南北通宽1.8米，亦分三步，每步由3块自然

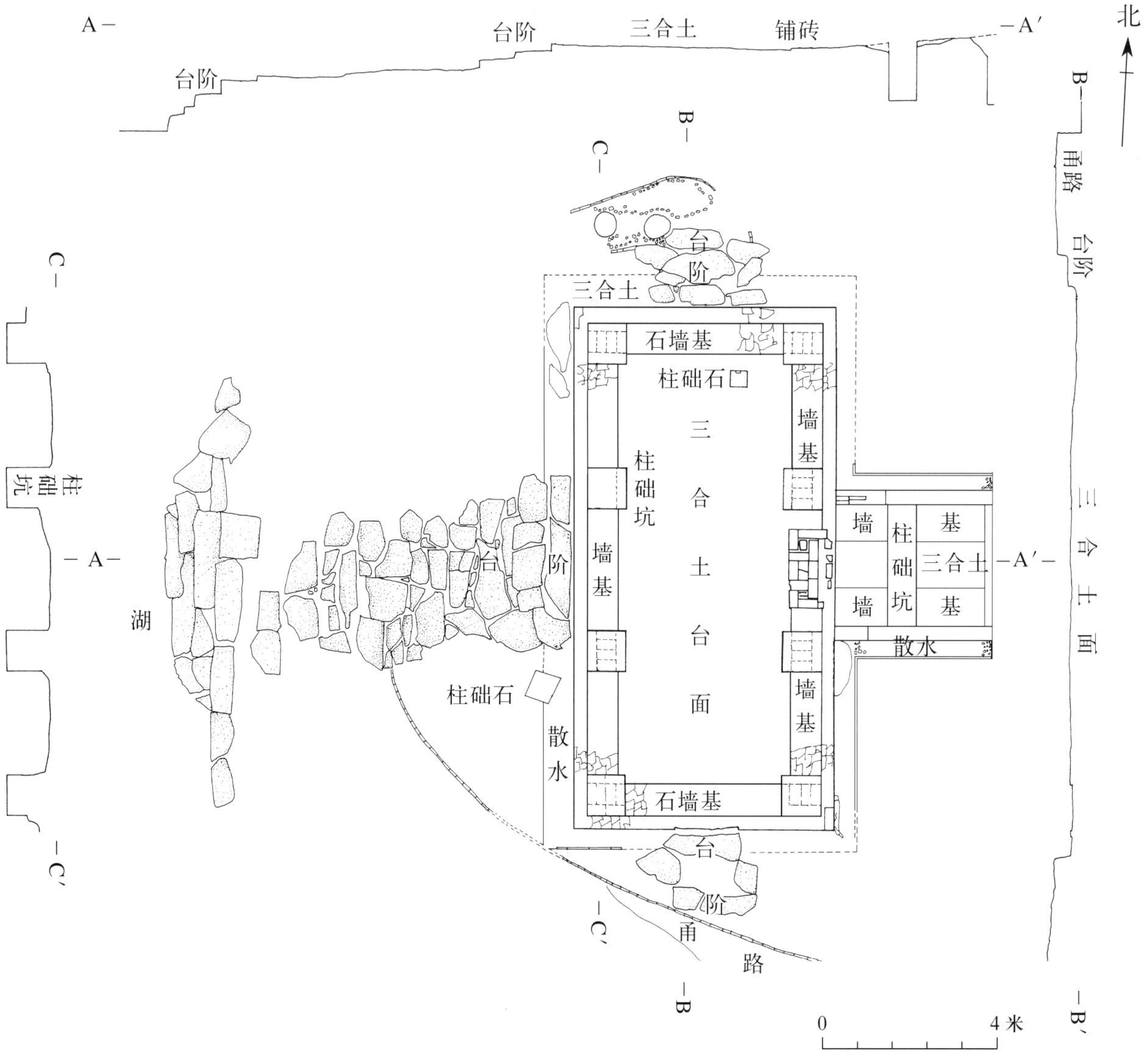

图三〇　澄波夕照敞厅基址平剖面图

青石接砌而成。这一形制，与清代档案所载澄波夕照为西向三间临水敞厅，东有爬山廊的规制特点相符。在台明东侧和南侧，遗有卵石散水，东侧散水宽0.48米，南侧散水宽0.43米（均含砖牙子镶边）。在西、南两侧踏外侧至西宫墙外侧之间，还有一条曲线卵石甬道相通，甬道宽1.33米，以较大的卵石铺砌，左、右两边以青砖牙子镶边。

六　北区宫墙遗迹

北区宫墙皆以虎皮毛石垒砌，以白灰勾缝，东墙自戏台地井以北长32.7米，西墙自静莲斋以北长32.8米，北墙西自理心楼西北隅，东至神心妙达看戏殿东北隅，长86.3米，墙宽均为0.9米，存高一般为0.6～1.2米（指高出散水面）。东北角保留完整的青石角柱石1块，规格为70 × 37 × 120厘米（散水以上高度），西北角保留有完整的青石厢柱石2块，规格为73 × 36 × 103厘米（散水以上高度）。在北墙与西墙局部地段，还保存有青石质压面石，规格为190 × 48 × 16厘米，或171 × 45 × 16厘米，或116 × 37 × 16厘米等。在理心楼西北隅宫墙外，接砌青砖礓礤一座，礓礤南半部为平台，台面与宫墙顶面相平，东西长1.66、南北宽1.27、存高1.03米；北半部呈斜坡式降至原地平，南北通长3.5、东西宽1.66米（图版二五：1）。

第三节　宫苑周围其他遗迹

在含经堂宫苑宫墙之外和周围假山之间，有值房与库房遗迹及井亭遗迹；在东南山口外临湖处，还有云容水态敞厅遗迹等。

一　值房遗迹

在含经堂宫苑西北隅，西宫墙与北宫墙外侧及假山内侧脚下，遗存值房基址一处，共12间，以虎皮毛石、青砖和白灰砌筑，平面呈曲尺形（图三一），北侧坐北朝南东西向一排5间，为第一组；西侧坐西朝东南北向一排7间，保存较好。其中靠北侧的、紧邻第一组西山墙的两间为第二组；中间的进深比第二组大的三间为第三组；南侧的规格与第二组相同的两间为第四组。

（一）第一组

为值房建筑的主体建筑。坐北朝南，东西长17、南北宽6.2米。分为5间，每间面阔3.2米，通面阔16米，进深5.2米（柱中心间距）。房址的基础保存完好（图版二五：2），底部结构未作解剖，现只叙述地面露出的部分。

1．台基　东西长17、南北宽6.2米，用石块、砖和白灰砌筑而成。

2．墙体　南墙保存较差，只保留最底一层砖，墙宽0.27米，双层青砖砌筑，砖的规格为27 × 13 × 5厘米。西墙最高处保留三层砖，高0.2米。东墙保留有10层砖，残高0.65米。北墙被完全破坏，墙的宽度和砖的规格应和其他三面墙一样。

3．柱础　原有18个，现存11个，缺失7个。柱础共分三排，即前檐柱、金柱和后檐柱各一排。前檐柱现存西侧2个（其中含西南角柱1个），缺失中间和东侧4个；金柱现存东侧3个，缺失西侧

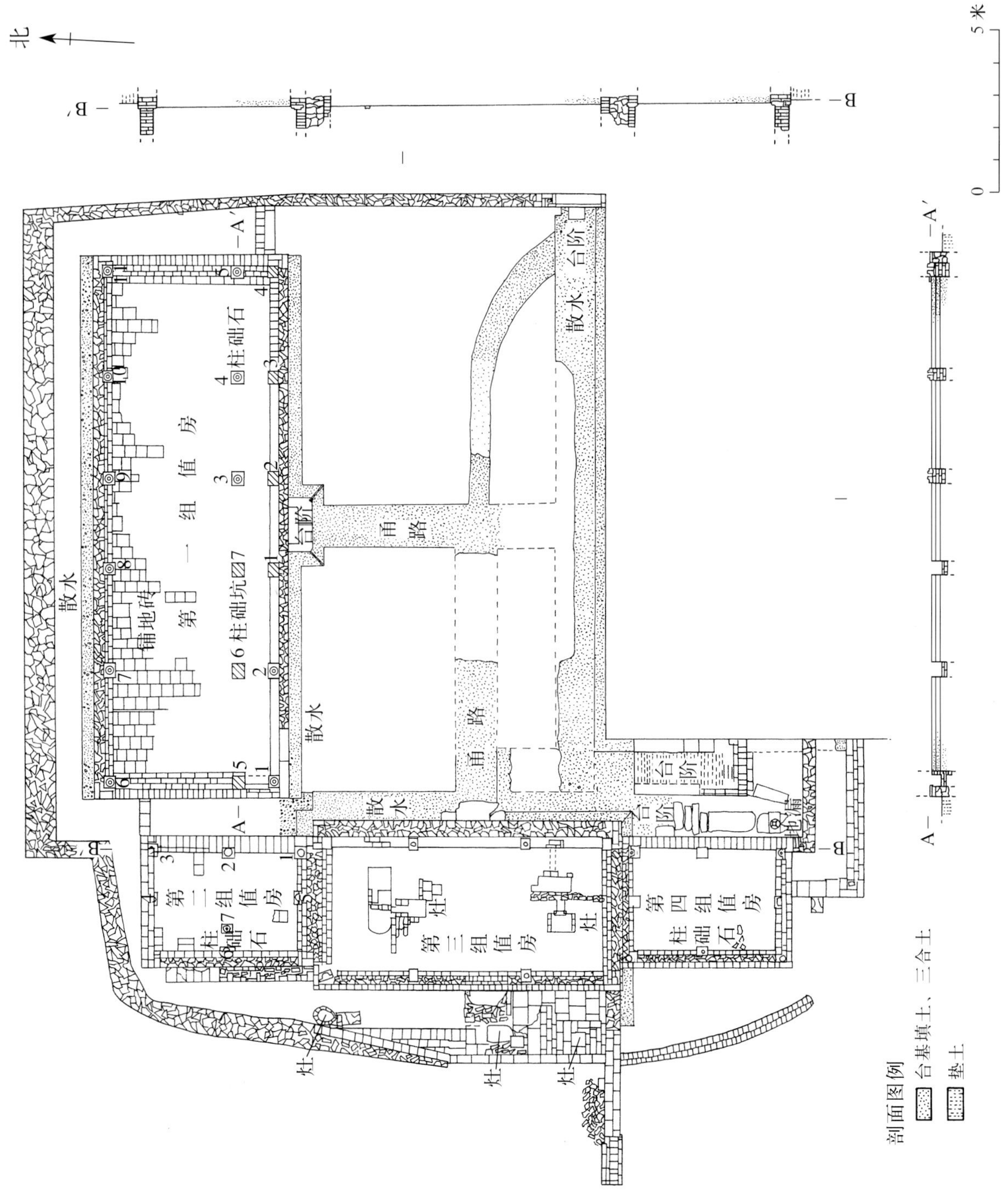

图三一　西北隅值房基址平剖面图

3个；后檐柱6个（含东北角和西北角角柱石各1），保存完整，原位未动。我们在缺失柱础石的位置清理出7个柱础坑。现将现存的11方柱础石和7个经过清理的柱础坑的规格叙述如下。

需要说明的是，此值房的柱础均为套柱础，这是在含经堂遗址发现的唯一一处使用套柱础的建筑遗迹。柱础的柱窝作上、下贯通式，故柱窝的深度即是柱础石的通高，而且各柱础石的规格也互有区别。

(1)柱础石

前檐柱础石2方（含西南角柱础石1），编号为1、2号。

1号柱础石（西南角柱础石）：平面呈长方形，规格为40 × 35厘米，古镜圆形，直径29.5厘米，高2.6厘米，圆形柱窝，直径14厘米，深24厘米。

2号柱础石：平面呈长方形，规格为40 × 35厘米，古镜圆形，直径29.5厘米，高2.6厘米，圆形柱窝，直径14厘米，深26厘米。

金柱柱础石3方，自西向东编为3～5号。

3号柱础石：平面呈长方形，规格为45.5 × 47厘米，古镜圆形，直径32.5厘米，高2.6厘米，圆形柱窝，直径14厘米，深27厘米。

4号柱础石：平面呈长方形，规格为45.5 × 47厘米，古镜圆形，直径32.5厘米，高2.6厘米，圆形柱窝，直径14厘米，深24厘米。

5号柱础石：平面呈方形，规格为50 × 50厘米，古镜圆形，直径36.5厘米，高2.6厘米，圆形柱窝，直径16.5厘米，深29厘米。

后檐柱础石6方（含东北角角柱柱础石1，西北角角柱柱础石1），自西向东编为6～11号。

6号柱础石（西北角柱础石）：平面呈方形，规格为38 × 38厘米，古镜圆形，直径30厘米，高2.6厘米，圆形柱窝，直径13厘米，深23厘米。

7号柱础石：平面呈方形，规格为40 × 40厘米，古镜圆形，直径29.5厘米，高2.6厘米，圆形柱窝，直径12.5厘米，深22厘米。

8、9号柱础石：尺寸相同，平面呈方形，规格为40 × 40厘米，古镜圆形，直径29.5厘米，高2.6厘米，圆形柱窝，直径12.5厘米，深23厘米。

10号柱础石：平面呈方形，规格为39 × 39厘米，古镜圆形，直径29.5厘米，高2.6厘米，圆形柱窝，直径12.5厘米，深24厘米。

11号柱础石（东北角柱础石）：平面呈方形，规格为39 × 39厘米，古镜圆形，直径29.5厘米，高2.6厘米，圆形柱窝，直径12.5厘米，深25厘米。

(2)柱础坑

前檐柱础坑4个，自西向东编为1～4号。

1～4号柱础坑（4号为东南角柱础坑）：平面呈长方形，规格为40 × 35厘米，由于磉墩破坏程度不同，所以柱础坑的深度不尽相同，深度在30～40厘米之间。

金柱柱础坑3个，自西向东编为5～7号。

5号柱础坑：平面呈方形，规格为40 × 40厘米，深39厘米。

6号柱础坑：平面呈长方形，规格为50 × 40厘米，深35厘米。

7号柱础坑：平面呈长方形，规格为45 × 40厘米，深35厘米。

4．铺地砖　平面呈正方形，规格为38 × 38厘米，厚5厘米。铺砌方法为平铺错缝。底部是三合土，未作解剖，其厚度和分层情况不详。

5．转角石　东南角长宽45 × 20厘米，东北角长宽45 × 20厘米，西北角长宽50 × 20厘米，西南角长宽115 × 30厘米，转角石用青石打制而成。转角石顶部至散水面高29厘米。散水以下不详。

6．台阶　位于房址的第三间正中，分两步、由三块打制好的石块砌成，由下而上分两级。第一级用两块石块并排铺成，西边的一块东西长89、南北宽78、高15厘米。东边的一块东西长81、南北宽78、高15厘米。第二级为一块整石块，此石东西长96、南北宽31、高14厘米。台阶石的制作比较精细。

7．散水　分布在台基的前后两边，宽0.4米，用立砖镶边，砖厚4.5厘米，砖边以内用大小不等的卵石铺成，未发现有图案。

该房址的前檐为双联柱，后檐为单檐柱，没有山柱，两山未见散水（可能被破坏）。门台前铺设卵石小道，道宽1.3米，南部被破坏。

（二）第二组

门向朝东，东面紧邻一号建筑的西山墙，南接三号房的北山墙。南北长5.5、东西宽4.1米。分为两间，面阔不大一样，北间面阔2.5、南间面阔2.3、通面阔4.8、进深3.2米（柱中心间距）。房址的基础保存完好（图版二五：3）。底部结构未作解剖，现只叙述地上部分。

1．台基　南北长5.5、东西宽4.1米，用石块、青砖和白灰砌筑而成。前檐台用青砖压面，后檐没留檐台。

2．墙体　分前墙、后墙和山墙。

前墙，已全部破坏，所以宽度及砌筑方法不详。

后墙，外长5.5、内长4.6米，现存高1米，8层砖，内用青砖、外用石块垒砌，墙宽0.45米，青砖长44、宽20、厚10厘米。

山墙，外长3.8米，北山墙残高1米，8层砖，墙宽0.45米，用整砖和半砖砌成。青砖长44、宽20、厚10厘米。南山墙外侧用石块垒砌，宽0.5米。

3．柱础　共发现柱础石7方，编号为1～7号。

1号柱础石：位于房基东南角，平面呈长方形，规格为47 × 32厘米，古镜圆形，直径32厘米，柱窝直径6厘米，深7厘米。

2号柱础石：位于前墙正中间，尺寸与1号柱础石相同。

3号柱础石：位于房基的东北角，尺寸与1、2号柱础石相同。

4、5号柱础石：为山柱的柱础石，平面呈正方形，规格为45 × 45厘米，古镜圆形，直径34厘米，柱窝直径6厘米，深7厘米。

6号柱础石：位于后檐墙的中间，平面呈正方形，规格为44 × 44厘米，古镜圆形，直径34厘米，柱窝直径6厘米，深6.5厘米。

7号柱础石：位于2号和6号柱础石中间，柱础石中心距6号柱础石中心0.7米，平面呈正方形，规格为33 × 33厘米，古镜圆形，直径24厘米，柱窝直径6厘米，深6厘米。

按规律房基的西北角和西南角还应有两个角柱（柱础石），但该房基没有发现，但第四组房址发现有这两个角柱。此房址发现的7号柱础石分布位置极为少见，用途不详。

4．铺地砖　平面呈正方形，规格为33 × 33厘米，厚5厘米，由于保存较少，铺砌方法不详。铺地砖下为三合土，未作解剖，其厚度和分层情况不详。

5．台阶　没有发现台阶，可能已被破坏。根据散水和引路的分布，可知台阶应在房基的东南角，也就是南边一间，因为在房基东南角有卵石引路铺砌。

6．散水　房址的后檐下散水用残破的铺地砖铺砌，宽0.45米，房址的东北角和第一组房之间有一南北宽0.35米，用铺地砖铺砌的散水，其他部分可能已遭破坏；东南角台阶处有用卵石铺砌的散水，和第三组房的散水、卵石引路相接。

第二组建筑的特点是有山柱，但没有后檐墙角柱，而且还多了7号柱础。别的地方和其他建筑基本一致。

（三）第三组

门向朝东，北山墙紧靠第二组的南山墙，南山墙和第四组的北山墙相接，南北长10、东西宽5.2米。分为三间，中间一间面阔3.5、两边的房间面阔各2.75、通面阔9、进深4.1米（柱中心间距）。房址保存较好，底部结构未作解剖，只叙述地上部分。

1．台基　南北长10、东西宽5米，用石块、青砖和白灰砌筑而成。

2．墙体　分前墙、后墙和山墙。

前墙，外长10、墙宽0.38米，大部分被破坏，垒砌方法不详。只剩最底下一层，为青砖垒砌。

后墙，外长10、墙宽0.58米，外侧用石块和白灰垒砌，内侧用小青砖砌筑，砖长25、宽12、厚5厘米。房址的西南角保存最高0.6米。

山墙，北山墙和第二组房址的南山墙相连接，外长4.6、墙宽0.6米，外侧用石块砌成，内侧用双排小青砖垒砌，砖长30、宽15、厚7厘米，保存最高处残高0.6米。南山墙外长4.6、墙宽0.6米，外侧用石块垒砌，并和第四组房址的北山墙相连，内侧用双排的小青砖砌筑，用砖规格与北山墙相同，残高0.6米。

3．柱础　共发现柱础石7方，西南角的柱础石已被毁掉，前排的4方柱础石规格基本相同，平面呈长方形，42 × 40厘米，古镜圆形，直径33厘米，无柱窝。后排的3方柱础石，西北角柱础石已被挪动，规格为45 × 44 × 10厘米，古镜圆形，直径34厘米，无柱窝。中间2方尺寸相同，平面规格为47 × 46厘米，古镜圆形，直径33厘米，无柱窝。西南角柱础石缺失。

4．铺地砖　平面呈正方形，规格为30 × 30厘米，厚5厘米。错缝平铺。砖下为三合土，未作解剖，厚度和层数不详。

5．灶　在南、北次间发掘火灶的操作坑3个。北次间2个，编号为4号、5号灶，南次间1个，编号为6号灶。

4号灶：东西方向，火道在西，操作坑在东，操作坑为方形，边长0.63米，火道长0.39、宽0.16米。火道和操作坑用青砖砌边。

5号灶：南北方向，操作坑在南，火道在北，火道长0.34、宽0.22米。操作坑南北长0.6、东西宽0.52、深0.55米。也用青砖砌边。

6号灶：东西方向，操作坑在西，火道在东，操作坑南北长0.65、东西宽0.6米，火道长0.35、宽0.2米。这三个灶均严重破坏，所以具体形状和特点不详。

6．转角石　用青石打制而成。东南角转角石，南北长95、东西宽35厘米。东北角转角石，南北长45、东西宽20厘米。西北角转角石已失。西南角转角石，南北长50、东西宽20厘米。

7．台阶、引路　在明间的正前面，用自然石块垒砌，南北长2.1、东西宽0.6米。台阶前面是卵石引路，引路宽1.3米，往东和第一组房台阶前的卵石引路相交。

8．散水　分布在房址的前、后檐下。后檐散水用青砖铺砌，宽0.18米。青砖为方砖，边长18厘米。前檐散水宽0.9米，用立砖镶边。

该房址建筑特点是前后单檐柱，没有山柱，面阔分为三间，明间面阔稍大，两个次间梢小，且面阔相等。

（四）第四组

门向朝东，北山墙和第三组房址的南山墙相接。南北长5.4、东西宽4.1米，分为两间，南间面阔2.5、北间面阔2.3、通面阔4.8、进深3.2米（柱中心间距）。房址保存较好，现将此房址的台基、墙体、柱础石、柱础坑及柱洞等几项遗迹介绍如下：

1．台基　南北长5.4、东西宽4.1米，用石块、青砖和白灰砌筑而成。前檐台用青砖压面，后檐没有檐台。

2．墙体　分前墙、后墙和山墙。

前墙，破坏严重，用双排小青砖垒砌，宽0.25米。

后墙，保存最高处1米，用砖8层。外长5.4、内长4.5米。内侧用青砖，外侧用石块砌筑，墙宽0.45米。青砖长44、宽20、厚10厘米。

山墙，北山墙和第三组房址南山墙相接，墙宽0.5、残高0.6米。南山墙残高0.9米。

3．柱础石　共发现柱础石5方，其分布情况是：前檐柱2方（南、北角柱柱础石各1方），南北山柱柱础石各1方，后檐中间柱柱础石1方。其中东北角柱柱础石，平面呈方形，规格为33 × 33厘米，古镜圆形，直径23厘米，柱窝直径7厘米，深7厘米；东南角柱柱础石，平面呈方形，规格为33 × 33厘米，古镜圆形，直径23厘米，柱窝直径7厘米，深6.5厘米；南、北山柱柱础石和后檐中间柱柱础石规格尺寸与东南角柱柱础石相同。

4．柱础坑　前檐中间柱柱础被破坏，清理出柱础坑1个，平面呈长方形，规格为0.3 × 0.35米，深0.1米。柱础坑底部为残存的砖砌磉墩。

5．柱洞　后檐墙保存较好，在西北角和西南角各清理出柱洞1个，直径0.2米，残深0.7米。

6．铺地砖　铺地砖平面呈正方形，规格为33 × 33厘米，厚5厘米，因只残存很少的几块，而且不相联系，所以铺砌方法不详。

7．台阶　分布在房址的北房前，用一块打制的石块砌成。阶石南北长60、东西宽35厘米。

该建筑和第二组建筑基本相同，不同处在于多2个后檐角柱，少1个第二组房址的7号柱础。此房址前、后檐为单檐柱，有山柱。

（五）排水设施

在第四组房址东南角前檐下，发掘出排水设施——下水道。为保护现存遗迹，对下水道的走向未作解剖。排水口上面遗有石地漏与地漏石盖一套，石地漏平面呈长方形，通长77.5、宽41、厚14厘米，中间镂雕外圆内方钱形漏水孔，外廓径36厘米，金边宽2厘米，圆形青石盖中间断裂，直径33、厚9厘米。

据清代档案资料，这处值房中的11间（北房5间加西房6间）建于乾隆时期；另外1间（南小屋末间）属嘉庆十九年之后添建。

（六）灶址

在第三组房址后面还发现3个灶，编号为1号、2号、3号灶。灶位于房址和护山墙之间，破坏较严重，只剩下操作坑和部分火道。

1号灶：位于第二组房址西北角的后面。操作坑已破坏，只剩下灶膛，灶膛南北长0.75、东西宽0.5米，膛内有大量烧土。

2号灶：位于第二组房址与西护山墙之间，1号灶的南边。火道和操作坑均已被破坏，只保存有火膛，火膛南北长0.9、东西宽0.65米。灶膛内有大量烧土。

3号灶：位于第二组房址的西南角后边。灶坑东西长0.6、南北宽0.4、深0.7米，里面出土有草木灰。

（七）花墙

第三组房址的南山墙向西有一段延伸墙，向西长6、残高1.2米，用44 × 22 × 12厘米的青砖砌筑，共9层。墙下基础为乱石片和三合土夯筑。墙体的西端保留一段花墙，残长1.4米，用29 × 16 × 6厘米的青砖砌筑，两层砖之间用小青瓦对出花形，顶部用青灰盖顶。其用途不详。

（八）围墙

值房院落的围墙由护山墙和主墙体构成。西南角，大殿建筑群与值房间的墙体残高1.2、宽0.6米。西山护山墙残高0.47、宽0.3～0.8米不等，用料也不尽相同，分石块和青砖两种。最高处残高1米左右。北护山墙残高1.2、宽1米，用石块砌筑而成。东墙墙体残高0.6、宽0.5米，与寝宫围墙衔接处有一道门，遗留有台阶石，分两阶：第一阶南北长0.55、东西宽0.4米，第二阶南北长1.5、东西宽0.4米。南墙为寝宫的围墙。

二 库房遗迹

在含经堂宫苑东侧宫墙外、买卖街对面、假山内侧山脚下，及宫苑东北隅北宫墙外侧，还建有库房5座，共29间。为便于叙述，自南而北编号为F1、F2、F3、F4、F5。下面依次介绍这5座库房遗迹。

（一）F1

F1位于井亭的南侧，坐东朝西，三间，南北长10.64、东西宽5.05米。明间面阔3.24米，次间面阔3.25米，通面阔9.74米，进深4.15米（图三二；图版二六：1）。前后单排柱，灰土基础为连续基础，磉墩均单独砌筑，无内柱。依南北墙基为准，测定方向为357°。房基中间被南北向电缆沟打破，遭严重破坏，仅存转角石2块，墙基、散水等已大部无存。

转角石为青石质，房址西北角的1块（编号1）南北长37、东西宽14、顶端距散水高25厘米。房址东北角的1块（编号2）南北长32、东西宽24、顶端距散水高23厘米。

散水残存部分分布在房址的四角和中部，宽0.45米，用直径2～5厘米的卵石铺砌，用边长24、厚5厘米的方砖镶边。卵石黏结在厚0.05米的三合土上。

石墙基破坏严重，从灰土基础面往上残高0.4～0.7、厚0.6米，用白灰浆和红砂岩及残砖垒砌而成。

柱础坑清理出8个，皆为边长0.5米的方坑，深度在0.45～0.75米之间。柱础坑内的磉墩砌砖，已全部被拆毁。

在石墙基和磉墩的下面是灰土基础部分，比石墙基和磉墩的两边各宽出0.1米左右。为保护遗迹现状，对灰土基础未作解剖，所以基础厚度及工艺情况不详。但参照霞翥楼灰土基础被破坏后的剖面来看，本房址的灰土基础应是建造时先在平地挖基槽，然后打好木桩，并铺一些石块后再填入灰土层夯打而成的。

基槽的宽度和灰土基础的宽度相同，比石墙基和磉墩宽出0.1米左右。基槽内砌好石墙基（拦土墙）和磉墩后剩下的空隙填土后夯实。

台基破坏严重。房址西北角有一块保存较厚的台基填土，残厚0.55米，共分五层夯筑（每层厚0.05～0.12米不等），其他部分仅保存有两层，厚约0.25米，均以白灰掺少量砂土或卵石夯打而成。

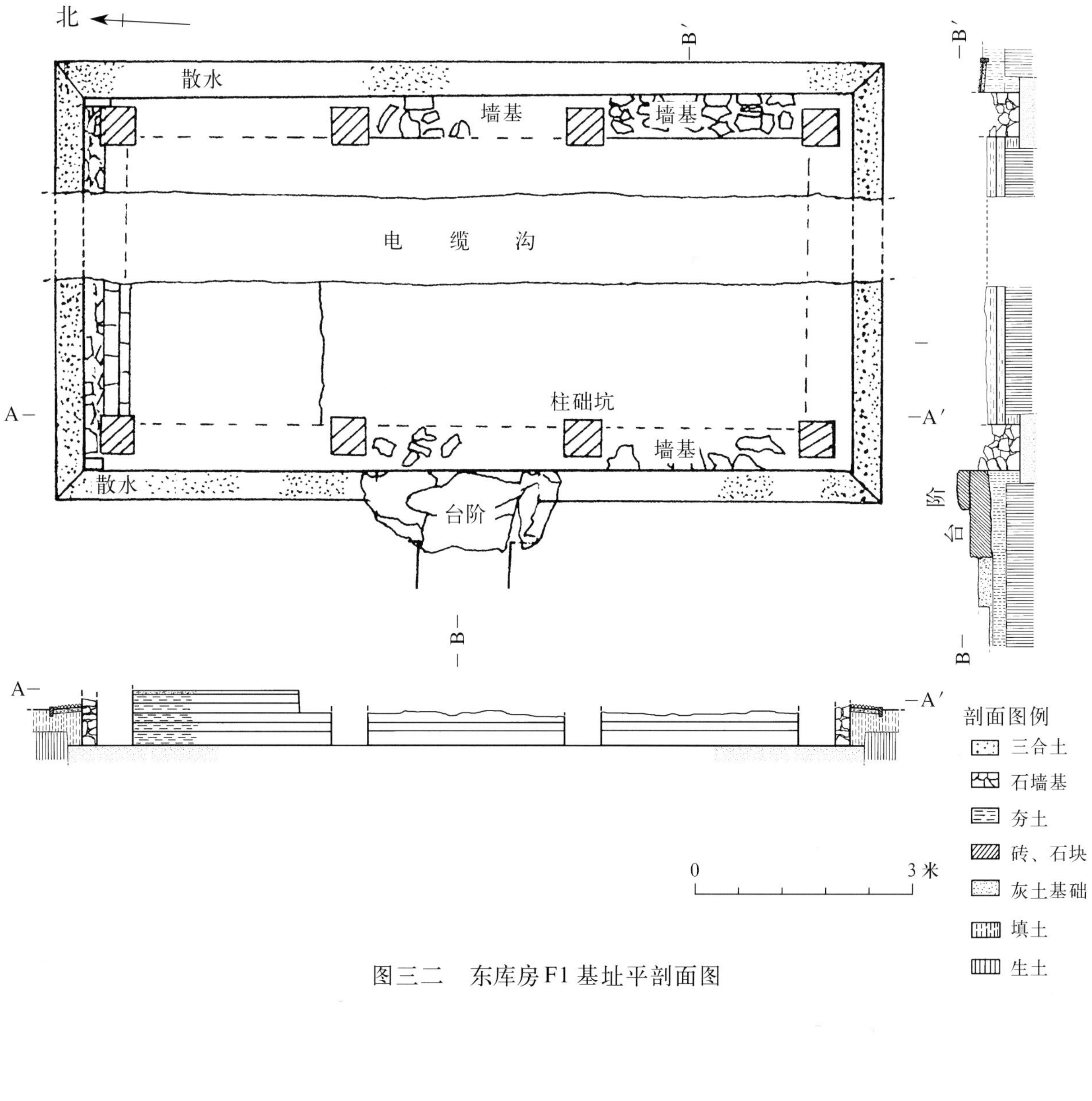

图三二 东库房F1基址平剖面图

台阶用4块自然页岩石块堆砌而成，中间两块垒成两级台阶，两边各用一块不规则三角石块镶住。自下而上，第一级石块长115、宽62、高12厘米；第二级石块长120、宽55、高15厘米。

房前路基为三合土路基，与石台阶相接，往西与买卖街主路相连；路基破坏较严重，残存宽1.06、厚0.05～0.2米。路基南边残存散水一段，长0.4米，用卵石铺砌，以边长24、厚5厘米的方砖镶边。

（二）F2

F2位于井亭北侧。保存状况较差，有一条宽1.2～1.35米的电缆沟南北横穿整个库房。库房整体为长方形建筑，坐东朝西，南北长17、东西宽5.05米。共分五间，每间长度为东西3.54、南北3.2米。遗有转角石、条石、台阶、卵石路、柱础石、柱础坑、石墙基、散水、铺地砖等（图三三；图版二六：2）。

转角石共有4块，位于库房的四角。保存状况一般，表皮略有损坏。东北角的转角石压在13号条石下面。其余三个南北长34、宽14、高于散水39厘米。都是用青灰岩石打制而成，表面有打制出的细竖纹。

条石位于库房东西两侧，紧靠砖墙。西侧条石保存较差，东侧保存好。条石为平面长方形，共13块，长度不一，多在80～160厘米之间，厚14、宽40厘米。

库房石材皆为青灰石。

石墙基位于库房的四边，部分压在条石下面与转角石相连。东西两侧的石墙基，南北长17、东西宽0.8、高0.18～0.34米。南北两侧的石墙基，南北宽0.26米，东西长度由于电缆沟破坏不详。东西两侧的石墙基外侧压着30～40厘米宽的条石，内侧为用砖垒的库房的墙；石墙基用大小不等的红砂岩与白灰砌成。

台阶位于库房的西侧中间，紧靠石墙基与条石。保存状况较好，从上向下共两级台阶。第一级，最长处3.24米，最宽处0.52米。由三块石头组成。第二级，最长处2.4米，中间最宽处0.62米，距路面0.18米。台阶全部用未加工的天然石条与石块组成。

卵石路位于库房台阶第二级下面，与台阶相连，保存状况较差。卵石保存下来的很少，只在路面与台阶相连处保存了一部分，其余皆为三合土路基。路长3.45、宽1.64、高出地平0.03米，卵石路与买卖街南北甬道相连接。

柱础石共有9方，现编号为1～9号。

1号柱础石：出土于库房的西南角，平面呈正方形，规格为53 × 53厘米，厚14厘米，古镜圆形，直径37厘米，高4厘米，无柱窝。被移动过。

2号柱础石：出土于库房西南角，1号柱础石的北侧，平面呈长方形，规格为48 × 44厘米，厚17厘米。古镜圆形，直径35厘米，高4厘米，无柱窝。被移动过。

3号柱础石：出土于2号柱础坑的北侧，保存状况较差。平面呈长方形，规格为51 × 48厘米，厚16厘米。古镜呈弧肚“亚”字形，弧肚镜面直径37厘米，高4厘米，无柱窝。被移动过。

4号柱础石：出土于3号柱础石的北侧。平面呈正方形，规格为51 × 51厘米，厚18厘米，古镜圆形，直径38厘米，高3厘米，无柱窝。被移动过。

5号柱础石：出土于3号柱础坑的南侧，保存状况较差。平面呈长方形，规格为46 × 43厘米，

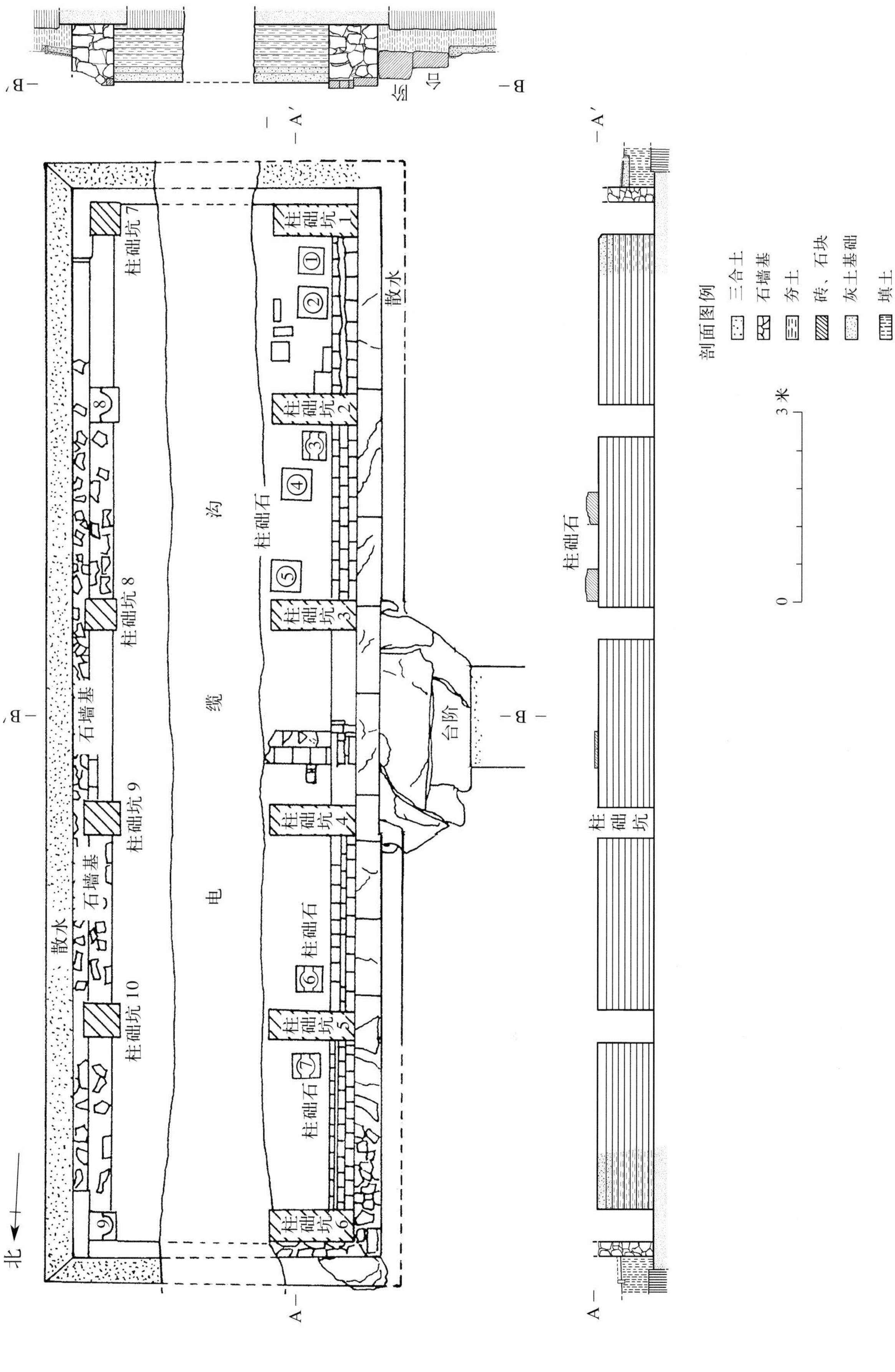

图二三 东库房F2基址平剖面图

厚15厘米。古镜面被破坏，无柱窝。被移动过。

6号柱础石：出土于5号柱础坑的南侧，保存状况较差。平面呈正方形，规格为48×48厘米，厚18厘米。古镜面呈弧肚“亚”字形，弧肚镜面直径35厘米，镜面有残损，古镜高约4厘米，无柱窝。被移动过。

7号柱础石：出土于5号柱础坑北侧，其形制、规格及上部古镜面等情况，均同于6号柱础石。

8号柱础石：位于7号和8号柱础坑中间，未被挪动，保存状况较好。平面呈长方形，规格为54×46厘米，古镜面为半圆形，面向库房内侧，半径20厘米，高4厘米，无柱窝。

9号柱础石：位于库房的东北角，未被挪动，保存状况较好。平面呈长方形，规格为48×46厘米，古镜面为半圆形，面向库房内侧，半径为19厘米，高3厘米，无柱窝。

柱础坑共有10个，位于库房的前后墙内侧，保存状况一般。

前墙内侧，有双联柱础坑6个，平面皆呈长方形，由南至北编号为1～6号，每个柱础坑的间隔为3.2米。柱础坑底部为三合土面。

1号柱础坑：位于库房西南角，长1.45、宽0.5、深0.9米。

2号柱础坑：位于1号柱础坑的北侧，长1.43、宽0.5、深0.92米。

3号柱础坑：位于2号柱础坑的北侧，长1.46、宽0.49、深0.92米。

4号柱础坑：位于3号的北侧，长1.45、宽0.48、深0.94米。

5号柱础坑：位于4号的北侧，长1.45、宽0.5、深0.92米。

6号柱础坑：位于库房的西北角，东端被电缆沟破坏，残长1.32、宽0.5米。

后墙内侧，清理出单柱础坑4个，平面均为长方形。由南至北编号为7～10号。

7号柱础坑：位于库房的东南角，长0.5、宽0.48、深0.78米。

8号柱础坑：位于8号柱础的北侧，长0.55、宽0.52、深0.5米。

9号柱础坑：位于8号柱础坑的北侧，未破坏到底，里面仍保留有部分砖砌磉墩遗迹。

10号柱础坑：位于9号柱础坑的北侧，长0.56、宽0.5、深0.38米。

散水位于库房的四周，紧靠石墙基。保存状况较差。散水平面呈长方形，东西两侧南北长17.9、宽0.45米，南北两侧东西长5.05、宽0.45米，其中南北两侧被电缆沟破坏处宽1.3米。散水是用大小不等的卵石铺成，边沿皆用长25、宽5厘米的竖砖作砖牙子。其中西侧散水的卵石被破坏，仅存砖牙子。

铺地砖位于1～4号柱础坑之间，部分破损，保存状况较差。铺地砖完整者平面呈正方形，规格为33×33厘米，厚4厘米，表面十分光滑。砖下面是白灰铺垫，砖与砖的缝隙十分细小。

台基破坏严重，被电缆沟打破，从柱础坑剖面看共分9层，厚0.9米。现自上而下逐层说明：

第1层：三合土层，厚0.15米，用白灰、沙、土夯打而成。

第2层：夯土层，厚0.1米，用白灰、沙、砖渣、小石块夯打而成。

第3层：夯土层，厚0.1米，用砖渣、沙土、卵石夯打而成。

第4层：夯土层，厚0.09米，用小砖块、土、卵石、碎白灰夯打而成。

第5层：夯土层，厚0.1米，用卵石、沙土夯打而成。

第6层：夯土层，厚0.1米，用沙土夯打而成。

第7～9层：夯土层，厚度分别为0.1、0.1、0.06米，用细土、胶土夯打而成，质地坚实。

(三)F3

F3位于F2北侧。房址平面呈长方形，坐东朝西，分为三间，南北长10.55、东西宽5.1米（不包括散水），三间面阔相等，均为3.2米，通面阔9.6米，进深4米（图三四；图版二七：1）。其结构特点为整体三间，前后檐为排柱，有山柱。以南北向的墙基测得方向为北偏西3°。此房址破坏程度较为严重，前檐下石墙基基本全部遭到破坏。

转角石保存下来3块，外侧留有3厘米的磨光边，其余部分为凿打出的竖细纹，青石质。房址西北角的一块编为1号，南北长65、东西宽15、从散水算起高35厘米。东北角的一块编号为2号，南北长35、东西宽13.5、从散水算起高26厘米。东南角的一块编为3号，南北长35、东西宽13.5、从散水算起高26厘米。

阶条石保存有11块，均保存于房址的后檐下。阶条石的宽度与厚度大体一致，宽32、厚13.5厘米，唯长度不尽相同。阶条石从南向北依次编号，长度分别为：1号长75、2号长65、3号长65、4号长55、5号长70、6号长75、7号长100、8号长90、9号长75、10号长75、11号长90厘米。

散水破坏严重，残存部分分布在房址的后檐下及房址的南侧，房址北侧的散水仅剩砖牙子。散水宽0.45米，用直径2～4厘米的卵石铺砌，卵石黏结在厚约0.05米的三合土上。散水边用长24、宽11、厚5厘米的青砖镶边。三合土下是经过夯打的填土（垫土）。

墙体仅残留南北山墙，残高0.6、厚0.6米。外侧用红砂岩垒砌，厚0.45米，内侧用青砖砌筑，厚0.15米。

石墙基毁坏严重，高0.9、厚0.65米，以红砂岩石块和白灰浆垒砌而成。

柱础石共遗留5方，有4方柱础石保持在原位置上。柱础石的平面规格为45×45厘米，厚20～30厘米，古镜为半圆形，直径35厘米，高5厘米左右。

前檐柱础坑均已破坏到了灰土基础面，保存相对完整的有两个，均为后檐柱础坑。柱础坑为边长0.5、深0.9米的深坑。

灰土基础分布在石墙基和磉墩的下面，宽1.1米，比石墙基和磉墩的两边各宽出0.25米左右。由于怕破坏遗迹，没有继续向下解剖，所以灰土的厚度、层数及每层的厚度和工艺不详。但参照霞翥楼灰土基础被破坏后的断面来看，该房址的灰土基础应该是修建时先在平地挖好基槽，然后打木桩，铺一些石块，再填入灰土逐层夯打而成。

基槽宽度和灰土基础的宽度基本相同，宽1.1米。基槽内砌好石墙基（拦土墙）和磉墩后剩下的空隙填土后夯实。

台基破坏较严重，前檐下的石墙基和磉墩基本全部遭到破坏。台基从散水卵石面算起，高出地面0.4米左右。台基内的填土从灰土基础面算到地面砖厚0.9米，从上往下共分为9层。第1层是铺地砖，厚0.05米。第2层，三合土层，厚0.15米，用白灰掺少量沙土夯打而成。其他7层为夯土层，厚均为0.1米，各层之间的差别，以沙土的粗细区分。

该房址使用的铺地砖规格分为三种，第一种是规格为40×40×5厘米的方砖，第二种是规格为33×33×4厘米的方砖，第三种是规格为35×20×4厘米的长方形青砖，均为错缝铺砌。

路基为三合土路基，应和台阶相连，但已被破坏，向西应和买卖街的主路相连。路基破坏严重，

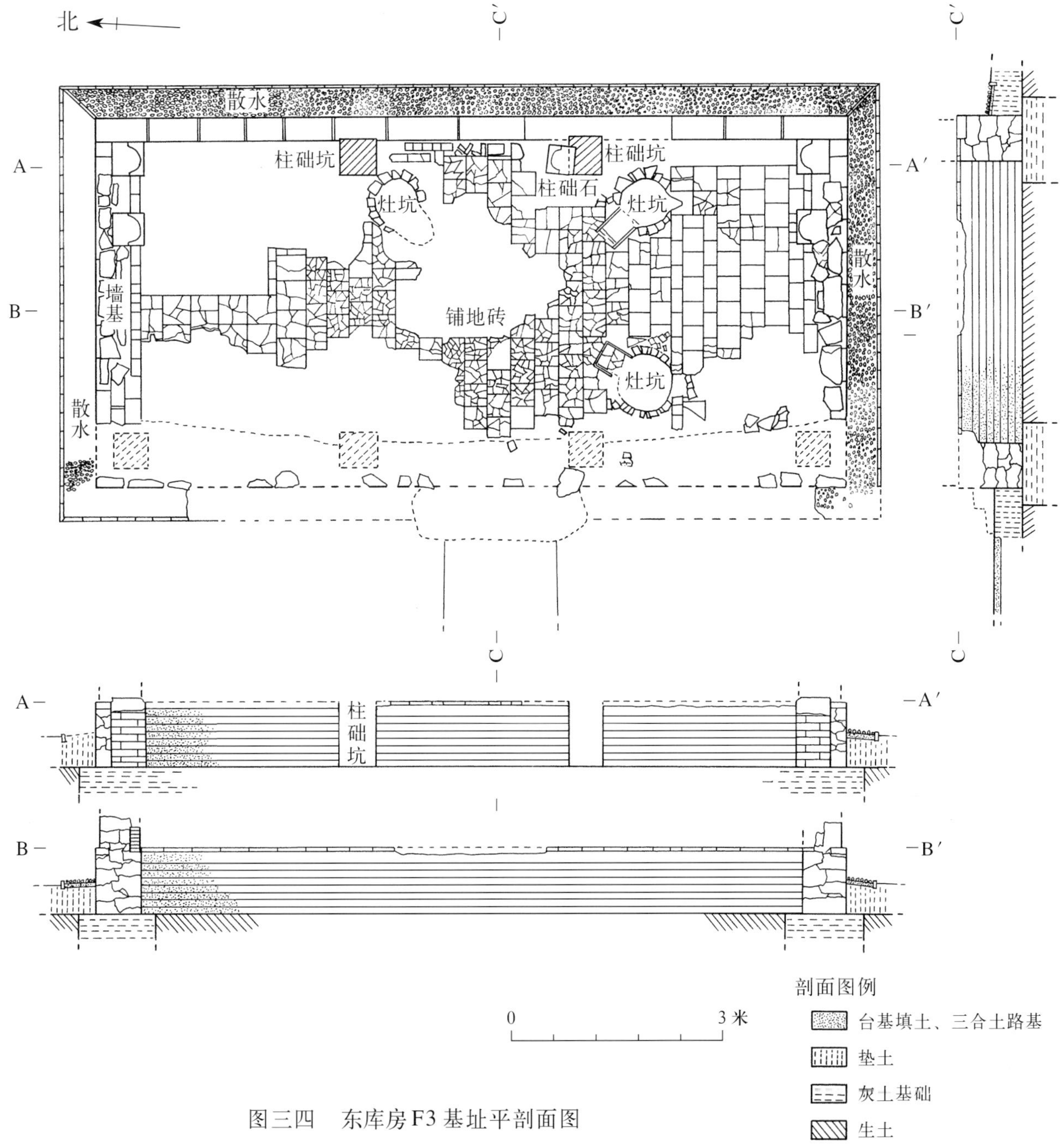

图三四　东库房F3基址平剖面图

残宽1.6、残厚0.1米。

（四）F4

F4位于含经堂遗址东北，南邻F3，西边20.2米是买卖街铺面房，东边是土山。房址平面呈南北向长方形，坐东朝西，共5间，南北长16.96、东西宽5.04、台基高0.4米。前檐有2排柱础，后面有1排柱础。柱础中距中3.2米，前檐外柱础与内柱础中距中0.96米，前檐内柱础与后墙柱础中距中2.92米。前墙宽0.28、后墙宽0.4、山墙宽0.56米。台基四周分布有卵石散水，散水宽0.43～0.45米，台阶三步（图三五；图版二七：2）。

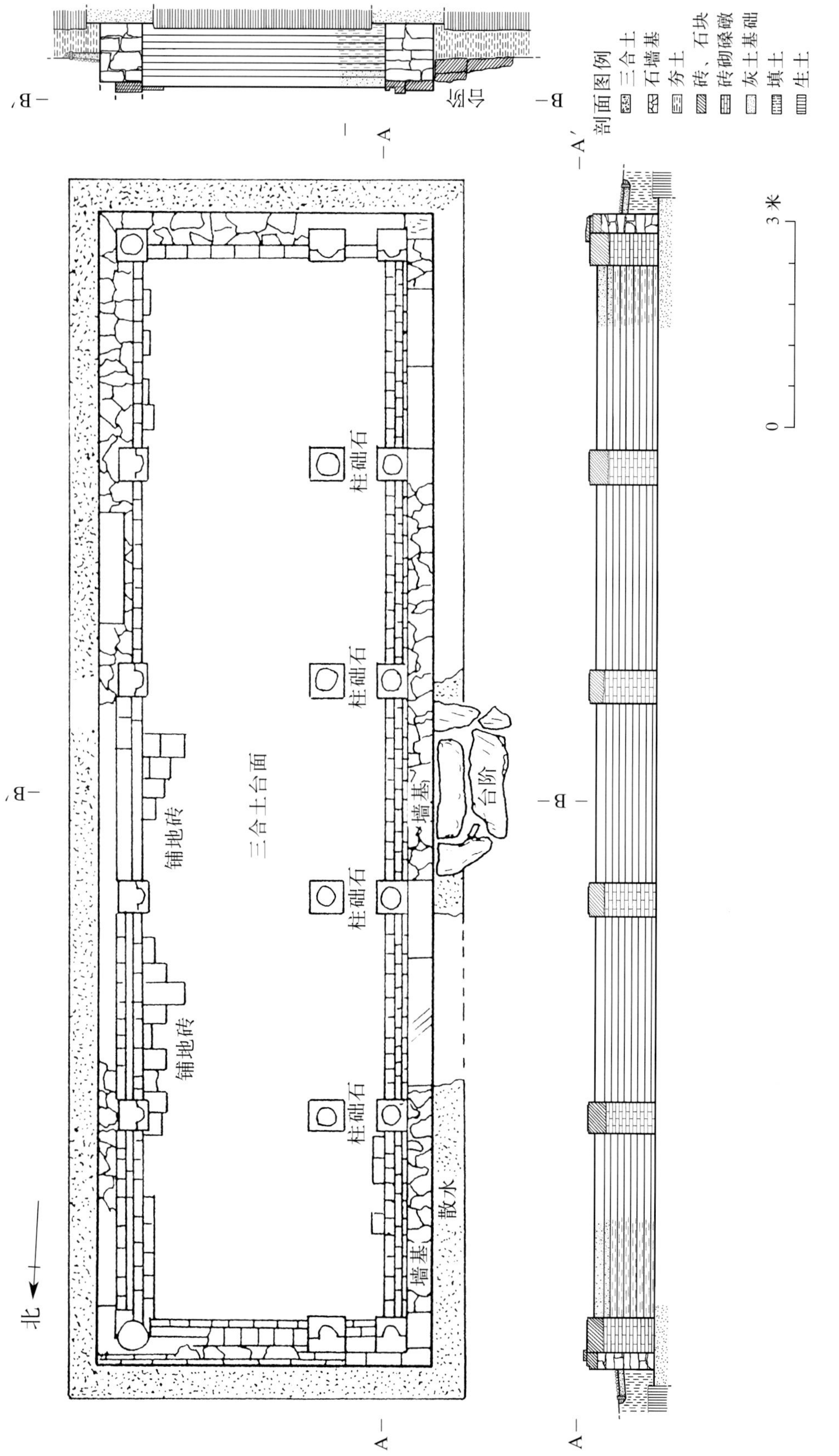

图三五 东库房F4基址平剖面图

F4基础保存较好，柱础保存完整，前、后墙现存底部1层。前后檐台的条石大部分被破坏。台阶保存完好，后山墙角柱通风孔保存较好。四面散水只有前檐南部2间被破坏。铺地砖在局部尚存数块。

F4地面建筑遗迹的四面墙基均为白灰砌石块，前后用条石压面，山墙以砖代条石压面。前墙、后墙为砖结构，山墙为内砖、外石结构，墙角为砖结构，而且在后角柱位置有通风孔。铺地砖为平铺错缝结构。底部是三合土，其厚度不详。台阶特点是用天然毛石砌成，没有加工痕迹。散水外边立砖、中间用大小不等的卵石铺成。

基础未作解剖，参照其他库房基础结构情况，可将其基础做法大体加以复原，即先挖大于基础的带状基槽、底部打三合土、砌好基础和磉墩，然后用夯土将四周填实（参见图三五东库房F4基址之剖面图）。

前后檐台用条石压面，现存条石7块，其中，前面4块由北往南长度分为160、116、115、127厘米，后面3块长度分别为90、90、165厘米，宽均为40、厚均为13厘米。前檐台宽0.46米，而条石宽40厘米，剩余部分用宽6厘米的砖条填平。后檐台宽0.24米，条石一部分压在后墙下。山墙压面石用长44、宽23、厚12厘米的砖代替条石，里、外各一排砖。

柱础共18个，前面12个为双联柱础，后面6个为单柱础，大小略有不同。柱础石平面均为方形，边长46～50厘米。柱础石古镜皆为圆形，前檐外柱础石和后墙柱础石古镜直径为39厘米，前檐内柱础石古镜直径为36厘米。古镜高1厘米。无柱窝。后山墙现存木柱洞直径25厘米，后墙柱础石和角柱柱础古镜为半圆形。

墙分前墙、后墙、山墙。

前墙长16.4、宽0.28米，残存底部一层，现存结构为顺砌2层，砖长27、宽13、厚5.5厘米。中间一间为门，并有门槛槽，里面为铺地砖，外面砖比压面条石高4厘米。砖长32、宽17、厚5厘米。门槛槽长2.7、宽0.07、深0.04～0.08米。

后墙外长16.24、内长16.04、宽0.41米，现存底砖1层，墙体结构为内外顺砌，中间填碎砖块，外砖长27、宽13、厚5.5厘米，内砖长24、宽12、厚4.5厘米。

山墙长4.84、宽0.56、残高0.62米，其中后墙角以纯砖垒砌，东西长0.8、南北宽0.45米，其余墙体部分为砖石混砌，即内侧为青砖垒砌，外侧贴砌较规整的石块，中间填碎石头，长4.04米。内砌砖长24、宽12、厚4.5厘米。位于后角柱的山墙外部有一个通风孔，用一块透雕花砖封闭，此砖立置，高16、宽12厘米。

铺地砖平面呈正方形，规格为33 × 33厘米，厚5厘米，错缝平铺。砖下面为三合土。

台阶位于房子南部中间，共3步，用青石垒砌。第一步为檐台，宽0.4、高0.13米。第二步，长2.7米，由3块石头组成。中间较规整的一块长130、宽46、高10厘米，两侧石头不规整。第三步，长2.1米，由2块石头组成，南边石头小而不齐，北边石头平面为长方形，长160、宽67、高13厘米。

散水由卵石铺砌而成，素面无纹，外边镶砖牙子，散水面宽0.45米。

转角石位于房子四角，保存完整，前墙角2块，平面均为正方形，边长40厘米，后墙角2块，平面为长方形，长42、宽13、距散水面高26厘米。

（五）F5

F5位于含经堂宫苑东北隅北宫墙外侧与假山内侧脚下，为一排坐北朝南的东西向库房基址，共13间，总长43.5、通宽7.4米，每间面阔3.2米，台基高出散水0.34～0.44米（地面西高东低）。在台基南、北两侧各有双联磉墩柱础坑14个，遗有青石质柱础石27方，均被翻动，尚缺失1方。在台基南侧中间及东西两侧，保留二步云石踏跺3座。台基四周遗有卵石铺砌的散水和青砖牙子（图三六；图版二八）。

此房墙基为红砂岩与白灰砌筑，东西长42.2、南北宽6.5、石墙基宽0.7米。北墙、东墙和西墙墙基内侧还加砌一层青砖墙，青砖规格为长27、宽15、厚5厘米。

在此房基东北角和西北角，各有长方体转角石1块，以青石料打制，规格分别为长39、宽13、高33厘米（高度从散水面往上算起），长39、宽12、高20.5厘米（高度从散水面往上算起）。

台基南、北两侧14个双联磉墩柱础坑的规格为长2、宽0.67、深0.85米。

遗存的27方青石柱础石编号为1～27号，具体情况现按编号顺序介绍如下。

1号柱础石：出土于库房东端，15号柱础坑的西南角，保存状况一般。平面呈长方形，规格为41×39厘米，厚18厘米，古镜直径30厘米，高2厘米，柱窝直径6厘米，深8厘米。

2号柱础石：出土于库房东部，13号与14号柱础坑中间，保存状况较好。平面呈正方形，规格为58×58厘米，厚18厘米，古镜直径40厘米，高2厘米，无柱窝。

3号柱础石：出土于库房东部，12号柱础坑的西北角，保存状况较好。平面呈正方形，规格为57×57厘米，厚24厘米，古镜直径40厘米，高2厘米，柱窝直径11厘米，深7厘米。

4号柱础石：出土于库房东部，11号柱础坑的西侧，保存状况较好。平面呈长方形，规格为长47×45厘米，厚19厘米，古镜半径18厘米，高1.8厘米，柱窝直径10厘米，深6厘米。

5号柱础石：出土于库房东部，20号柱础坑的东南角，保存状况较好。平面呈长方形，规格为长57×56厘米，厚21厘米，古镜直径39厘米，高2厘米，柱窝直径11厘米，深6厘米。

6号柱础石：出土于库房中部，9号柱础坑的西南角，保存状况较好。平面呈正方形，规格为46×46厘米，厚13厘米，古镜直径34厘米，高2厘米，柱窝直径7厘米，深4厘米。

7号柱础石：出土于库房中部，8号与9号柱础坑的中间，保存状况较好。平面呈长方形，规格为长58×56厘米，厚28厘米，古镜直径40厘米，高2厘米，柱窝直径9.5厘米，深6厘米。

8号柱础石：出土于库房中部，在8号与9号柱础坑的中间，保存状况较好。平面呈长方形，规格为长47×42厘米，厚19厘米，古镜直径34厘米，高2厘米，柱窝直径6厘米，深3厘米。

9号柱础石：出土于库房中部，7号柱础坑的东北角，保存状况较好。平面呈长方形，规格为长58×54厘米，厚25厘米，古镜直径34厘米，高2厘米，柱窝直径7厘米，深3厘米。

10号柱础石：出土于库房中部，7号柱础坑的西南角，保存状况较好。平面呈长方形，规格为长63×58厘米，厚23厘米，古镜直径39厘米，高2厘米，柱窝直径11厘米，深3厘米。

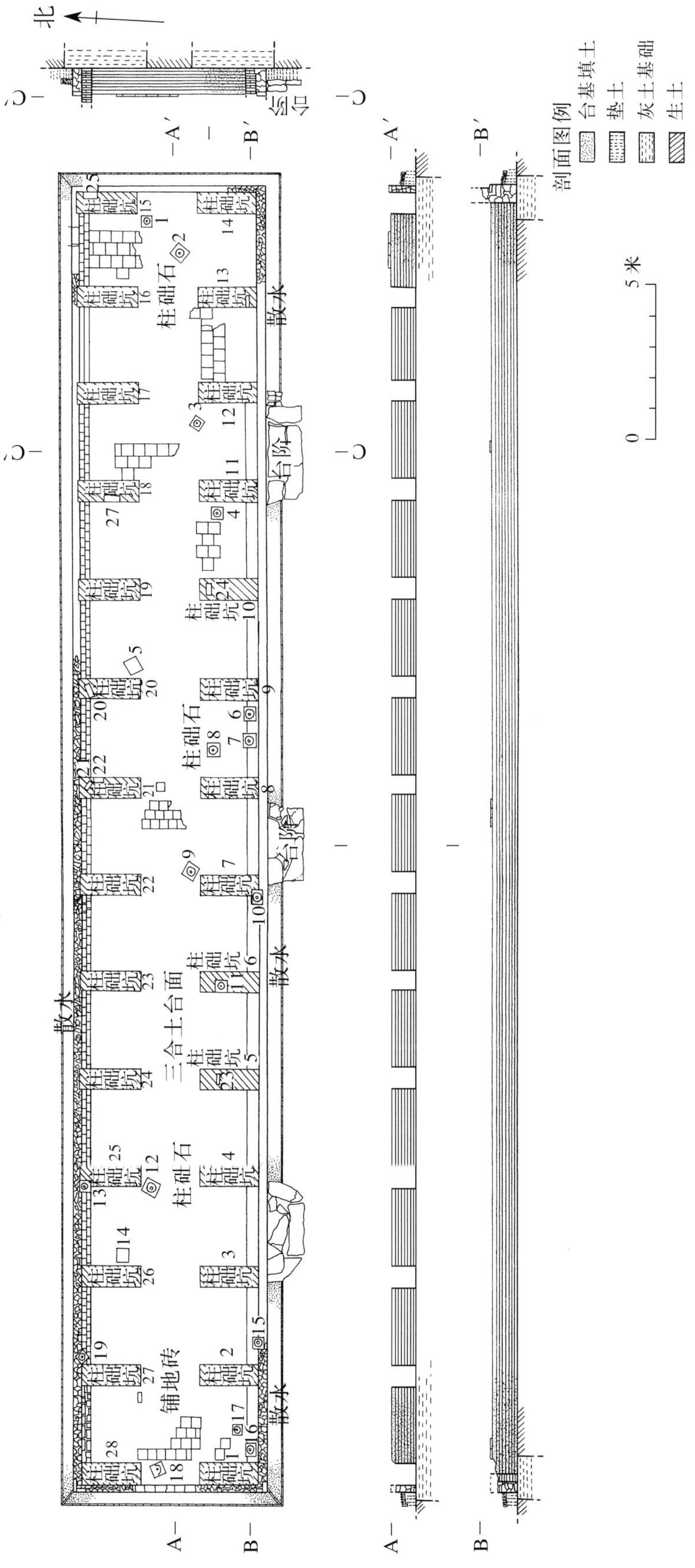

图三六 东北隅库房F5基址平剖面图

11号柱础石：出土于库房中部，在6号柱础坑内，保存状况一般。平面呈正方形，规格为57×57厘米，厚20厘米，被翻放在柱础坑内。

12号柱础石：出土于库房西部，25号柱础坑的西南角，保存状况一般。平面呈正方形，规格为45×45厘米，厚14厘米，古镜直径34厘米，高2厘米，柱窝直径7厘米，深3厘米。

13号柱础石：出土于库房西部，25号柱础坑的西北角，保存状况较差。仅剩底部正方形，规格为59×59厘米，残厚10厘米。

14号柱础石：出土于库房西部，26号柱础坑的东侧，保存状况一般。平面呈长方形，规格为61×59厘米，厚21厘米，古镜直径46厘米，高2厘米，柱窝直径11厘米，深6厘米。

15号柱础石：出土于库房西部，2号柱础坑的东侧，保存状况一般。平面呈长方形，规格为58×57厘米，厚24厘米，古镜直径39厘米，高2厘米，柱窝直径13厘米，深9厘米。

16号柱础石：出土于库房西南角，保存状况一般。平面呈长方形，规格为65×59厘米，厚18厘米，古镜半径15厘米，高2厘米，柱窝直径12厘米，深7厘米。

17号柱础石：出土于库房西部，在1号与2号柱础坑中间。已残，规格不详。

18号柱础石：出土于库房西部，在1号与28号柱础坑之间，保存状况一般。平面呈长方形，规格为46×41厘米，厚20厘米，古镜半径18厘米，高2厘米，柱窝直径7厘米，深3厘米。

19号柱础石：出土于库房西部，27号柱础坑的东北角，保存状况一般。平面呈长方形，规格为45×44厘米，厚20厘米，古镜直径34厘米，高2厘米，无柱窝。

20号柱础石：出土于库房中间，在20号柱础坑的里面，保存状况一般。平面呈长方形，规格为45×44厘米，厚20厘米，古镜直径34厘米，高2厘米，无柱窝。

21号柱础石：出土于库房中间，在21号柱础坑的里面，立放于柱础坑内，保存状况较好。平面呈长方形，规格为62×59厘米，厚19厘米，古镜直径39厘米，高2厘米，无柱窝。

22号柱础石：出土于库房中部，在21号柱础坑里面，竖置，正面紧靠柱础坑的东壁，保存状况较好。平面呈正方形，规格为44×44厘米，厚18厘米，古镜直径34厘米，高2厘米，无柱窝。

23号柱础石：出土于库房西部，在5号柱础坑的里面，竖立在坑内，保存状况较好。平面呈长方形，规格为47×46厘米，厚12厘米，柱窝直径6厘米，深3厘米。

24号柱础石：出土于库房东部，在10号柱础坑坑内竖置，保存状况较好。平面呈正方形，规格为47×47厘米，厚20厘米，古镜直径34厘米，高2厘米，无柱窝。

25号柱础石：出土于库房东北部，在15号柱础坑的坑内，竖置于坑内，保存状况较好。平面呈长方形，规格为62×59厘米，厚21厘米，古镜直径39厘米，高2厘米，无柱窝。

26号柱础石：出土于库房东部，在13号柱础坑的坑内，竖立放置，保存状况较好。平面呈正方形，规格为45×45厘米，厚18厘米，古镜直径34厘米，高2厘米，无柱窝。

27号柱础石：出土于库房东部，在18号柱础坑的坑内，竖立放置，底面紧靠柱础坑的西壁，保存状况较好。平面呈正方形，规格为61×61厘米，厚20厘米，古镜直径39厘米，高2厘米，柱窝直径13厘米，深10厘米。

此库房台基南侧的3座云石踏跺，保存得较好。

西侧的一座踏跺，位于3号和4号柱础坑位置，紧靠石墙基。分为二步台阶，第一步用3块自然石块组成，东西长2.8、南北宽0.6米；第二步略有残损，也是用3块自然石块组成，东西长2、南北宽0.5米。

中间的一座踏跺，位于7号和8号柱础坑位置，紧靠后墙基。分二步台阶，第一步用2块自然石板铺就，东西长2.4、南北宽0.7米；第二步用3块自然石块组成，东西长2.8、南北宽0.45米。

东侧的一座踏跺，位于11号和12号柱础坑位置，紧靠石墙基。分二步台阶，第一步用3块自然石板组成，东西长3.1、南北宽0.5米；第二步原来也是用3块自然石板组成，现缺损1块，仅存2块，东西长2.6、南北宽0.6米。

此库房室内地面原为方砖铺地，这从残存的几处有铺地砖的地面可以辨识出来。铺地方砖质地细腻，表面被打磨得较光平，分为两种规格，第一种为32 × 32厘米，厚4厘米，铺于第六间以西地面；第二种规格比第一种略大，为37 × 37厘米，厚5厘米，铺于第六间以东地面。两种铺地砖均以“工”字形连续铺排。

台基四周铺砌的卵石散水，保存状况不太好。北侧散水宽0.38米，南侧散水宽0.43米，东侧散水宽0.45米，西侧散水宽0.43米。四面散水外边，均以长26、宽8、厚5厘米规格的小半灰砖作镶边砖牙子。

三　井亭遗迹

井亭位于含经堂宫苑南区东侧假山西坡脚下，西邻买卖街和霞翥楼。据清代档案载，此井亭建于嘉庆十九年以前。此次发掘的井亭遗址保存尚好，台基平面呈正方形，边长4.16米，用虎皮毛石、石条、青砖和白灰砌筑，存高0.15～0.18米（高出卵石散水），四角均保存有长方体角柱石，规格为南北长61、东西宽30、高出散水28厘米（图三七；图版二九：1）。在台面四角，各遗有方形柱础坑1个，边长0.42米，其中东北角尚存柱础石1方，平面规格为33 × 33厘米，厚12厘米，古镜圆形，直径23厘米，圆形柱窝，直径6厘米，深3厘米。台基四周铺砌卵石散水，宽0.48米，外侧以青砖牙子镶边，以南侧和东侧保存较好。台基东侧中间，保存有自然青石踏步一块，规格为80 × 30 × 11厘米。

在井亭中间上部保存有井框遗迹，井框平面呈“回”字形，边长3.4米，总厚1米，上层以红砂岩和白灰砌筑而成，下层为三合土夯筑，厚均为0.5米。再往下，四周为夯土夹柏木桩，夯土总厚0.75米，夯土层外表包砌的青砖已被拆毁。再往下，即为残存砖砌井口，圆形（图版二九：2），口小底大，上口直径1.5米，底部直径1.9米。残存井壁自下而上共19层砖，全部采用统一规格的弧面砖砌筑，内边长27、外边长35、宽22、厚7厘米。残井口上距井亭台面深1.75米，下至井底深2.05米，故此井深3.8米。在井底第一层砖下，压有平面呈八角形的柏木井盘，系用8根规格相同的柏木对接组成，每根柏木长95、厚15厘米，保存完好。井底为细沙底，尚有密集泉眼往外冒水，故此井为一口活水井，经测量，常年水深一般在0.8～1.5米左右。

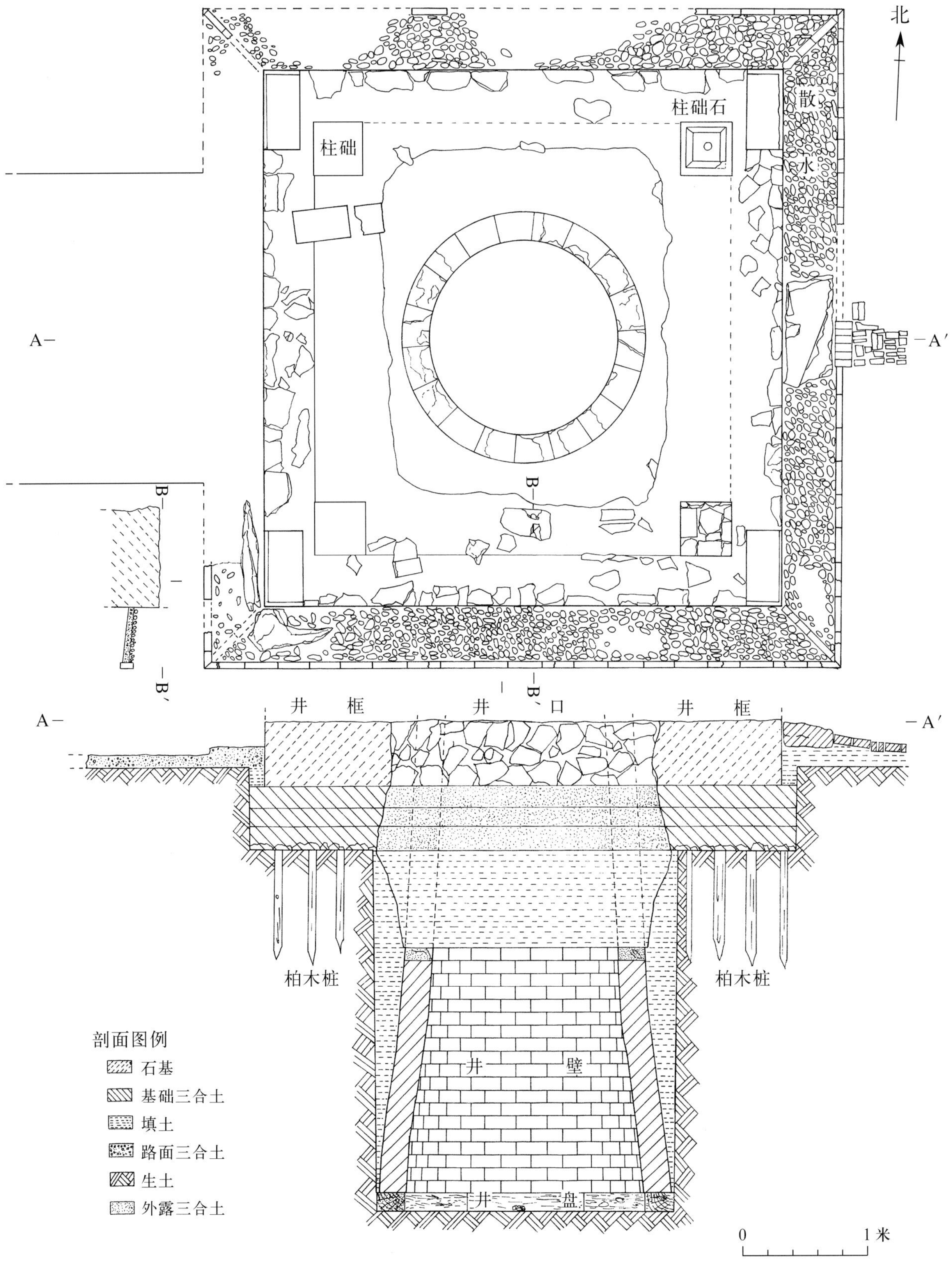

图三七 井亭基址平剖面图

四 南甬道遗迹

南甬道是指从含经堂广场南北中心甬道南端，即从南牌楼中心往南，然后再拐向东南通向长春桥去的一段甬道。此甬道总长84米，宽度较广场内南北中心甬道变窄，为2.4米。路面已被破坏，所用铺砌的材料基本无存，仅残存少数青砖牙子（规格为32 × 16 × 6厘米）以及断断续续的三合土路基。经解剖，此路基厚0.24～0.32米，是用三合土、碎石子和碎砖块混合夯筑而成，非常坚实。

五 东甬道遗迹

东甬道是指从含经堂广场东西中心甬道东端，即从东牌楼中心往东，然后再拐向东南山口，通向云容水态敞厅去的一段甬道。此甬道总长96米，宽度较广场内东西中心甬道变窄，从东牌楼出来往东直行一段（20米）宽度为1.6米，接着往东南拐弯之后的一段，宽度逐渐变为1.45米。此甬道大部分被破坏，仅有东南部靠近云容水态遗址的一小段（长3.8米）路面保存较好，是用卵石和一些圆形石块铺砌的，石块直径为5～10厘米，两侧用小青砖镶边。经解剖，甬道路基为三合土夯筑，厚0.42米，上下分3层夯筑，上层厚0.14、中层厚0.12、下层厚0.16米。

六 西南甬道遗迹

西南甬道是指从含经堂广场东西中心甬道西端，即从西牌楼中心往西，然后往西南山口拐弯，再奔思永斋湖岸方向去的一段甬道。此甬道总长204米，宽1.6米。甬道从西牌楼出来到西边湖岸，共拐弯6处。路面大部分已被破坏，只残存路面以下的三合土路基。仅在西部离湖岸较近的地方，有一段长27米的甬道保存较好，路面是用一些圆形石块和一些小的卵石铺砌，石块一般直径约6～10厘米，路两侧用小青砖镶边，青砖的规格为24 × 12 × 5厘米。在这一段保存较好的甬道路面上，沿南北横截面方向，还特别砌筑了一个排水口，排水口宽10厘米，深5厘米，两侧用小青砖立砌，底部用小青砖平铺。甬道底部用三合土夯打，共分3层，上层厚0.16、中层厚0.11、下层厚0.15米。

七 西南1号木桥基址

西南1号木桥基址，位于含经堂遗址西南山口外，桥址东端与西南甬道尽头衔接，桥址西端则与对岸的思永斋遗址相连。这是一座连接思永斋和含经堂两处遗址的三孔木桥基址。

方向，东偏北3°。规格，东西总跨度为15.7米。河道内共分布有4组木桥桩，靠近河道中间的两组木桥桩的间距，即木桥中心通道孔跨度为5.1米，东侧木桥桩与驳岸间的跨度为5.2米（东侧孔），西侧木桥桩与西驳岸间的跨度为5.4米（西侧孔）。东侧两组木桥桩南北间距为1.8米；西侧两组木桥桩南北间距为2米（图三八；图版三〇：1）。

桥址破坏较严重。仅保留有两侧驳岸和残存的桥桩。驳岸用长85～240、宽60～120、厚15～35厘米的青石垒砌而成，石块之间未用任何黏合剂，仅用碎石块填充或作垫片砌筑而成。驳岸石下筑有桩木基础，桩木基础所用的柏木桩长85～120厘米，直径5～10厘米，木桩间距为12～30厘米；木桩顶端填充6～10厘米见方的碎石块。驳岸高1.35米。

桥桩顶端已残断，残桩顶端距驳岸地表1.5米，残桩顶端距湖底外露部分存高0.9～1米。木桩

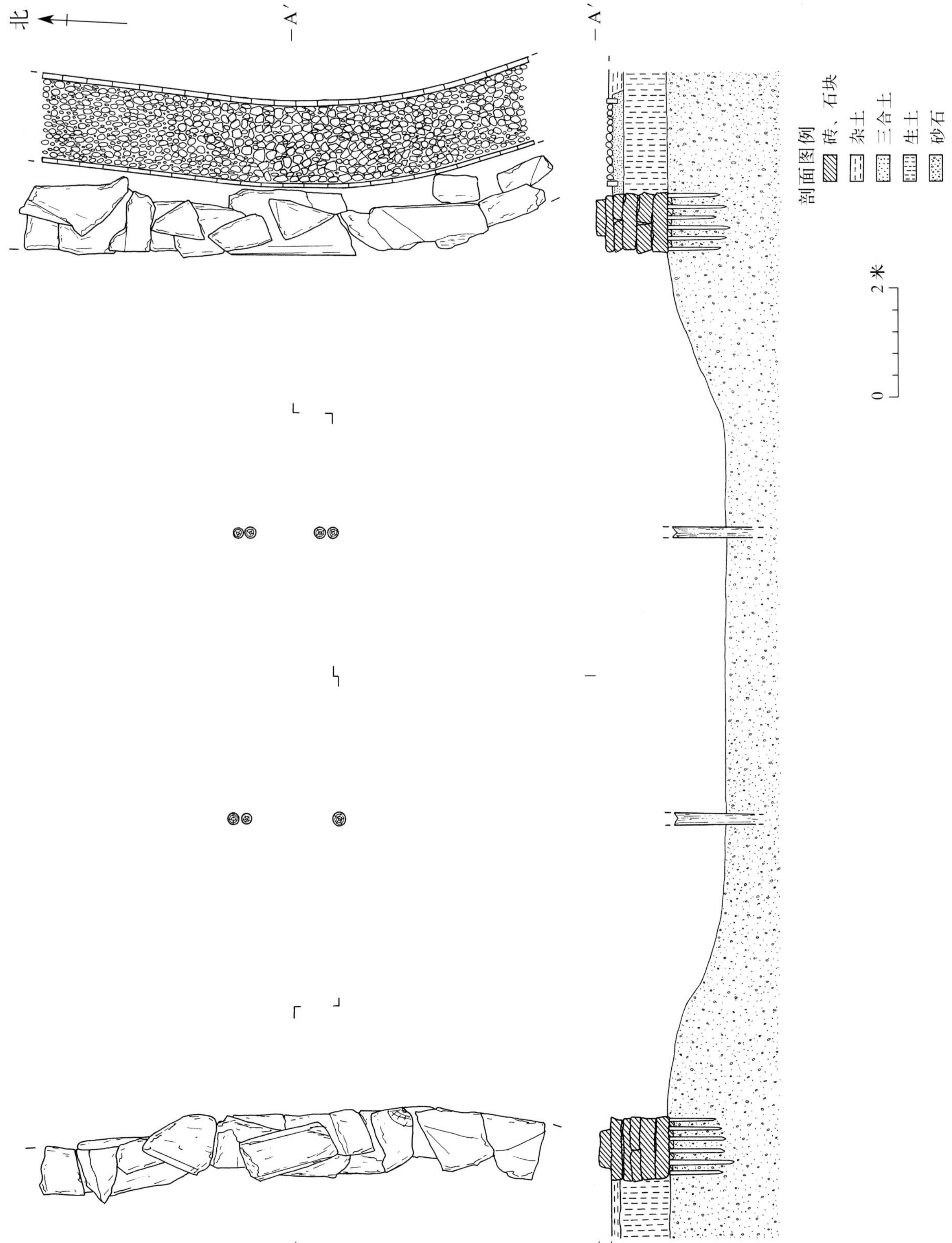

图三八 含经堂遗址西南1号木桥基址平剖面图

埋在湖底沙层以下的部分，未作解剖，长度不详。4组7根木桥桩均以柏木制做，具体编号及规格参见下表：

含经堂遗址西南1号木桥桥桩资料一览表

分组编号	方位	数量（根）	顶端距湖底存高（米）	桥桩直径（厘米）	深入沙层以下部分长度	用材	备注
1	西南角	1	1	25	因未解剖长度不详	柏木	顶端已残断
2	西北角	2	0.95	19/21	因未解剖长度不详	柏木	顶端已残断
3	东南角	2	0.93	20/21	因未解剖长度不详	柏木	顶端已残断
4	东北角	2	0.9	20/22	因未解剖长度不详	柏木	顶端已残断

八　买卖街东侧甬道及东北甬道遗迹

（一）买卖街东侧甬道遗迹

在买卖街前，即买卖街东侧，有一条纵贯南北的笔直甬道，南端与东牌楼通出来的东甬道衔接，北端与北宫墙外侧的北甬道衔接，南北总长176米，甬道宽2.2米。路面以卵石铺砌，左右两边用青砖镶砌砖牙子，牙子砖的规格为30×15×5厘米。路面保存得很差，绝大部分路面的卵石已无存，三合土路基保存较好的路段也很少，大部分路段是断续残存着较薄的一层，最厚处不过0.08～0.12米。这条甬道是为了方便去买卖街、东侧各库房和明漪潇照方亭，以及去东牌楼出南山口和云容水态敞厅而铺设的。

（二）买卖街东北甬道遗迹

自买卖街前（东侧）南北向甬道北端至遗址东北山口和湖边，铺有卵石甬道一条，总长58米，先向东北山口方向延伸，然后再向西急拐至湖岸边。甬道遗迹保存得不好，临湖至东北山口20多米一段，路面的卵石几乎无存，仅残存较薄的一层三合土路基，东北山口内的一段，尚断续保存部分卵石路面（图版三〇：2），甬道宽1.35米，两侧用小青砖镶砌砖牙子，残存三合土路基0.06～0.1米左右。

九　三合院遗迹

该遗迹位于含经堂东牌楼东南侧，也就是在东甬道的两侧，是一座三合院，有主房、西配房、东配房，院内有十字形石甬路，南部有门楼，门楼外有“T”字形石甬路（附图四）。

此三合院保存状况较差，只残留下房基底部的三合土面，院内的石甬路也破坏严重，门楼只残留下底部的痕迹，唯有门楼南侧的“T”字形石甬路保存较好，院墙的墙基只残留下门楼东侧部分，西侧基本破坏，院墙的内外散水只残留下面的白灰渣面，主房的两个灶址破坏也比较严重，只残留底部，现详述如下：

主房东西长13.9、南北宽10.9米。主房内填土呈浅褐色，经过夯打，夯土面东西长9.5、南北宽4米，该房未发现墙基基础，只残留东、南、西、北四面的三合土面，东部三合土面宽2.1米，南部三合土面宽2.4米，西部三合土面宽2.1米，北部三合土面宽3.4米。在主房的东南角有一条向东延伸的甬路通向东配房的西北角，上部被破坏，只残留灰土基础，总长7.6、宽0.9米。在主房东侧1.8米外，有一条残长4、宽0.9米的卵石甬路，其北端被从含经堂东牌楼通出来的东甬道打破。此甬路中间用卵石铺面，两侧用青砖镶边。主房内的东部和西部有2个灶坑，编为1号灶、2号灶，在主房的西侧也有1个灶，编为3号灶。

1号灶，位于主房东北部，该灶火门北向，南北通长2.35米。北侧操作坑（灶坑）平面呈正方形，规格为1.03 × 1.03米，四壁用青砖垒砌，残存高度为0.45米，砖的规格为24 × 12 × 4厘米，灶坑底部是三合土面，较平整，四壁外侧也为三合土，火门已残损，宽0.25米，高度不详。南侧火膛平面呈椭圆形，南北直径1、东西直径0.7米（图版三一：1），上部破坏严重，残存高度为0.04～0.22米。烟道基本被破坏，只残留最底部，宽20厘米。火膛周围用一些碎砖垒砌，砖的周围都是红烧土。

2号灶，位于主房西北部，火门北向，南北通长2.7米。北侧操作坑（灶坑）平面呈正方形，规格为1.1 × 1.1米，四壁用青砖垒砌，多被破坏，只残存西边局部（图版三一：2），残高为0.3米，砖的规格为24 × 12 × 4厘米，灶坑底部是三合土面，较平整，灶坑外侧也为三合土，火门被破坏。南侧火膛平面呈椭圆形，南北直径0.9、东西直径0.6米，上部破坏严重，残高0.3米。烟道基本被破坏，只残存最底部，宽0.2米。火膛周围用一些碎砖垒砌，砖的周围都是红烧土。火膛南部有烟道，烟道底口宽0.1、上口宽0.2米，烟道口由南向北倾斜，南高北低。

3号灶，位于主房西外侧，该灶打破主房西部的三合土地面，有可能晚于主房的营建时期。该灶的火门也向北开，南北通长2.7米。北侧灶坑平面呈正方形，规格为1.05 × 1.05米，北部被破坏，残高0.3米，火门残损，宽0.25米，高度不详。南侧火膛平面呈椭圆形，南北直径0.8、东西直径0.4米，周围用碎砖垒砌，火膛残高0.2～0.25米（图版三一：3）。火膛南部有烟道，烟道残长0.75米，南高北低，底口宽0.1、上口宽0.15米。

十字形石甬路贯穿院内的东西南北，甬路在院内东西长15.7、宽1.05米，南北长7、宽1.25米。甬路的底部用三合土夯打过，三合土上面用一些碎小瓦和卵石摆成图案，图案四周砌砖条，南北甬路大部分被破坏。在主房与南北甬路相接处，发现有台阶遗迹（石台阶已缺失，只残存石台阶下的三合土印迹），南北长2.5、东西宽0.7米。甬路西端也发现有类似的台阶痕迹，南北长2.8、东西宽1.5米。

西配房南北长12.3米，东西宽不详（因西部已被破坏）。配房内填土为浅灰褐土，经过夯打，夯土面南北长8.5米，东西宽度不详，配房没有发现墙基基础，残留的是三合土面，东宽2.8、南宽2.4、北宽1.8米。

东配房南北长11.9、东西宽7.9米，房内填土为灰褐色夯土，夯土面积南北长9.5、东西宽3.9米，房址南墙与北墙的基槽一致，宽0.75米，东墙基槽宽0.95米，西墙基槽加前檐廊双联柱础基槽总宽为2.6米，基槽残深0.7米，墙外仅存北墙和东墙的部分散水，宽0.45米，散水面以小青砖铺砌，砖的规格为24 × 12 × 4厘米。

东配房东北角基槽被从含经堂东牌楼延伸出来的东甬道叠压。在东配房的西北角处，发现有与主房相连通的一条小甬路。

在东配房的南部和北部发现两处火膛已被破坏了的灶址，现编为东配房1号灶和东配房2号灶。

东配房1号灶，位于东配房内南部，火门东向，东侧操作坑平面呈长方形，东西长1、南北宽0.75米，残高0.5米。火道长0.5、高0.5、宽0.17米，灶坑四周和火道两侧用小青砖垒砌，砖的规格为24 × 24 × 4厘米。

东配房2号灶，位于东配房内北部，火门南向，南侧操作坑平面呈长方形，南北长1.1、东西宽1米，火道长0.55、宽0.25、高0.55米，烟道已遭严重破坏。此灶用砖与东配房1号灶一致。

门楼遗迹上部全部被破坏，只残留底部痕迹。门楼南北长5.15、东西宽3.95米，门楼中间还残留下四个柱础痕迹，柱础下面填的是碎石块、青砖和白灰渣，门楼东边残留部分散水及砖牙子，在门楼的东西两边还残留有门墩的痕迹，东西长0.3、南北宽0.25米，两个门墩尺寸一致。在门楼的中间有一条贯穿东西的院墙墙基和基槽。

院墙基槽东西长19、宽0.5米，基槽两侧有内外散水，内外散水只残留白灰渣面，内散水宽0.3、外散水宽0.6米，门楼东侧的墙基石用红砂岩和青石块垒砌，残高0.2、东西长9、宽0.5米。门楼西侧墙基被破坏，仅存零星的石块和砖块，只残留下基槽，墙基槽底部用三合土夯打，较平整，厚0.51米（分4层），基槽残存高度为0.14米，门楼西侧的内散水还残留几块镶边砖牙子。

门楼外“T”字形甬路，保存状况一般，两侧用卵石、小瓦块和砖条拼砌成各种图案，每组图案长0.4、宽0.35米。甬路底部为三合土基础，厚0.1米左右。甬路中间已被破坏。门楼外的南北甬路长2.25、宽1.25米，东西甬路长21.1、宽1.1米，图案遗迹保存得较好（图版三二：1），甬路西端与一条南北方向的甬路遗迹（仅存三合土基础）相接，这段南北方向的甬路已清理部分长6.2、宽1.6米，相接处发现有台阶痕迹，台痕南北长2.55、东西宽1米。此甬路的东端也发现一条作对称布局的南北方向的甬路遗迹（仅存三合土基础）相接，这段南北方向的甬路已清理部分长6、宽1.3米。

三合院为东西长，南北宽，平面呈长方形。从三合院的主房和东、西配房的规格可以确定，主房为三间，东、西配房也各为三间。从这座三合院和含经堂东甬道的地层叠压关系（东配房东北角的墙基基槽被叠压在含经堂东甬道路基之下）判断，此三合院的营建年代应早于含经堂广场东牌楼及其东甬道的营建年代。这座三合院被拆除和废弃的时间应是在含经堂寝宫开始营建之时，或是在工程即将竣工之际，其用途也不排除与筹建和营造含经堂寝宫工程有关。

经解剖得知三合院的主房三合土厚0.7米，分4层，自上而下厚度分别为0.1、0.18、0.18、0.24米。东配房和西配房三合土厚也是0.7米，分3层，自上而下厚度分别为0.2、0.2、0.3米。院墙基础三合土厚0.46米，分4层，自上而下厚度分别为0.08、0.1、0.08、0.2米。

一〇 东甬道北侧房基遗迹

此房基位于东牌楼外东甬道北侧，坐北朝南，原为正房四间。依残存的房基槽测得，此房基平面呈长方形，东西长17、南北宽6.4、基槽残深0.2米，以虎皮毛石和白灰砌筑。此房南侧墙基基槽自西向东有11.25米长，被从东牌楼通出来的东甬道打破并叠压。房内面积为东西长15.6、南北宽3.8米。

散水以小青砖铺成，东、西两侧一致，宽30厘米，北侧为45厘米，南侧因被甬道打破并叠压，已不详。铺砌散水的小青砖规格为24 × 12 × 4厘米。

在该房址东部和西部，各遗有灶址1个，现编为甬道北侧1号灶，甬道北侧2号灶。

甬道北侧1号灶，位于房内东部，火膛已被破坏，仅残存西侧操作坑（灶坑）和火道。灶坑平面呈正方形，规格为1.1 × 1.1米，残深0.4米，由西向东操作。火道长0.55、宽0.2、高0.4米。东侧火膛已无存。该灶址全部用小青砖垒砌。

甬道北侧2号灶，位于房址西部，火膛已被破坏，仅残存东侧操作坑（灶坑）和火道。灶坑平面呈长方形，东西长1.1、南北宽1米，残深0.45米，由东向西操作。火道长0.5、宽0.23、高0.45米。该灶址全部用小青砖垒砌。

此房址及灶址的年代，由东牌楼外东甬道与其南侧墙基有打破和叠压关系这一地层依据判断，应早于含经堂广场东牌楼及其东甬道营建的年代，其被拆除与废弃的时间，应在含经堂寝宫工程启动之时，或在该工程即将竣工之际，估计与前述三合院房址与灶址的年代大体一致，故其用途也不排除与筹建和营造含经堂寝宫工程有关。

一一　明漪潇照遗迹

明漪潇照位于含经堂遗址区东部，库房F2的东边，建在含经堂遗址东部土山上，东面临湖，距玉玲珑馆湖西岸4.5米，为一座临水方亭建筑，建于乾隆十二年（1747年）。乾隆二十二年（1757年），将旧匾“明漪潇照”更换为黑漆金字玉匾。此亭建筑规格不大，面积为6.5 × 6.5米（含散水），台基高0.5米。

明漪潇照破坏严重，仅剩建筑台基，包括拦土墙、夯土台芯、灰土基础、柱础坑、压条石、转角石、散水、台阶、甬路等（图三九；彩版一一）。

拦土墙分布在夯土台芯四面，保存较好，宽0.9、高1.55米。拦土墙建在灰土基础上，用石灰和大小不等的红色砂岩石块垒砌而成。

夯土台芯位于明漪潇照的拦土墙内，从上至下共分8层：第1层，三合土层，厚0.14米；第2层，夯土层，厚0.13米，内含大量石灰和碎砖块；第3层，夯土层，厚0.15米，内含少量的石灰和碎砖；第4层，夯土层，厚0.13米，土质较好，质地紧密；第5层，夯土层，厚0.3米；第6层，夯土层，厚0.25米；第7层，夯土层，厚0.2米；第8层，夯土层，厚0.3米。其中第5层至第8层夯土土质较纯。第8层夯土下为灰土基础。

灰土基础位于台基的下部，保存状况较好，平面呈正方形，边长6.5米，总厚度0.54米。从上至下共分3层，第1层厚0.15米，第二层厚0.17米，第三层厚0.22米。比台基各宽出0.55米。灰土基础下为柏木桩基础，柏木桩直径为6～8厘米，长120厘米左右，大部分已腐烂。柏木桩之间的间距为15～20厘米。柏木桩之间空隙都用大小不等的石块填塞，并经夯打成平面。柏木桩全部打入生土内，亦称柏木地钉。

柱础坑位于明漪潇照四角的拦土墙内，平面呈正方形，保存状况一般，坑内的砖砌磉墩已被彻底破坏，柱础坑的底部为灰土基础面。

压条石共发现两块，都被挪动。一块位于方亭的西南角，保存状况一般，平面呈梯形，长边长125厘米，短边长90厘米，宽45厘米，斜面角度45°，厚14厘米。另一块位于方亭的西北角，保存状况一般，平面呈梯形，长边长122厘米，短边长92厘米，宽45厘米，厚14厘米。两块压条石均为拐角压条石，石质较硬，为青石料，经过细致加工而成。

转角石共有两组四块，保存状况较好。第一组位于明漪潇照的西南角，由两块组成，西侧的一块长60、宽20、高60厘米，南侧的一块长25、宽15、高60厘米。第二组位于明漪潇照的西北角，由两块组成，西侧的一块长55厘米，北侧的一块长30、宽13～15、高60厘米。该亭转角石都是用青石加工而成。

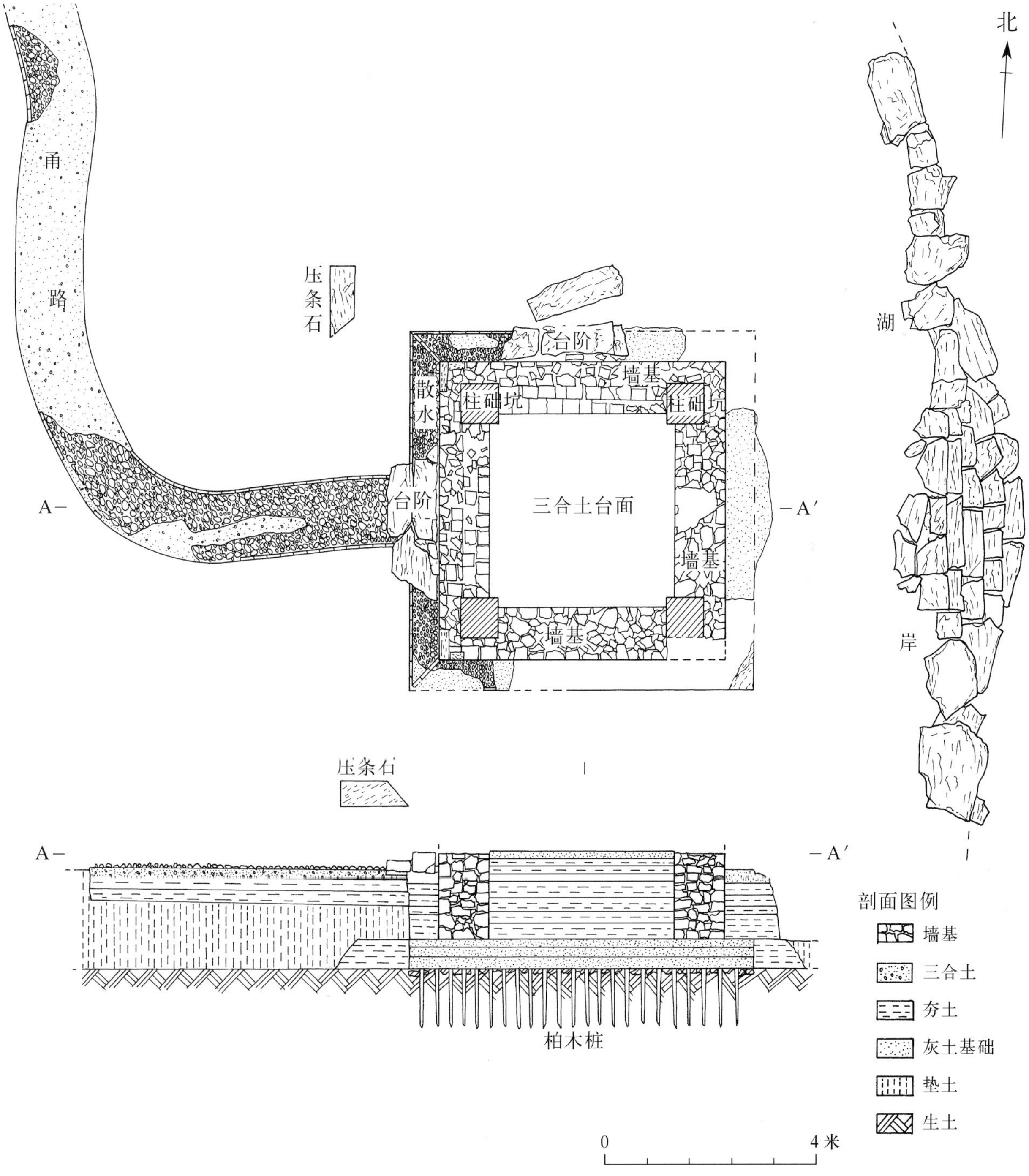

图三九　明漪潇照方亭基址平剖面图

散水仅存西边部分遗迹，西北角、西南角等处仅存三合土遗迹。散水宽0.55米，上面用卵石铺砌，用长25、宽5厘米的竖砖做镶边牙子砖。散水下面为厚0.2米的三合土层。

台阶共有两处。第一处位于方亭的北侧中间，自上而下分两级，第一级由两块石头组成，规格为长163、宽45～57、厚35厘米；第二级一块，被移位，长120、宽43、厚37厘米。第二处位于方亭西侧中间，保存较好，分两级，第一级有两块，北侧的长147、宽40、厚20厘米，南侧的长9～110、宽70、厚12厘米；第二级一块，与甬道相连，长135、宽50、厚20厘米。两处台阶均用未加工的天然石块垒成。

甬路位于明漪潇照的西侧，与西侧台阶相连（彩版一二：1）。该甬路从明漪潇照西台阶起步，先向西，而后向北下山，又向西面含经堂买卖街拐去，最后与买卖街中部南北向甬路相连接，甬路宽1.35米，用大小不等的卵石铺砌，两侧用长25、宽5厘米的竖砖做镶边牙子砖。

根据发掘的遗迹可知，该建筑为平面呈正方形的亭子，建在东部土山的北端，灰土基础与台基都建在土山下，周围再填土夯打坚固。从亭子东侧的三合土看，东侧原来应有台阶，可能是通向亭子东侧的湖岸码头。

一二　云容水态敞厅遗迹

云容水态位于含经堂宫苑东南山口外临水处，隔河与南岸众乐亭相对。原为敞厅五间，建于乾隆十二年（1747年），前檐悬乾隆御书匾额“云容水态”。

现存云容水态遗址保护较好，殿基平面呈长方形，东西长20.45、南北宽8.85米，台面高出四周散水0.5～0.68米。四角尚存角柱石（图四〇；彩版一二：2、一三：1；图版三二：2）。基槽底面为三合土夯筑，基槽上以虎皮毛石和夯土做成拦土墙，形成方格网状基础，上面夯筑三合土，三合土之上再铺砌一层方砖地面，其做法与含经堂宫苑内其他殿基做法完全一致。台基南、北两侧各发现双联磉墩柱础坑4个，规格为南北长2.3、东西宽1.7、深1.1米；四联柱础坑4个（四个角每角1个），平面规格为2.4×2.4米，深1.1米。出土青石质柱础石19方，均被翻动，平面规格为70～75厘米见方，厚24～30厘米，古镜圆形，直径38～44厘米，柱窝直径10～11厘米，深7～9厘米。在台明四周铺有卵石散水加青砖牙子镶边，宽0.6～0.68米。在台明四面中间均保留有青石云步踏跺一座，南侧为4步，其他三面均为3步。在踏跺与墙角之间，还分别堆砌大小各异的云步石数块。该遗迹所处位置及其形制规格，与清代档案所载云容水态为临水敞厅五间的规格完全相符。

一三　静缘亭（八角亭）遗迹

静缘亭位于含经堂得胜概东部约100米处，北距湖岸约5米，原有板桥一座，南面隔过一条低矮的土山与湖中的玉玲珑馆遗址遥遥相望。静缘亭初期为四方亭，建于乾隆十二年（1747年），乾隆二十二年（1757年）将旧匾改换为黑漆金字玉匾。乾隆五十八年（1793年）曾修葺过一次。后期改建为八角亭。现存的静缘亭基础为八角形，应是嘉庆十九年（1814年）改建后的遗构。静缘亭破坏较严重，保存下来的遗迹有散水、转角石、阶条石、柱础石、柱础坑、拦土墙、台基、灰土基础、台阶、引路等（附图五；彩版一三：2、一四）。

散水分布在建筑的周围，宽0.55～0.6米，用长24、宽12、厚5厘米的青砖镶边，用直径2～

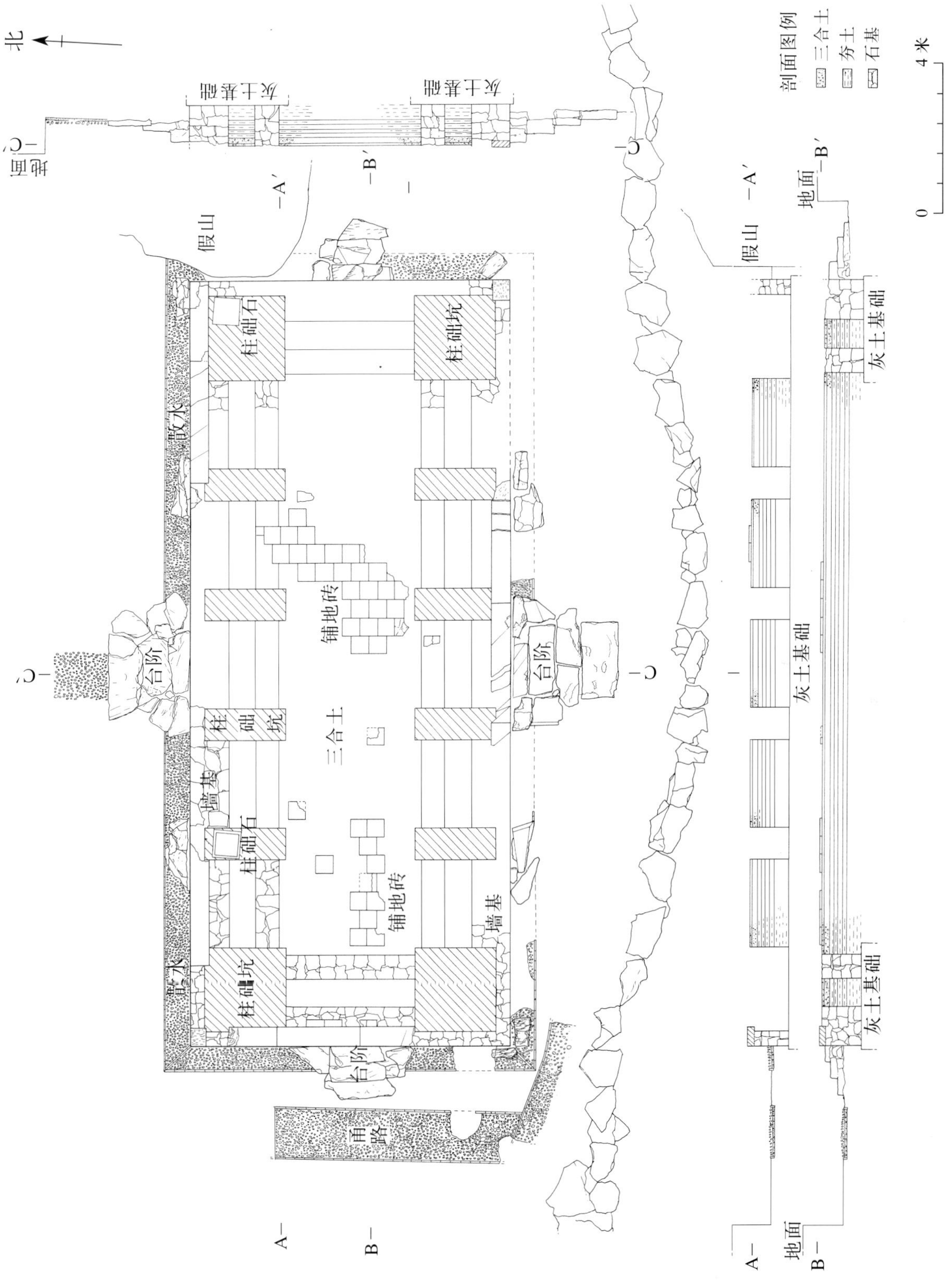

图四〇 云容水态敞厅基址平剖面图

5厘米的卵石铺砌，卵石用三合土黏结，三合土与灰土基础相接。

转角石，东北角的两块转角石全部被破坏，只残留下其他6个角的转角石，其中东南角的3块保存较完整。转角石尺寸基本相同，长50、宽20、高175厘米（从灰土基础算起）。

阶条石已破坏和移动，均已散落在台基周围，共存22块，阶条石的长度因有的被破坏残缺，规格不尽相同，一般在50～165厘米左右，厚度一般为16厘米，宽度一般为52厘米。阶条石上面分布有护栏石的卯孔，卯孔平面呈方形，边长10、深7厘米，卯孔的间距不尽一致，分别为5、12、20、25、30、35厘米。

柱础石现已散落在台基周围，共有16方，分大小两种，各8方，大者为外侧柱础石，小者为内侧柱础石，均已移位。柱础石平面均为八角形，大柱础石对角线长70、台高10厘米，古镜圆形，直径53厘米，高3厘米，柱窝直径11厘米，深7～10厘米。小柱础石对角线长65、台高10厘米，古镜圆形，直径45厘米，高3厘米，柱窝直径11厘米，深7～10厘米。

柱础坑共8个，平面呈长方形，长2.3、宽0.9、残存深度为0.9～2.2米，各柱础坑均与拦土墙相连。

拦土墙分内外两层，两层拦土墙之间有宽0.8米的夯土芯，内层拦土墙宽0.5米，外层拦土墙宽2米，内层拦土墙全用青砖砌筑，外层拦土墙的外侧用红色砂岩石块砌筑，内侧用较完整的青砖砌边，中间用残砖填充。砌筑拦土墙的青砖有三种规格，分别为45 × 20 × 10厘米、24 × 12 × 4厘米、26 × 13 × 6厘米。

台基平面呈八角形，破坏严重，拦土墙有的地方已破坏到地表。台基内的夯土芯保存较好，高2.2米（从灰土基础面算起），拦土墙中间的夯土芯高度也是2.2米，夯土芯自上而下共分10层：

第1层：三合土，厚0.12米，其上应为铺地砖。

第2层：三合土，厚0.18米，夯打过，较紧密。

第3～10层：三合土厚度分别为0.3、0.2、0.25、0.19、0.2、0.25、0.3、0.21米（此8层三合土内含白灰量较少，质量不及第1层和第2层）。

灰土基础为满堂红灰土基础，比台基两侧各宽出1.18米。经解剖得知，灰土基础厚0.6米，分3层，自上而下第1层厚0.26米，第2层厚0.16米，第3层厚0.18米，底层包含有大小不同的石块，石块下面有柏木桩。柏木桩直径5～7厘米，因不宜解剖，故长度不详，木桩间间距为20厘米左右。

台阶，静缘亭的南北两边各有一个自然条石堆砌而成的台阶，北边现有7级，每级高0.2米左右（图版三三：1），自下而上其中第5级条石已被毁掉，台阶前面的引路也被现代的电缆沟和修路工程破坏。南边的台阶现存8级，每级高0.19米左右，每级条石均有一些倾斜。台阶下是厚0.35米的夯筑三合土，台阶前有宽1.7米的引路（图版三三：2）。

引路，北边的已破坏，南边的破坏也较严重，仅部分路段保存较好，靠近台阶的一部分仅剩厚约0.15米的三合土，宽1.6米左右，保存完整的为卵石铺砌的路面，用长24、宽12、厚5厘米的青砖做路牙镶边。引路一直通向土山南边的湖岸，据引路遗迹叠压现象可知，这条引路至少修筑过三次。

静缘亭为八角形建筑，不包括散水，对角线长13.1米，边长4.96米。在清理该亭的填土时，曾发现几块带有“卍”字形图案的砖雕。

第四章 遗　　物

含经堂遗址共出土清代铜、铁、玉、陶、瓷、螺钿、玻璃、石刻及各类建筑构件近千件，绝大多数属残件，完整者甚少。现摘要介绍如下。

第一节 铜　　器

铜佛像　编号H-T0918：1，出土于“神心妙达”看戏殿东宫墙外垫土中。为无量寿佛，结跏趺坐于莲花台上，着天冠，梳高髻，颈戴项圈，袒胸，身披璎珞。右手捧宝瓶，左手作禅定印。在莲花座底缘中间，有细线阴刻楷书“地天母”三字。器形完整，通高15.4、底座宽12.5、厚9厘米（图四一；彩版一五）。

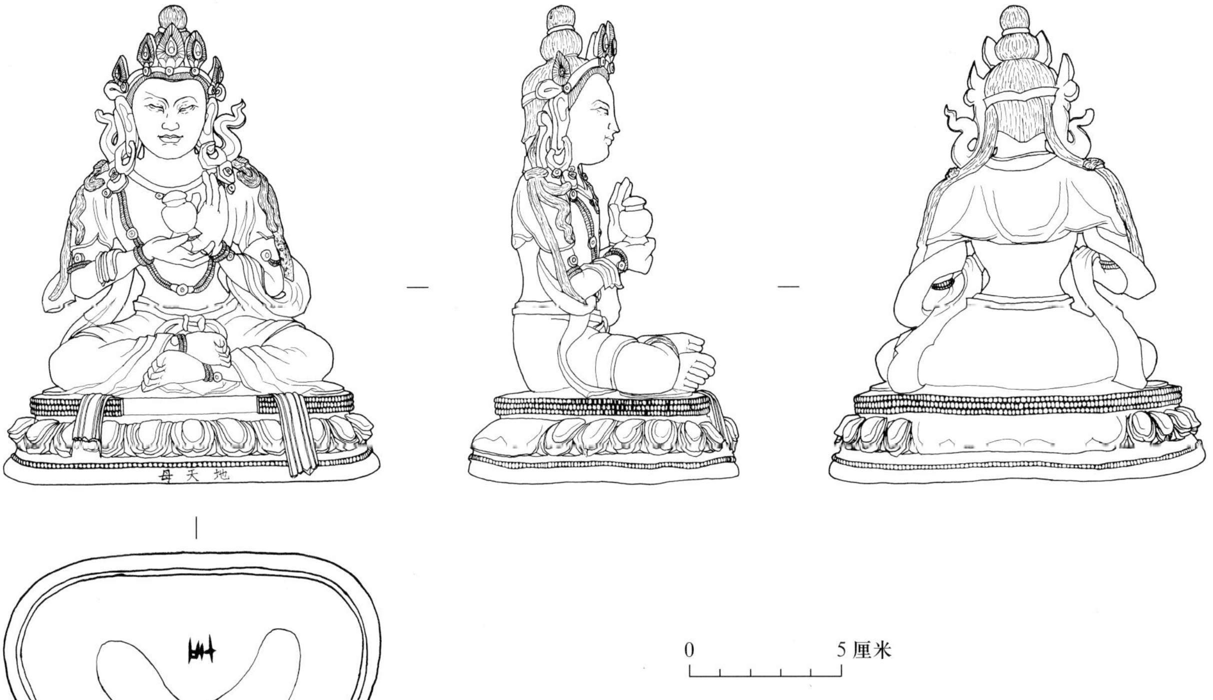

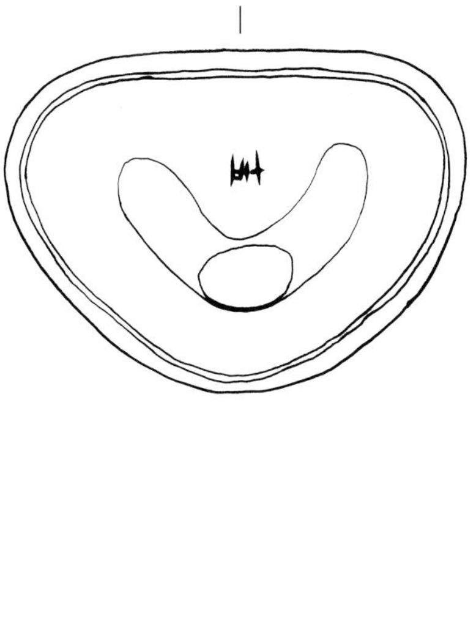

图四一　铜佛像（H-T0918：1）

第二节　玉　　器

共20件，其中玉钵1件、玉雕像头部残件2件、玉嵌饰6件、玉小型动物饰件3件、玉大型动物饰件1件、玉镇尺1件、玉环2件、玉印章4件。

1．H-T0117：1　乾隆款玉钵，出土于静莲斋西南角。是两块互为衔接的玉器残块，推测原器形为一件圆形玉钵。和田玉质，青绿色，器边已被烈火烧成鸡骨白色，钙化明显。钵底背面雕刻云龙海水纹，云龙为浮雕，海水为阴刻。两残件拼合后，可见钵内底残存11行59字，上下均有缺字，系用金刚钻划刻，楷书，字口极浅。内容为乾隆四十九年的御制文（图四二；彩版一六），文曰：

□□命琢孒□□□

广遇合君臣道可思

　按昌黎杂说谓龙□

　即乘是气以神□□

　□□□所自为□□

　□□地评此条□□

　□取类至广大□□

　君臣之遇合皆□□

　能发昌黎之蕴□□

　用人之际不可□□

　乾隆己酉新□□□

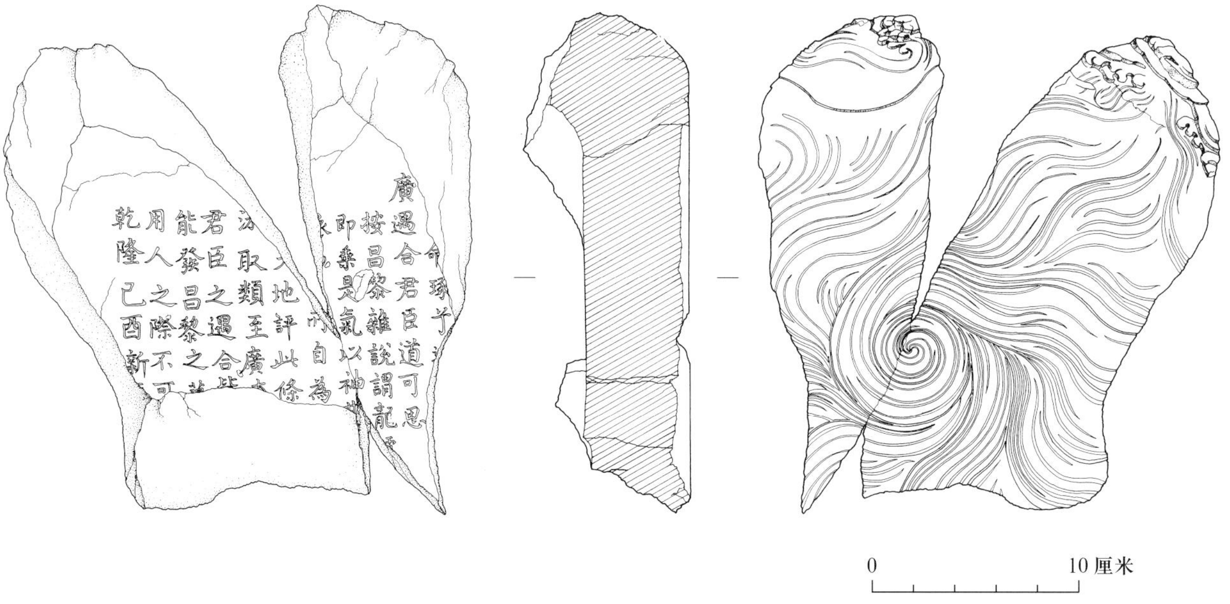

图四二　乾隆款玉钵（H-T0117：1）

该段文字借喻唐代大文学家韩愈《昌黎杂说》中云龙之说，谈论其君臣之道。“云龙之说”为《昌黎杂说》第一篇：“龙嘘气成云，云固弗灵于龙也。然龙乘是气，茫洋穷乎玄间，薄日月，伏光景，感震电，神变化，水下上，汩陵谷，云亦灵怪矣哉。云，龙之所能使为灵也。若龙之灵，则非云之所能使为灵也。然龙弗得云，无以神其灵矣。失其所凭依，信不可欤。异哉其所凭依，乃其所自为也。易曰，云从龙。既曰，龙，云从之矣。”(选自《韩昌黎全集》第181页，中国书店出版社，1991年6月第1版)。

两块玉件通长分别为24、25.2厘米，宽分别为8.5、11.5厘米，厚分别为4～4.3、3.1～5.8厘米。另在T0412探方中又出土1件玉钵残件（T0412：1），从玉质、形制、纹饰和过火钙化的情况看，应与T0117：1同为1件，只是不能与之拼合。

2．H-T0719：1　玉和尚头像，出土于蕴真斋东侧火膛内。玉质，立雕。头、颈完整，自颈下残断，右肩尚余一角。被大火焚烧，钙化呈白色，裂痕交错，右肩焦黄。此像俨然老者，眉如弯月，双目下视，面额皱纹密布，上唇有短髭，大耳垂轮，从后颈看，着交领衫。头高10.3、宽5.2、厚6.4厘米（图四三：1；彩版一七：1）。

3．H-T0818：1　玉道士头像，出土于看戏殿南部。墨玉，只余头部，颈下无存。束发及簪，双目低垂，上唇蓄八字胡，大耳垂轮。头高7.2、宽5、厚5.7厘米（图四三：2；彩版一七：2）。

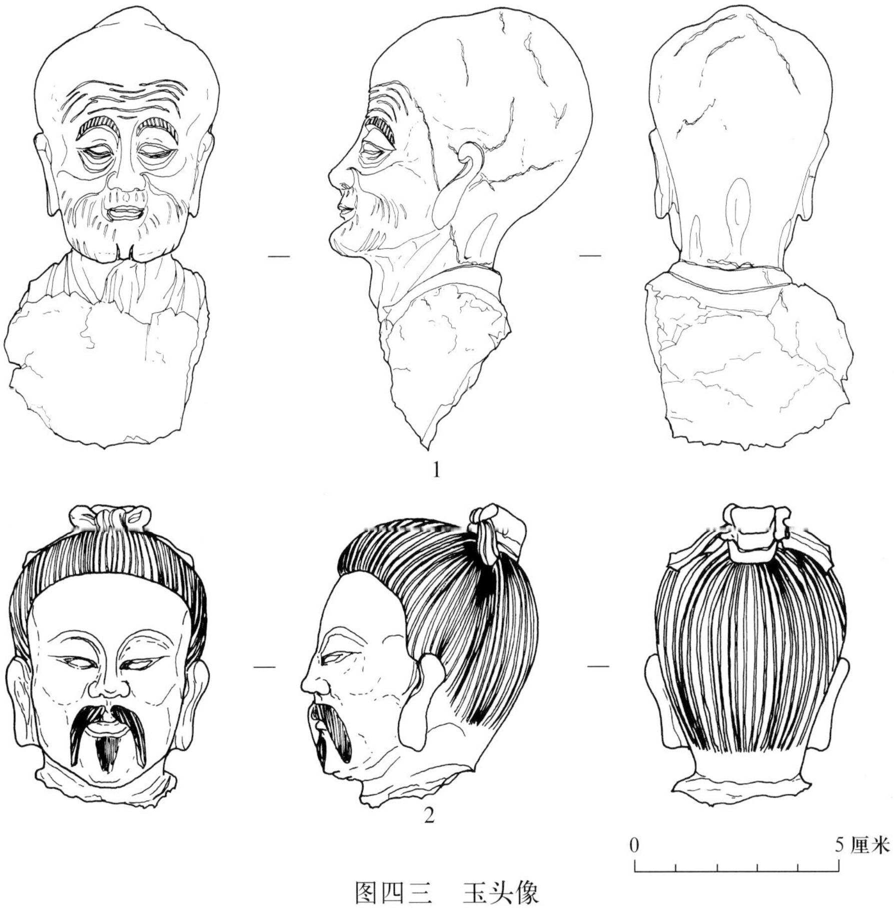

图四三　玉头像

1. 玉和尚头像（H-T0719：1）　2. 玉道士头像（H-T0818：1）

4．H-T0116：1　残玉鹤嵌饰，出土于假山西侧。含经堂遗址出土一批玉饰件，均为浮雕嵌饰。纹饰有松、竹、卷云、鹤等。其中这件鹤纹玉片最精美。灰白色，鹤头、颈残损，翅膀缺失一角，腿、爪没有表现。形态似振翅欲飞，羽毛刻画精细入微。残长19.7、残宽10.6、厚0.8厘米（图四四：1；彩版一七：3）。

5．H-T0116：3　残玉葡萄嵌饰，出土于假山西侧。墨玉，下部残。残高12.2、宽13、厚0.9厘米（图四四：2）。

6．H-T0116：4　玉松枝嵌饰，出土于假山西侧。褐色，基本完整。通长18、宽8.4、厚0.9厘米（图四四：4）。

7．H-T0116：6　玉松枝葡萄嵌饰，出土于假山西侧。因过火钙化呈鸡骨白色。残高12.7、宽10.1、厚1厘米（图版三四：1）。

8．H-T0116：7　玉竹叶嵌饰，出土于假山西侧。呈直角三角形，墨玉。高14、宽11.7、厚0.82厘米（图四四：3）。

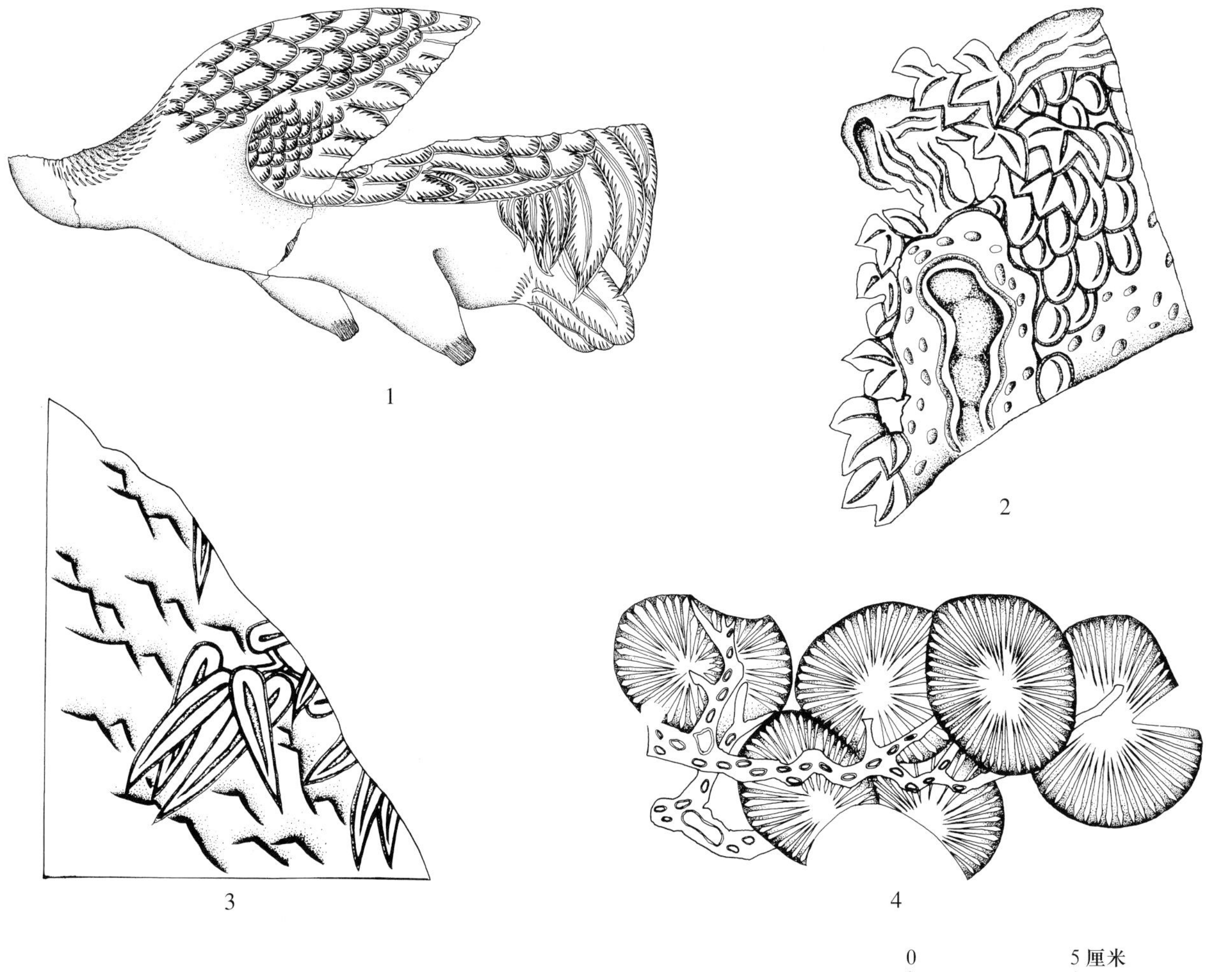

图四四　玉嵌饰

1. 玉鹤（H-T0116：1）　2. 玉葡萄（H-T0116：3）　3. 玉竹叶（H-T0116：7）　4. 玉松枝（H-T0116：4）

9. H-T0116：5 玉山嵌饰，出土于假山西侧。白色，顶残。残高9.8、宽6.7、厚0.4厘米（图版三四：2）。

10. H-T0414：5 玉鱼，出土于淳化轩西南。白色。呈俯视形象，阔首圆目，两侧长牙似剑，前端双鳍如翼，尾鳍像扇。通长6、宽3.3厘米（图四五：1；图版三四：3）。

11. H-T0414：6 玉鹿，出土于淳化轩西南。白色。左向回首卧鹿。通长4.3、宽3.3、厚0.42厘米（图四五：2；图版三四：4）。

12. H-T0113：1 玉兽，出土于含经堂西北。白色。底座呈抹角长方形，左右各有1个直径0.6厘米的纵向圆孔。底座上立雕蛙首双身兽足的瑞兽。底座长5.5、宽3.4、厚0.6、整体通高1.6厘米（图四五：3；图版三四：5）。

13. H-HY：5 玉残马，出土于含经堂遗址西南山口处。青玉质，色青白，立雕，刻工简率。头、四肢及尾均已残失。长鬃侧垂，鞍辔完整，身披璎珞。左后肢残存部分呈曲肢状。从鬃毛的静态和左后肢形态分析，这应是一匹卧马。残长22、残宽13、厚5.3厘米（彩版一七：4）。

14. H-T1013：2 玉镇尺，出土于买卖街一带。因过火呈鸡骨白色，一端残断，饰云龙海水纹，纹饰细腻流畅。残长10.4、宽3.2、厚0.9厘米（图版三四：6）。

15. H-TB7：1 玉环，出土于广场西北角。青白色，残。外径3.8、内径2.2厘米（图版三五：1）。

16. H-TB7：2 玉环，出土于广场西北角。白色，竹节半环形。通长4.2、通宽1.9、环宽0.7、厚0.6厘米（图版三五：2）。

17. H-T0414：1 玉印章，出土于淳化轩西南。曾过火，钙化。上段两侧残，从顶至1厘米处饰回纹，阳文“福海百顷”。高4.6、边长3.15厘米（图版三五：3）。

18. H-T0414：2 玉印章，出土于淳化轩西南。曾过火，钙化酥裂。从顶至0.8厘米处饰回纹，残留缺损阳文印。高5.8、边长3厘米（图版三五：4）。

19. H-T0414：3 玉印章，出土于淳化轩西南。曾过火，钙化。残半，顶上立雕一兽，残余一后爪及尾部。字框为抹角方形，残余缺损阳文印。残高6.1、边长3.5厘米（图版三六：1）。

20. H-T0414：4 玉印章，出土于淳化轩西南。曾过火，钙化。顶上立雕一兽，残，偶蹄，头上长卷角。残余缺损阴文印。残高7.4、边长3.7厘米（图版三六：2）。

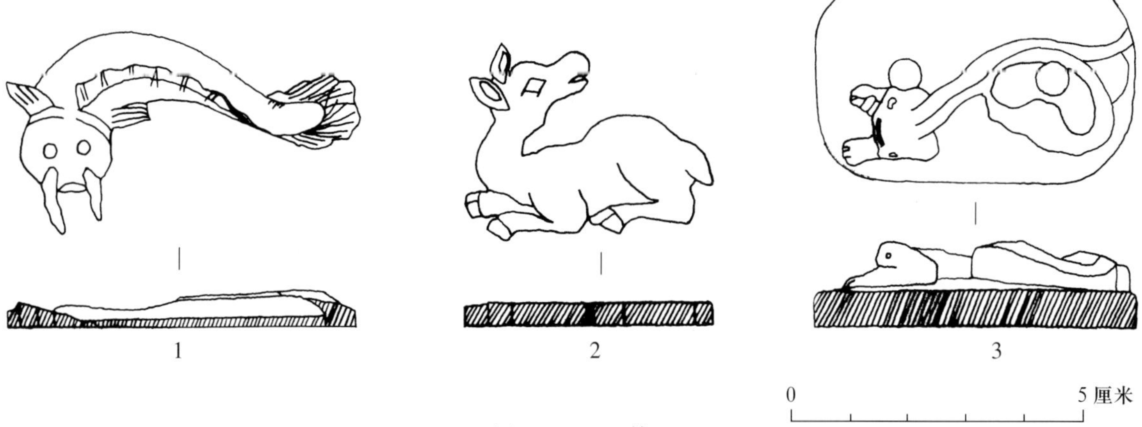

图四五 玉件

1. 玉鱼（H-T0414：5） 2. 玉鹿（H-T0414：6） 3. 玉兽（H-T0113：1）

第三节　螺钿嵌饰

含经堂理心楼遗址共出土螺钿嵌饰11件，均为嵌饰。有整幅画面者，有半幅或经裁割的画面不完整者。

1．H-T0220：1　减地平雕梅花。通长5.1、宽3.7、厚0.22厘米（图四六：5；图版三七：1）。

2．H-T0220：2　减地平雕梅花，中间断裂。通长5.2、宽3.8、厚0.22厘米（图四六：6；图版三七：2）。

3．H-T0220：3　线刻梅花。通长5、宽2.7、厚0.2厘米（图四六：7；图版三七：3）。

4．H-T0220：4　线刻梅花。通长4.9、宽2.4、厚0.12厘米（图四六：8；图版三七：4）。

5．H-T0220：5　减地平雕卷云纹。通长4.3、宽1.8、厚0.2厘米（图四六：9；图版三八：1）。

6．H-T0220：6　减地平雕梅花。通长2.4、宽2.2、厚0.15厘米（图四六：11；图版三八：4）。

7．H-T0219：1　减地平雕梅花，残半。残长4.2、宽3.8、厚0.19厘米（图四六：1）。

8．H-T0219：2　减地平雕菊花，半幅。长3.35、宽5.5、厚0.18厘米（图四六：2）。

9．H-T0219：3　减地平雕梅花，右下侧有小残口。通长3.35、宽2.3、厚0.15厘米（图四六：3；图版三八：2）。

10．H-T0219：4　线刻梅花，半幅，左侧上下角有钳口。长2.4、宽3.4、厚0.18厘米（图四六：4；图版三八：5）。

11．H-T0219：5　减地平雕梅花，残，裁割成一窄条，画面不完整。长0.8、宽3.5、厚0.28厘米（图四六：10；图版三八：3）。

第四节　瓷　　器

含经堂遗址出土的瓷器种类和数量较多，共有412件（片），完整者较少，绝大多数为残件和残片。其中以青花瓷的数量最多。现摘要介绍26件。

1．白瓷象　1件。编号H-T0116：2，出土于假山西侧。象牙白色，浮雕，以侧俯视角度设计造型。身体椭圆、肥硕，四肢隐去，凹底。弓形双钩目，右耳完整，形如阔叶，筋络似叶脉；左耳只表现出上边沿内侧。额、鼻根及向两侧顺延部分和嘴岔、背部布满褶皱，长牙上翘，长鼻隐没在双牙间。头部和面部有形状各异的嵌槽，原应有镶嵌物，现已不存，槽深0.25厘米。背面在额顶、右嘴岔下沿，体下侧各有一对直径约0.15厘米的穿孔，应起固定作用，通长35.2、宽23.7、厚0.7厘米（图四七；彩版一八：1）。

2．“明成化年制”款白瓷碗碗底残片　1件。编号H-TL10：1，出土于含经堂东侧库房F2南侧垫土中。仅残存半个碗底，白釉，底部外侧以细线刻划菊花瓣一周，碗底印有蓝色戳记，残存5字：“明成化年制”。碗底直径为5.4厘米（彩版一八：2）。

3．“大清康熙年制”款青花碗碗底残片　1件。编号H-TJ9：1，出土于含经堂遗址东侧买卖街铺面房基址内。仅残存大半个碗底，白釉青花，碗底有蓝字年款戳记：“大清康熙年制”。碗底直径5.6厘米（彩版一八：3）。

图四六　螺钿嵌饰

1．H-T0219：1　2．H-T0219：2　3．H-T0219：3　4．H-T0219：4
5．H-T0220：1　6．H-T0220：2　7．H-T0220：3　8．H-T0220：4
9．H-T0220：5　10．H-T0219：5　11．H-T0220：6

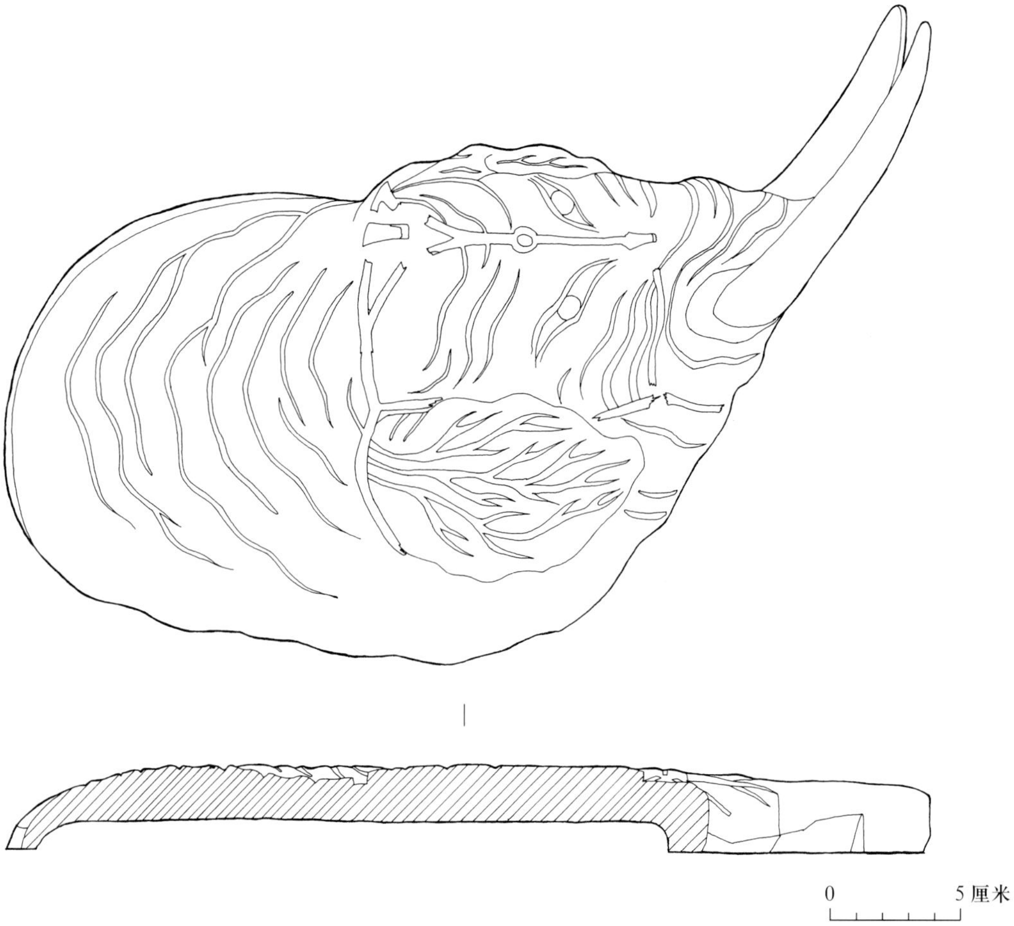

图四七 白瓷象（H-T0116：2）

4．“大清康熙年制”款青花盘残片 1件。编号H-TJ9：2，出土于含经堂遗址东侧买卖街铺面房基址内。仅残存原盘的三分之一，白釉青花，盘底戳记仅存4个字，蓝字楷书：“大清（康）熙年（制）”。盘底直径约11.8厘米（彩版一八：4）。

5．风景人物纹青花盘残件 1件。编号H-T1015：1，出土于含经堂遗址东侧买卖街铺面房垫土中。仅残存原盘的二分之一，白釉青花，盘心绘有楼阁、古树、石桥、人物，还有湖面和船只等，盘沿上绘有蝙蝠、兰草及菱形格等几何图案，盘底无戳记。盘口直径约29、盘底直径16厘米（彩版一九：1）。

6．花篮纹青花盘盘底残片 1件。编号H-TJ10：1，出土于含经堂东侧买卖街铺面房垫土中。仅残存盘底部分，盘心绘有青花花篮，周围带双圈蓝线。盘底无年款戳记。直径12厘米（彩版一九：2）。

7．海水鲤鱼纹青花盘盘底残件 1件。编号H-F3：1，出土于含经堂遗址东侧库房F3基址内。仅残存盘底部分，盘心绘有青花海水波浪和一条腾出水面的鲤鱼，周围带双圈蓝线。盘底无年款戳记。直径16.6厘米（彩版一九：3）。

8．云龙纹青花瓶残片 1件。编号H-TJ10：2，出土于含经堂遗址东侧买卖街铺面房垫土中。仅残存瓶身中间1片，绘有青花云龙纹，龙头存有大半，上面还有腾空的龙身与龙爪，在龙头与龙爪之间，绘有飞动的卷云纹。此残片长10.5、宽9.5厘米（彩版一九：4）。

9．龙头莲花纹青花托盘残件 1件。编号H-TB8：1，出土于梵香楼基址南侧垫土中。仅残存原托盘大半，盘心绘青花变体龙头纹与莲花纹，盘沿绘几何形海水纹，背面绘青花蝙蝠纹，托盘底部残缺。盘口残长12厘米（彩版一九：5）。

10．蝙蝠纹青花碗残片 1件。编号H-TB8：2，出土于梵香楼基址南侧垫土中。仅残存碗口沿以下部分残片，白釉青花，外表面绘有青花蝙蝠及方孔圆钱图案一组。残片纵长5.6、宽5.5厘米（彩版一九：6）。

11．“大清乾隆年制”款青花盏托残件 1件。编号H-T0518：1，出土于淳化轩基址内。仅残存盏托下半部，上部已残失。残存部分呈喇叭形，表面饰回纹及璎珞纹，喇叭底座内印有蓝色“大清乾隆年制”篆字戳记。残高4.5、喇叭口底座直径5厘米（彩版二〇：1）。

12．海水龙鱼纹青花盘残件 1件。编号H-TM3：1，出土于含经堂遗址东南隅三合院垫土中。已残碎，大部分可复原。盘心绘青花海水、蛟龙和鲤鱼，周围带双圈蓝线，盘沿为蓝色条带。盘底无年款戳记，盘口直径16.5、盘底直径8.5厘米（彩版二〇：2）。

13．“大清嘉庆年制”款青花碗碗底残件 1件。编号H-TL8：1，出土于含经堂遗址东侧井亭基址垫土中。仅残存碗底部分，白釉青花，外底正中印有蓝色“大清嘉庆年制”篆字戳记。碗底直径6.9厘米（彩版二〇：3）。

14．绛蓝釉小碗残件 1件。编号H-TF5：1，出土于含经堂遗址东北角库房F5基址中。已残，仅存大半，碗内面呈淡青色，外面为绛蓝釉，无年款戳记。碗口直径9.6、碗底直径4.1、高4.8厘米（彩版二〇：4）。

15．蟹青釉大碗残件 1件。编号H-TJ10：3，出土于含经堂遗址东侧买卖街铺面房垫土中。仅残存一半。内外蟹青釉，碗底无年款戳记，仅有蓝笔符号标记。碗口直径约17、碗底直径6.1、高7.4厘米（彩版二〇：5）。

16．蟹青釉盘残件 1件。编号H-TJ10：4，出土于含经堂遗址东侧买卖街铺面房垫土中。仅残存一少半。内外蟹青釉，盘沿黄褐色，盘底无年款戳记。盘口直径约15.5、盘底直径8.5厘米（彩版二一：1）。

17．浅蓝釉大盘残件 1件。编号H-T0518：2，出土于淳化轩基址内。仅残存约六分之一，盘内外均为浅蓝色釉，釉色润洁，胎壁较厚。残片长12.5、宽9.7、胎厚0.9厘米（彩版二一：2）。

18．豇豆红釉盘残片 1件。编号H-T0518：3，出土于淳化轩基址内。仅残存盘口沿以下部分。盘内外均施豇豆红釉，釉色光润，胎质细腻坚致。残片长10.5、底径约9厘米（彩版二一：3）。

19．描金粉彩大盘盘底残件 1件。编号H-T0113K：1，出土于澄波夕照基址垫土中。仅残存盘底局部。盘内外及圈足外表均描金粉彩。工艺精湛，胎壁较厚，质地细腻。残件长12.4、胎厚0.7～1.2厘米（彩版二二：1）。

20．粉彩托盘残件 1件。编号H-TE6：3，出土于含经堂宫门月台基址内。仅残存托盘底部中间和下边的圈足局部。白地粉彩，盘心绘花草，圈足下部绘海水波浪。残高6.5、圈足直径约6厘米（彩版二二：2）。

21．哥窑青釉小水丞残件 1件。编号H-TE6：4，出土于含经堂宫门月台基址内。仅残存一半。

青釉，有细开片，敛口鼓腹，底梢内凹，外底阴刻一个“卍”字符号。高3.3、底径3.4厘米（彩版二二：3）。

22.“大清乾隆仿古”款瓷漆工艺绛红菊花盘残件　2件。编号H-TA9：1、H-TA10：1，出土于梵香楼基址垫土中（彩版二三、二四）。

两件标本均仅残存盘底部。绛红色，貌似漆器，但实为瓷盘。盘心皆以金字隶书录制乾隆帝御题七言诗。H-TA9：1仅遗有28个金字：

□□□□□莫比仿
□□□□□过脱胎
□□□□□成器奚
□□□□□士品同
□□□□人颜侣晕
□□□□师古宁斯
□□□□吟愧即多
□□□□御题㊔隆

“御题”后边的“乾隆”二字，分别为印章，“乾”字外面加圆圈，“隆”字外面加方框。此件标本已遭火烧，盘底大部分呈深褐色，背面也只能看清一个楷书金字“清”字。

H-TA10：1盘心所遗字数较H-TA9：1略多，共有50字，也是隶书体，字的规格大小排序与H-TA9：1完全一致：

吴下髹工巧莫比□
为或以旧还过脱□
那用木和锡成器奚
劳琢与磨博士品同
□□喻仙人颜侣晕
□□事宜师古宁斯
□□□□吟愧即多
□□□□御题㊔隆

盘底金字楷书年款齐全，共6字：“大清乾隆仿古”。H-TA9：1和H-TA10：1盘底的“清”字的字体大小一致，据此可知，这2件出自两个不同探方的瓷盘残件，原应为配套的1对瓷盘；H-TA9：1盘底的金字年款缺失的5个字，即应为“大”和“乾隆仿古”。

与上述2件瓷盘残件完全相同的完整标本，我们有幸于2003年11月在承德避暑山庄博物馆瓷器展厅里见到1件，弥补了这2件残损的标本在形制规格和御题诗文上多有缺损的遗憾。现将承德避暑山庄博物馆瓷器展厅的这件瓷盘藏品的乾隆御题诗文全文实录如下：

吴下髹工巧莫比仿
为或以旧还过脱胎
那用木和锡成器奚
劳琢与磨博士品同

谢青喻仙人颜侣羣
朱酡事宜师古宁斯
谓拟欲摛吟愧即多
乾隆甲午御题㊞乾隆

此盘底面也有与H-TA10：1完全相同的金字楷书年款6字："大清乾隆仿古"。依据这件完整的瓷盘形制与规格，我们可将含经堂乾隆寝宫遗址出土的这2件瓷盘残件明确"复原"：H-TA9：1和H-TA10：1原应为以仿漆工艺精心制做的御用绛红菊花瓣瓷漆盘1对，盘心金字隶书乾隆御题七言律诗一首，盘底有金字楷书年款："大清乾隆仿古"，盘口直径17.8、盘底直径9厘米（彩版二五）。

23．"大清光绪年□"款白瓷碗碗底残件 1件。编号H-T1014：2，出土于含经堂遗址东侧买卖街铺面房垫土中。仅残存碗底的二分之一。内底饰砖红石榴纹图案，外底有砖红楷书年款："大清光绪年□"。碗底直径5.2厘米（彩版二六：1）。

24．福寿纹粉青长条瓷板 1件。编号H-TXBK：2，出土于含经堂遗址西北角值房扩方垫土中。长条形，粉青釉，完整。表面两端饰蝙蝠纹，中间饰寿桃如意云纹，均作对称布局，寿桃中间饰"卍"字符号，表示万寿无疆。图案描金，工艺精致。背面不挂釉，特意做出麻面，两端各做出穿鼻1个，应为嵌饰。长16.5、宽3.5、厚0.5厘米（彩版二六：2）。

25．鸳鸯 1件。编号H-T1013：1，出土于买卖街遗址。黑红彩瓷，中空立雕。体态丰满，缩颈蜷身，短尾上翘，呈静卧状，身体两侧镂刻翅羽。右侧前下端残。通长4、宽3.9、厚1.8厘米（彩版二六：3）。

第五节 陶 器

含经堂遗址出土的陶器主要为泥质灰陶葫芦器陶范，皆为阴模。

在含经堂东侧买卖街遗址区域内，出土了一批泥质灰陶葫芦器模具，是范制虫具模型，共计41件。其中完整者4件，残损者37件（参见附表6）。这些陶范的形制单一，从完整标本及残件中可以拼合过半的器形观察，其外形皆为敛口亚腰鼓腹圆锥形，底部留有圆形气孔，内膛均为翻口束腰鼓腹心形。陶范外表均光素无纹，完整标本通高13.5～15厘米，最宽部位在颈部，外径8.7～14厘米，最厚部位集中在颈腰交接处，厚7.6～9.8厘米。绝大多数标本在内膛有阴刻纹饰，分布于腰腹部，腰部纹饰为带状装饰纹，腹部为各种主题纹饰。这41件陶范中，可基本辨识腹部纹饰者有33件，根据其主题纹饰差异特点，可将上述陶范分为四种类型：一为纯纹饰类型，二为纯文字类型，三为纹饰与文字混合型，四为素面无纹类型。

第一种类型的陶范最多，有13件，占可研究陶范数量的39%，可分为5个亚型。Ia型为几何纹，HTAO-005、HTAO-023、HTAO-024三件为菠萝纹（图四八：1），HTAO-021为"卍"字锦纹（图四八：2）。Ib型为人像纹，仅HTAO-026一件，腹刻一个满脸络腮胡须、头扎幞头的大汉（图四八：3）。Ic式为八卦图案与祥云团鹤纹的组合，HTAO-006、HTAO-016、HTAO-0343件为此纹饰（图四九：1）。Id型是昆虫和花草的组合图案，HTAO-020刻一对蝈蝈各居奇石上，其一在啃食一只螳螂，周围环绕谷穗与菊花；HTAO-022刻菊花、谷穗和一对蝈蝈（图四九：2；图版三九：1）；

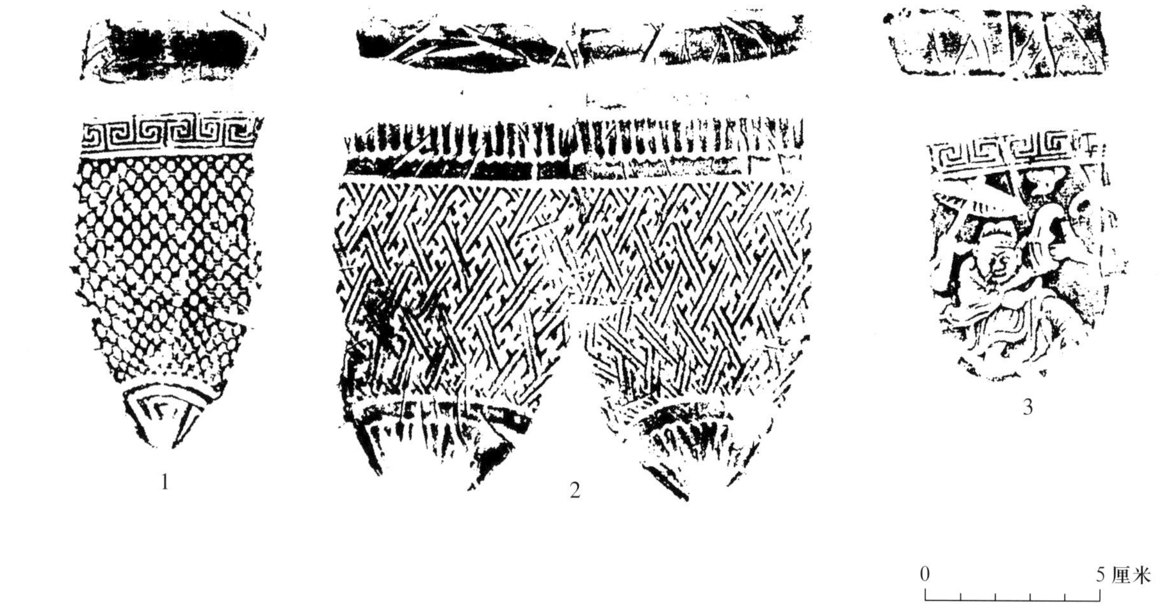

图四八 葫芦器陶范纹饰

1. 菠萝纹（HTAO-005） 2. “卍”字锦纹（HTAO-021） 3. 人像纹（HTAO-026）

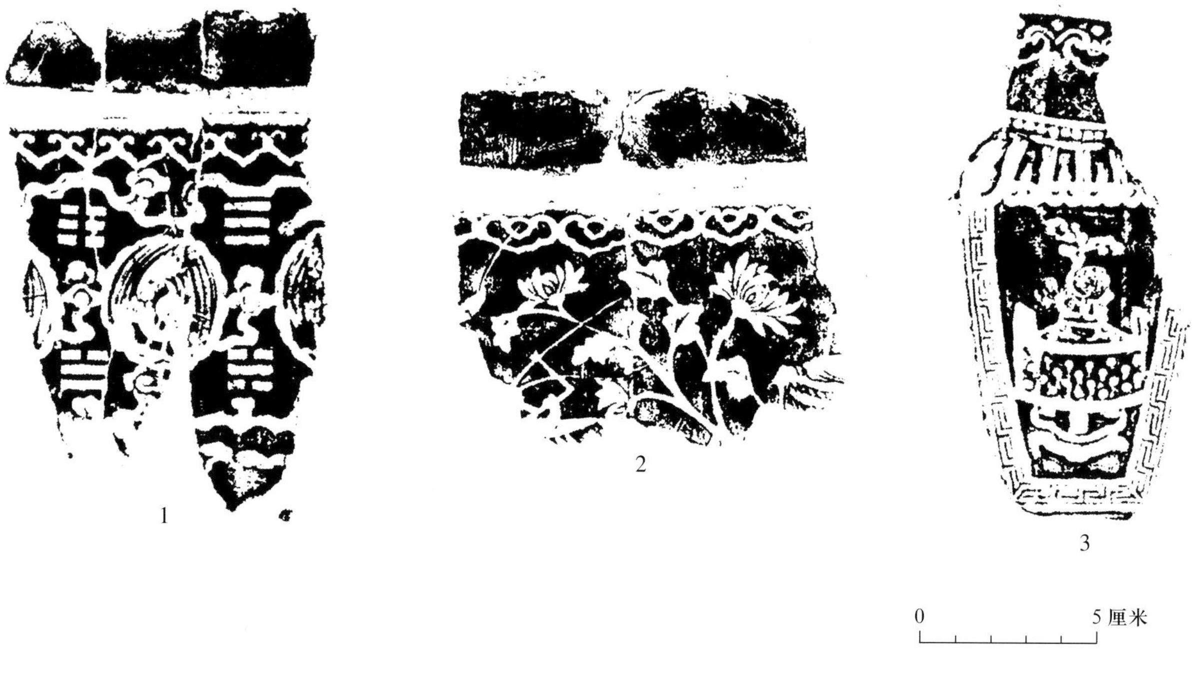

图四九 葫芦器陶范纹饰

1. 祥云团鹤纹（HTAO-034） 2. 昆虫花草组合纹（HTAO-022） 3. 香炉纹（HTAO-027）

HTAO-025图案似与HTAO-022相同，但只余菊花、谷穗和一只蝈蝈头。Ie型为器物纹，HTAO-027和HTAO-028腹部均刻有香炉图案（图四九：3；图版三九：2、3）。

第二种类型的陶范有11件，占可研究陶范数量的33%，可分为2个亚型。Ⅱa型为楷书唐诗，一般每个陶模刻二首七言绝句，有李白《早发白帝城》和王昌龄《芙蓉楼送辛渐》，如HTAO-002、HTAO-013、HTAO-029、HTAO-31、HTAO-32等（图五〇：1；图版三九：4～6、四〇：1、2）。Ⅱb型为经修饰的文字，如HTAO-003为百寿图（图版四〇：3）；HTAO-036、HTAO-040均为分别在弧边四凹角框内楷书“意”和“祥”、“如”字样（图五〇：2、3；图版四〇：4～6），推测该类陶范腹部原刻“吉祥如意”等字样，框外四角饰“喜”字；HTAO-037在四凹角框内余“万”、“寿”二字，框外四面饰“寿”字，推测原刻“万寿无疆”等字样（图五一：1；图版四一：1）；另有HTAO-014腹部残余两个“喜”字。

第三种类型的陶范有8件，占可研究陶范数量的24%，可分为2个亚型。Ⅲa型为文字和图样融合一体，文字是图案的补充，如HTAO-039腹刻两个灯笼，一灯笼上书双“喜”字，“卍”字缀，另一灯笼饰“寿”字缀（图五一：2；图版四一：2）；HTAO-038底纹为梅花冰裂纹，中间残余一圆框，内楷书“泰”字，推测原刻“国泰民安”的字样；HTAO-033、HTAO-008和HTAO-009均为“五蝠捧寿”纹，圆框内篆书“寿”字，框外5只蝙蝠环绕（图五一：3；图版四一：3）；HTAO-035为双“喜”字和蝠蝶纹；HTAO-010为缠枝花与葵花，葵花内刻双“喜”字。Ⅲb型以纹饰为主题，文字起点题作用，或为戳记，如HTAO-001，腹内为两蝙蝠穿梭于竹林山石间，旁题“日日平安报好音”，另有阴刻一方印迹，内有“记”字（图版四一：4）。

第四种类型的陶范仅1件，器形完整，内外光素无纹。它的作用是规范葫芦的形状。

含经堂出土的这批葫芦器陶范，是范制虫具模型。

葫芦器本源自民间，到清朝前期传入宫中。康、雍、乾是清朝盛世，统治者不仅文韬武略兼备，而且有极高的文化修养，追求雅玩。康熙和乾隆二帝对葫芦器十分喜爱。康熙皇帝曾在丰泽园辟田种植葫芦，并令专人作模制器。乾隆皇帝更是有过之无不及，曾多次赋诗咏葫芦器。乾隆时期，皇太后六十大寿时，寿礼中有9件范制葫芦，皇太后七十大寿时，寿礼中的葫芦器就达近百种了。现在藏品中，“康熙赏玩”、“乾隆赏玩”的字样比比皆是。葫芦器不仅是宫中玩物，而且还是外交礼品。康熙皇帝曾将一枚葫芦器赠与彼得大帝，乾隆皇帝也曾让来华英使马嘎尔尼将一枚葫芦鼻烟壶转赠英王乔治三世。由于统治阶层的偏爱，“一朝选在君王侧”便身价百倍，清朝前期，葫芦器的地位几乎与金银玉器相等。至乾隆时期，范制葫芦器迅速发展至高潮，数量大，品种多，工艺精，真乃登峰造极。清朝晚期，随着外敌入侵，清廷政治、经济与文化的衰落，皇室已无心研究雅玩，后代帝王整体文化素养也远不及康乾，在这样的背景下，范制葫芦工艺也随着其他手工艺的衰落而急剧衰退。葫芦器的品种显著减少，原来范制瓶、炉、壶等大件器物罕见了，代之以范制鸣虫具等小器件，工艺再次流入民间，于是王府、市井开始范制葫芦虫具，葫芦器再度于民间兴盛起来。

范制葫芦绝非易事，早期作品均出自隐居的文人雅士之手。首先要有盾出于世的淡泊心境，不计名利，全身心投入；其次要像农民一样吃苦耐劳，播种耕耘，精心培育，耐心等待，来不得半点焦躁；再次要有工匠的技巧，严丝合缝，精雕细琢而不留痕迹；最后，集文学、美术、书法、雕刻

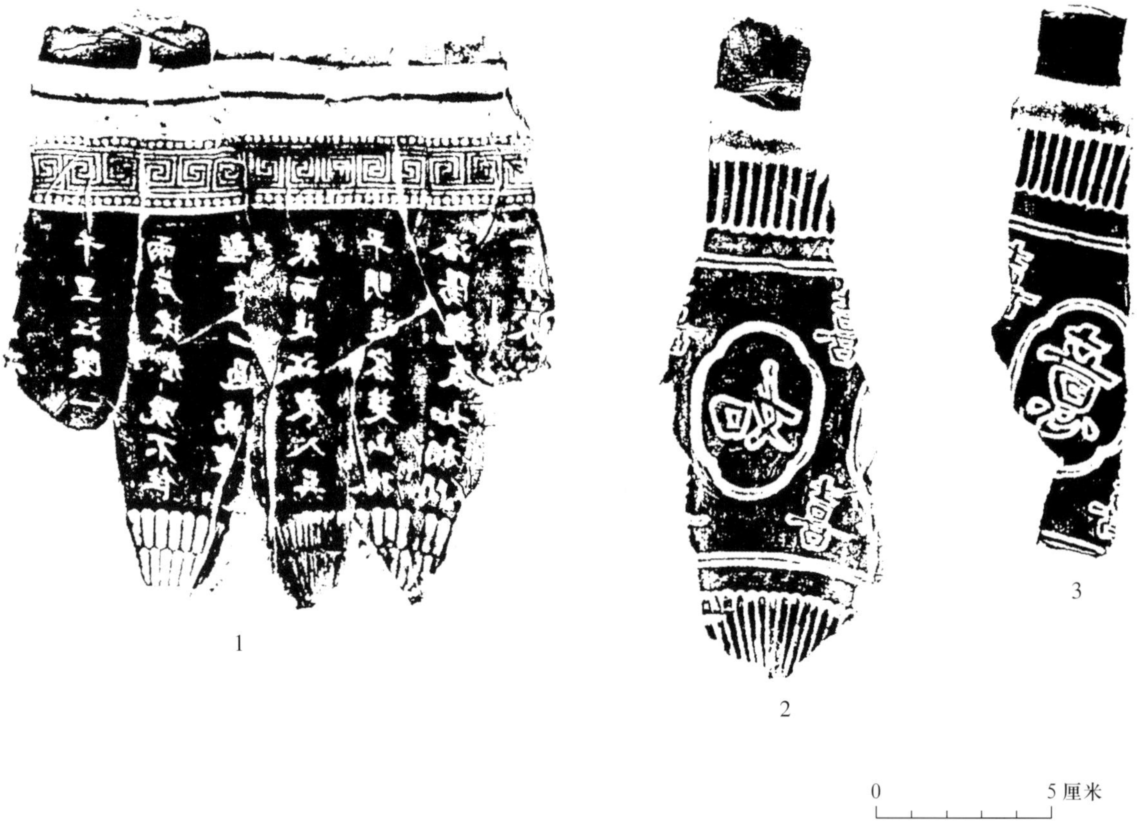

图五〇　葫芦器陶范纹饰

1. 唐诗（HTAO-002）　2、3. “吉祥如意”纹（HTAO-040：2、HTAO-036）

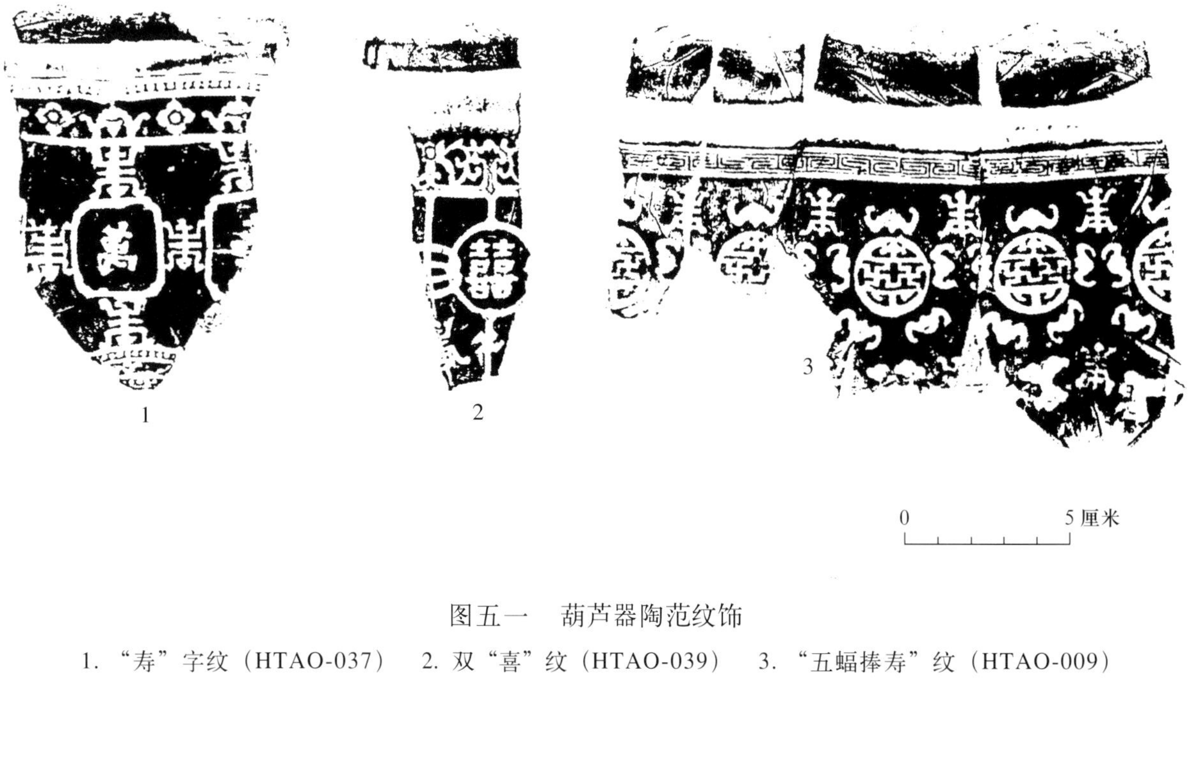

图五一　葫芦器陶范纹饰

1. “寿”字纹（HTAO-037）　2. 双“喜”纹（HTAO-039）　3. “五蝠捧寿”纹（HTAO-009）

修养于一体，在有限的空间里赋予神奇的构思，施以精绝的工艺，多次摸索，反复锤炼，方能成器。成功的作品非常难得，千百件中也难得出一两件珍品。含经堂遗址出土的葫芦器陶范，布局疏密有致，图案构思巧妙，堪称精品。HTAO-003的书法规整流畅；HTAO-020的雕刻精微入理，谷穗颗粒饱满，似乎要涨破谷壳，蝈蝈纤细的触须，仿佛正在敏锐地感觉周围的一切，眼睛警惕地注视着前方，细长强健的后肢好像就要一跃而起，刀法细腻逼真，栩栩如生，艺术手法炉火纯青，可见功力之深。

第六节　石　　刻

共4件，其中3件为乾隆《钦定重刻淳化阁帖》汉白玉石版残件，另1件为青石菩萨雕像残件。

淳化阁帖原是北宋淳化三年（992年），奉宋太宗旨取唐代以前99位书法家名迹摹刻的法帖。清帝乾隆喜好书法，曾下旨搜求，终得淳化四年（993年）赵光义颁赐给翰苑学士毕士安的一部“初拓赐本”，遂命重新摹刻《淳化阁帖》，共计144块。且为此特在含经堂北新建淳化轩以保存这些《阁帖》石版。1860年英法联军焚毁圆明园，《钦定重刻淳化阁帖》石版亦损毁、散佚。此次发掘所获《钦定重刻淳化阁帖》石版残件3块，实属难得。

1．H-T0614：2　出土于淳化轩东南角。汉白玉质。右端残损，左端侧面阴刻楷书三字：“淳化轩”。正面自右至左阴刻行书12行，行书右侧附同字小楷，字迹大多残缺，可辨识者只有34字，录文如下（图五二）：

济……
侯似少可……
差伤念不可……
□知也……
□□□□……
□□□□……
复何似……
善将息……
贤公即宜……
后遗若……
拣择□□以□勒
静□□勒即行相

石版顶部有榫窝一个，底面在相同位置也有一个榫窝，只余一边，大部残缺。石刻残长63、宽33.2、厚11.5厘米（图版四二：1）。

2．H-TM10：1　出土于含经堂东宫墙外库房（F4）遗址南侧。汉白玉质。上边和右上角残缺，正面自右至左阴刻行书7行，小楷6行，残长55、宽33、厚11.5厘米，顶部有榫窝一个（图五三；图版四三）。

图五二 《钦定重刻淳化阁帖》铭文（H-T0614：2）

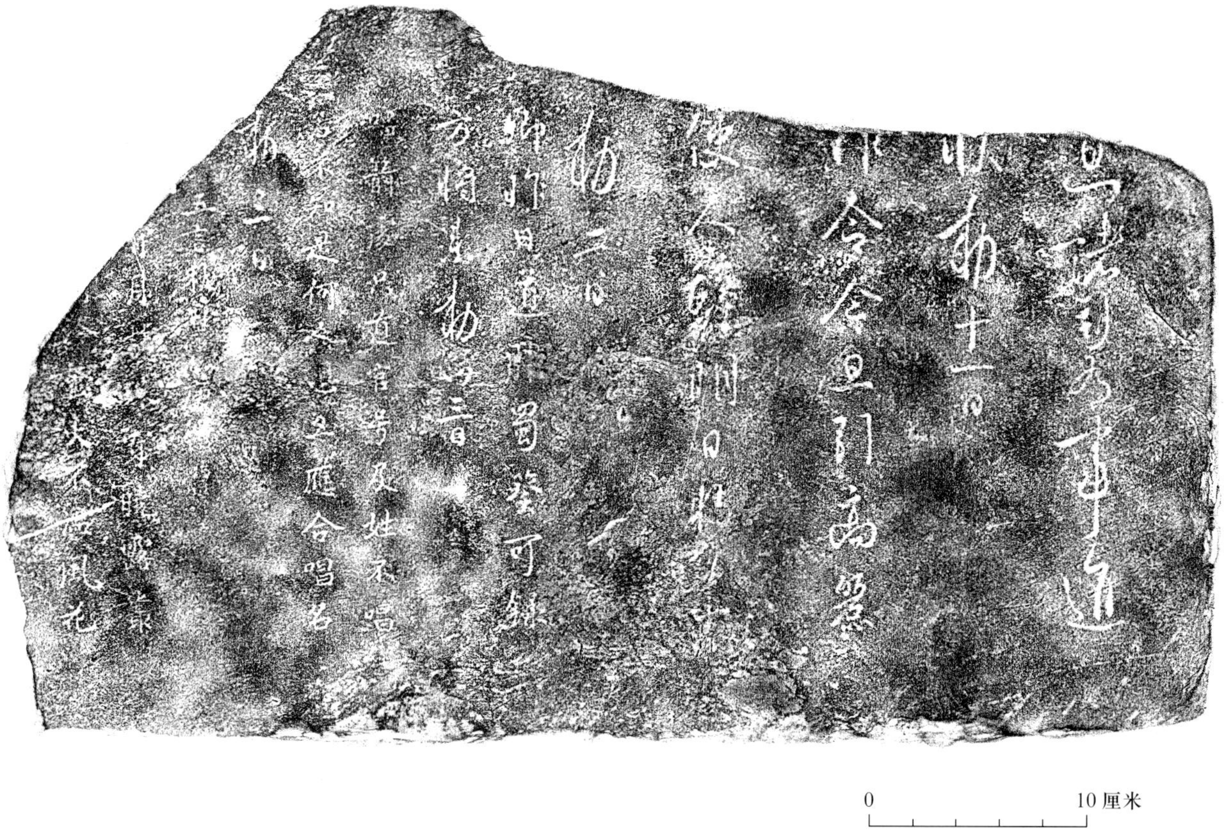

图五三 《钦定重刻淳化阁帖》铭文（H-TM10：1）

□诸司有事进
□勒十一日
□令今旦引高丽
便人□明日□□
勒二日
卿作日道服蜀葵可录
方将来勒卅三日
□箭□只道官号及姓不唱
名不知是何人□互应合唱名
勒三日
□五言□□□庚信体
□□□□□□□□晓露丛
□□□□冷□□不□风花

3．H-T0714：1　出土于淳化轩大殿东南侧回廊基址垫土中。汉白玉质。仅残存左上角，正面遗有阴刻小字楷书与大字行书共5行，自右至左每行小字楷书与行书作相同排列。上下残长21.5、宽13.5、厚11.6厘米（图五四；图版四二：2）。录文如下：

羲之　（楷书）
羲之平（行书）
羲之白（楷书）
羲之　（行书）
敬□　（楷书）

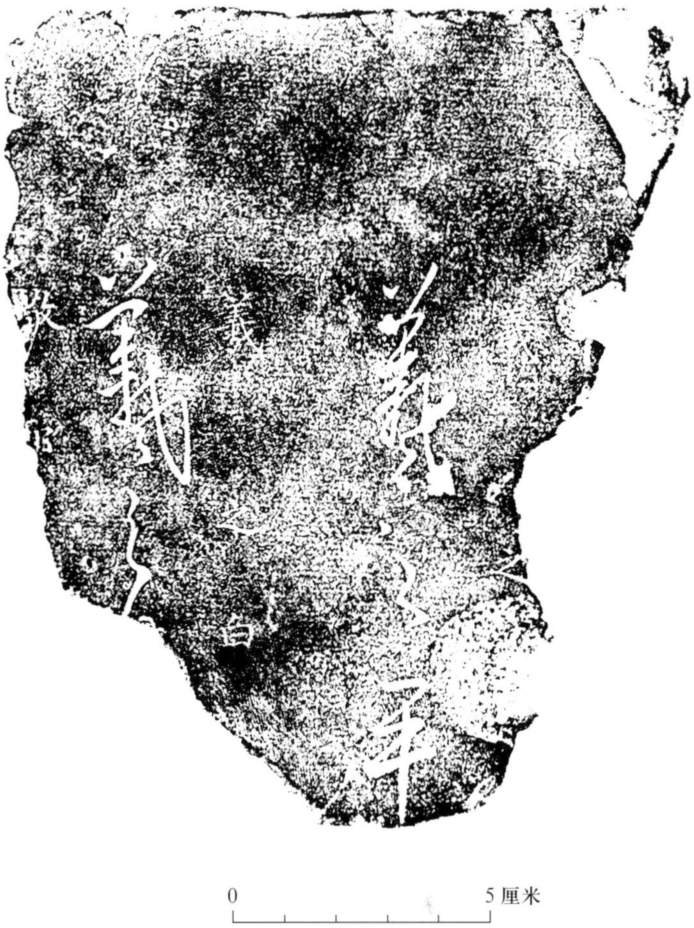

图五四　《钦定重刻淳化阁帖》铭文（H-T0714：1）

4．石菩萨雕像残件　1件。编号H-T0413：1，出土于含经堂大殿后身西北侧、淳化轩月台西南侧一组太湖石假山附近。菩萨头已残失，底座残缺一块，颈、肩部以下到须弥座基本完整。颈下带璎珞，上着披巾，下着羊肠大裙，赤足，盘座，右臂与右腿前屈，右手残失，右足下垂，左手屈指扶于左膝上。残像连须弥座通高67厘米，底座残长33、宽28.8厘米（图五五；图版四四）。

第七节　建筑构件

含经堂遗址出土的建筑构件种类和数量较多，有各种琉璃件、汉白玉、石件，以及砖雕等。

一　琉璃件

含经堂遗址共出土琉璃建筑构件276件，其中黄琉璃者90件，绿琉璃者63件，蓝琉璃者123

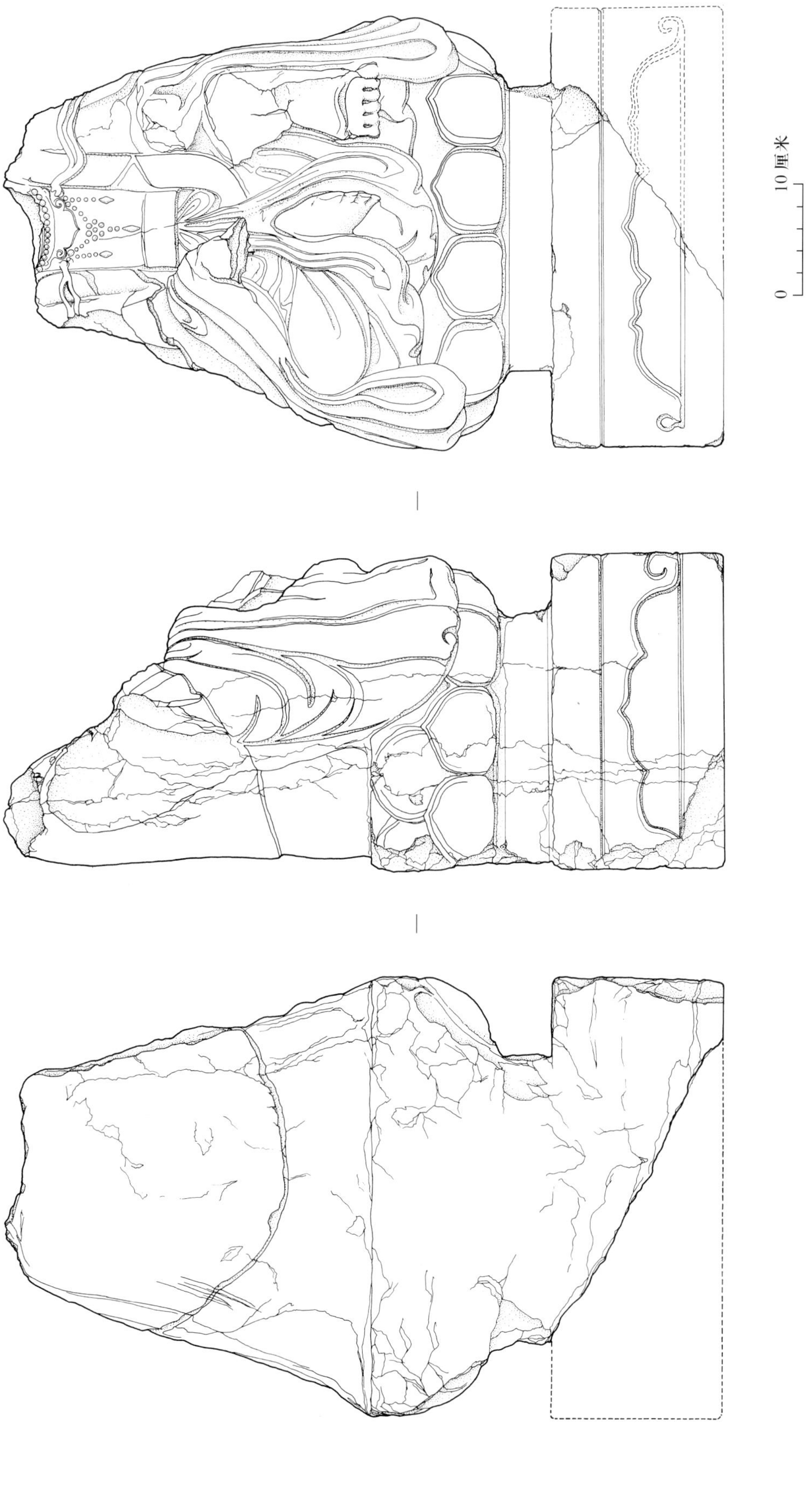

图五五 石菩萨雕像残件（H-T0413：1）

件。现择其完整或较完整者进行介绍。

(一)脊兽

1．正吻

位于正脊的两端。含经堂遗址未出土1件完整的正吻，均为一侧残件。以下5件尚能辨其纹饰，其中绿琉璃者2件，蓝琉璃者3件。

(1)H-TXBK：5 出土于含经堂遗址西北扩方内。绿色，只余卷尾部分。残长28、残高20、残宽11.7厘米（图五六；彩版二七：1）。

(2)H-T0412：2 出土于含经堂遗址西北。绿色，残半，只余一侧龙爪。残长21、宽17、厚5厘米（图五七；彩版二七：2）。

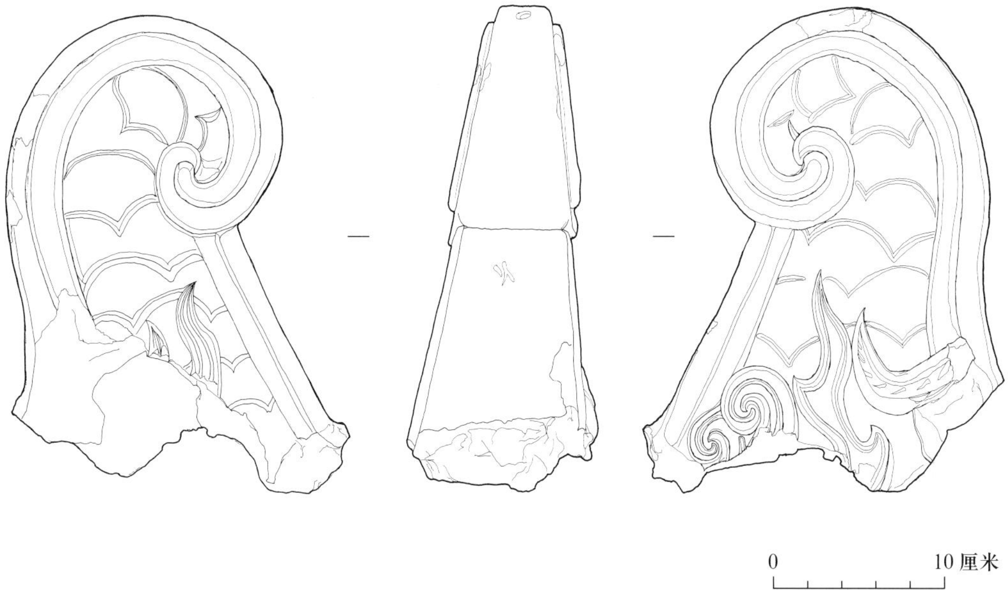

图五六 绿琉璃正吻（H-TXBK：5）

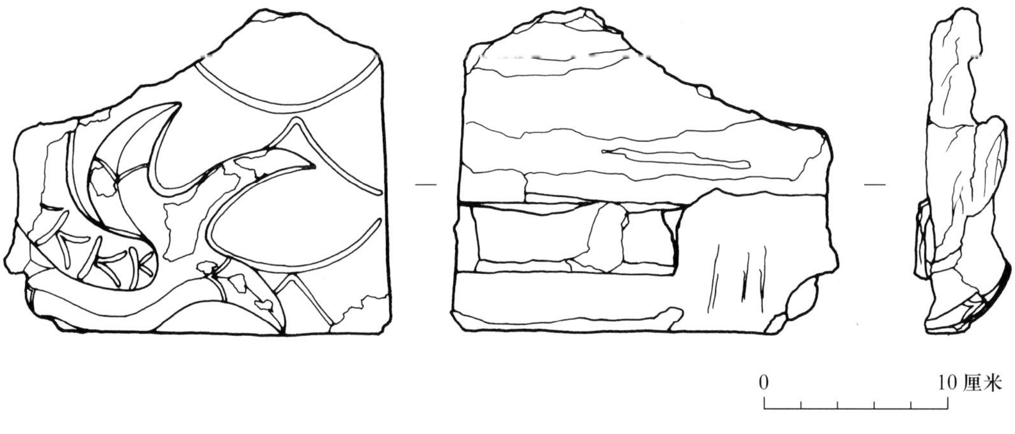

图五七 绿琉璃正吻（H-T0412：2）

(3)H-TK7：1　出土于含经堂遗址东侧。蓝色，残半，只余一侧草胡、龙腿和爪毛。残长22、残高20、残宽7.5厘米（图五八；彩版二七：3）。

(4)H-TG12：4　出土于含经堂遗址东北。蓝色，残半，只余一侧草胡、火焰、龙腿、腿轴和爪毛。残长22.2、残宽17、残厚8厘米（图五九；彩版二七：4）。

(5)H-TG12：5　出土于含经堂遗址东北。蓝色，残大半，只余一侧龙腿和爪毛。残长9.3、残宽6、厚3.9厘米（图六〇；彩版二七：5）。

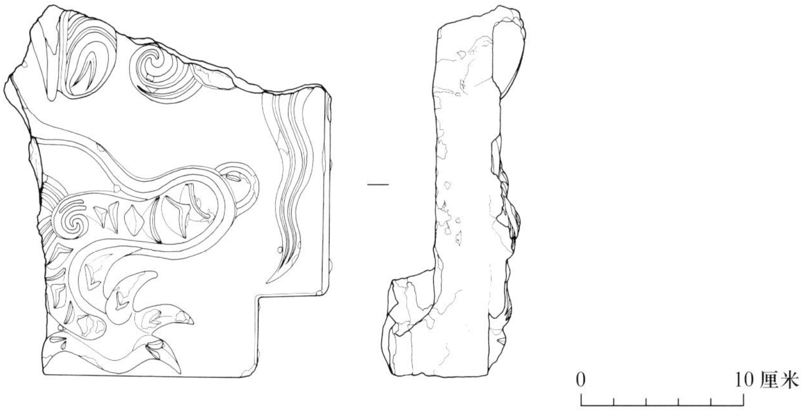

图五八　蓝琉璃正吻（H-TK7：1）

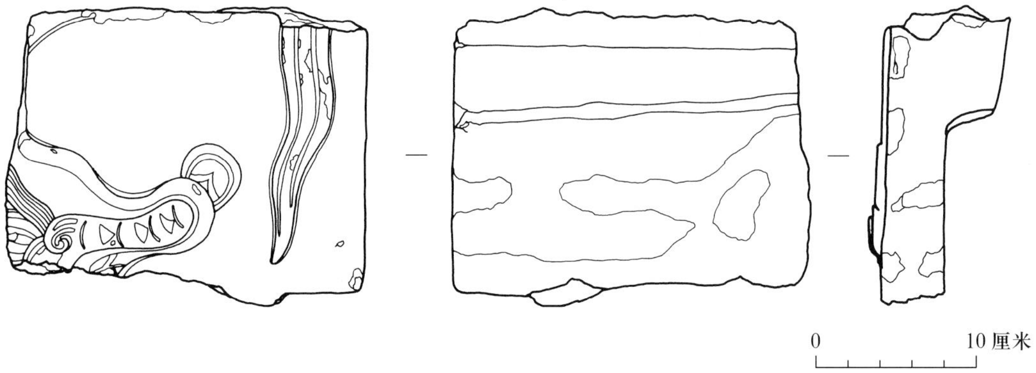

图五九　蓝琉璃正吻（H-TG12：4）

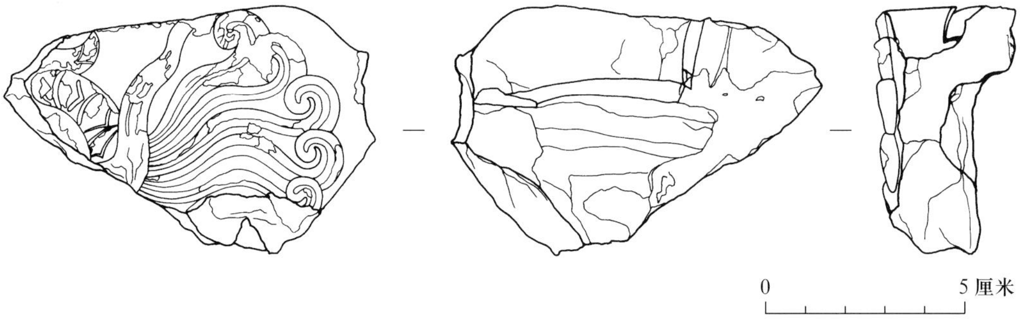

图六〇　蓝琉璃正吻（H-TG12：5）

2．垂兽

位于垂脊的前端，紧随走兽之后。含经堂遗址出土的垂兽较少，较完整者仅1件。

H-TM14：1　出土于含经堂遗址东侧。蓝色，尾部略残。残长23、残高17、宽9.2厘米（图六一；彩版二七：6）。

3．套兽

套在仔角梁套兽榫上。含经堂遗址出土较完整的套兽有6件，其中绿琉璃者5件，蓝琉璃者1件。

(1)H-T0712：2　出土于假山遗迹南部东侧。绿色，鼻及卷毛微残。通长17、宽11、高11.7厘米（图六二；彩版二八：1）。

(2)H-T0118：1　出土于静莲斋遗址西侧。绿色，头后方銎上侧和左侧残。通长17、宽11.5、高11.5厘米（彩版二八：2）。

(3)H-TM12：10　出土于东侧库房遗址。绿色，鼻、口残。残长12.5、宽11、高11厘米。

(4)H-T0420：1　出土于蕴真斋遗址西北。绿色，吻部残损。残长21.5、后部方銎长16.3、宽13.3厘米。

(5)H-T0217：1　出土于假山遗迹与静莲斋遗址之间。绿色，斜向断裂，曾过火，颜色发灰。鼻、右眼、头后方銎下沿残。通长15.5、宽10.7、高10.7厘米（彩版二八：3）。

(6)H-T0116：14　出土于假山西部。蓝色。通长23、宽10.3、高22厘米（彩版二八：4）。

4．仙人骑凤

位于走兽之前。含经堂遗址出土的仙人比较多，但头部均残。较完整者共11件，其中黄琉璃者3件，绿琉璃者6件，蓝琉璃者2件。

(1)H-T0612：2　出土于含经堂遗址东北。黄色，仙人头部残。通长28.5、残高22.5、厚10厘米（彩版二八：5）。

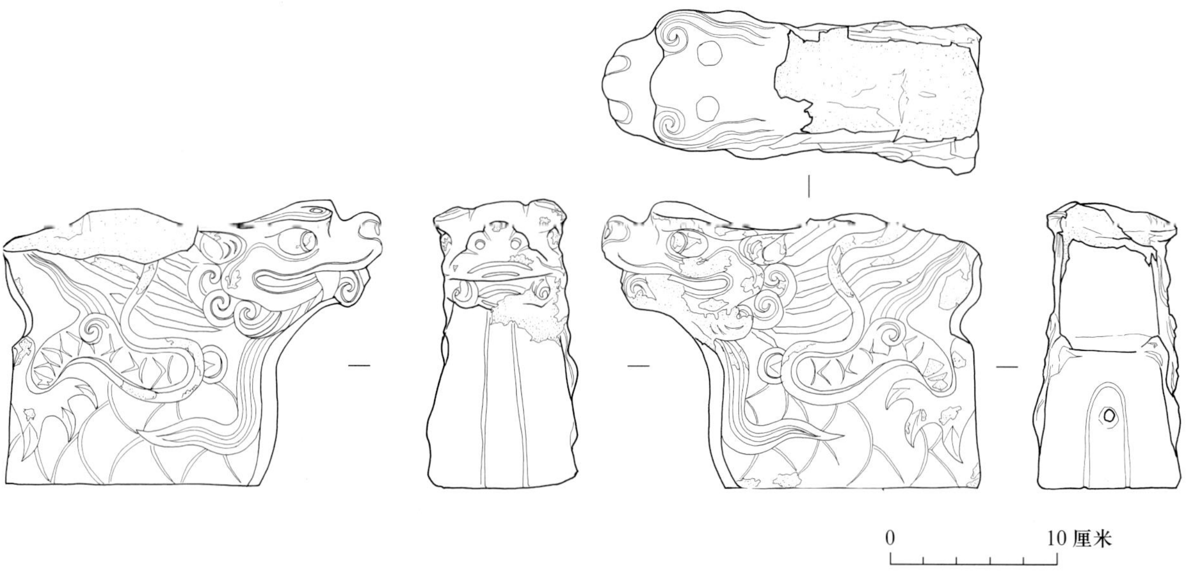

图六一　蓝琉璃垂兽（H-TM14：1）

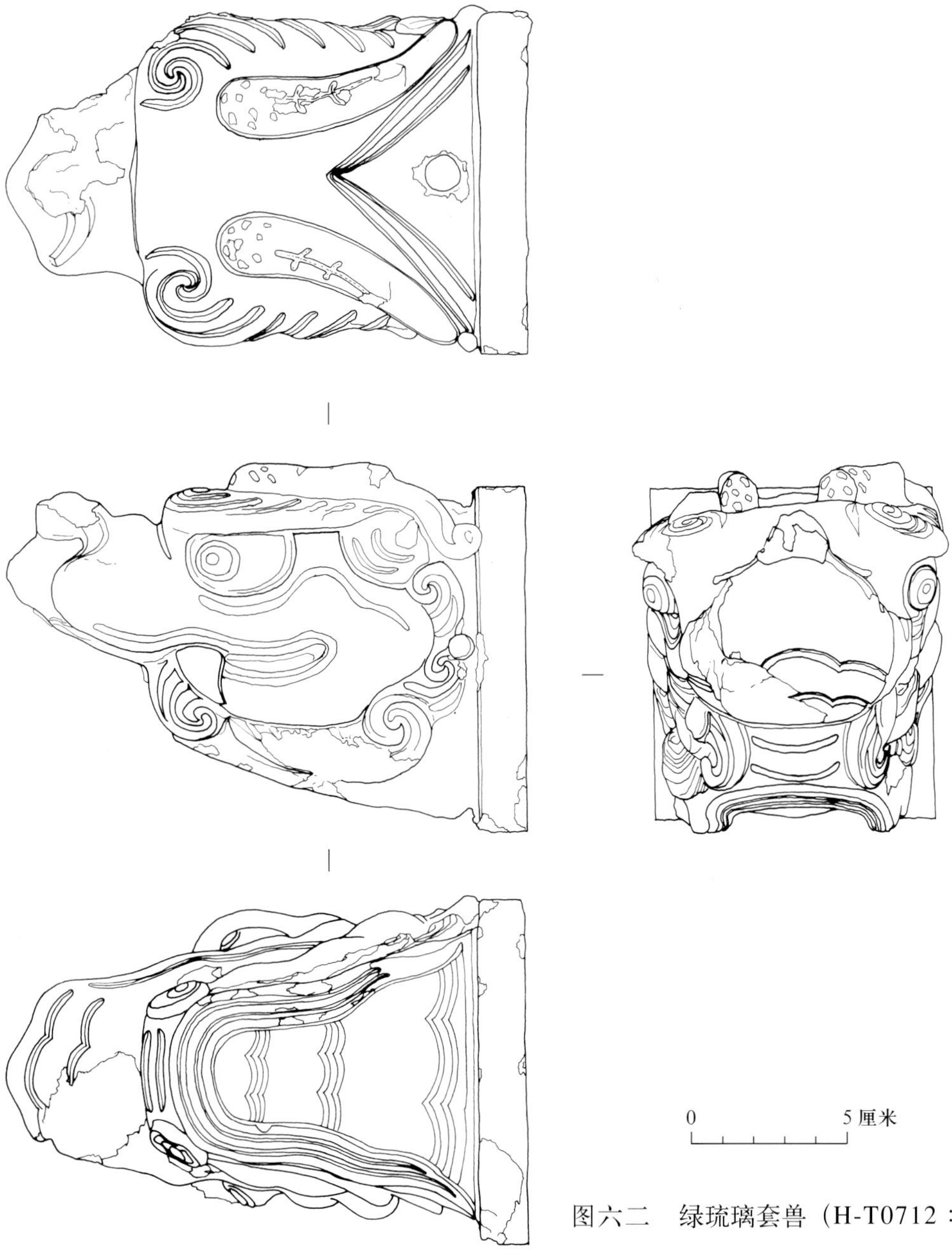

图六二　绿琉璃套兽（H-T0712：2）

(2)H-TA8：6　出土于澄波夕照遗址南部。黄色，仙人头部残。通长14、残高11.5、厚7.5厘米（彩版二八：6）。

(3)H-TM11：1　出土于含经堂遗址东侧。黄色，仙人头部残，凤头、尾均残。残高20、残长13.5、宽10厘米（彩版二九：1）。

(4)H-TXBK：3　出土于含经堂遗址西北角扩方。绿色，仙人头部残。残高19、残长23、宽8.6厘米（图六三；彩版二九：2）。

(5)H-T0612：1　出土于含经堂遗址东北。绿色，仙人头部残。通长23、残高21、厚9厘米（图六四；彩版二九：4）。

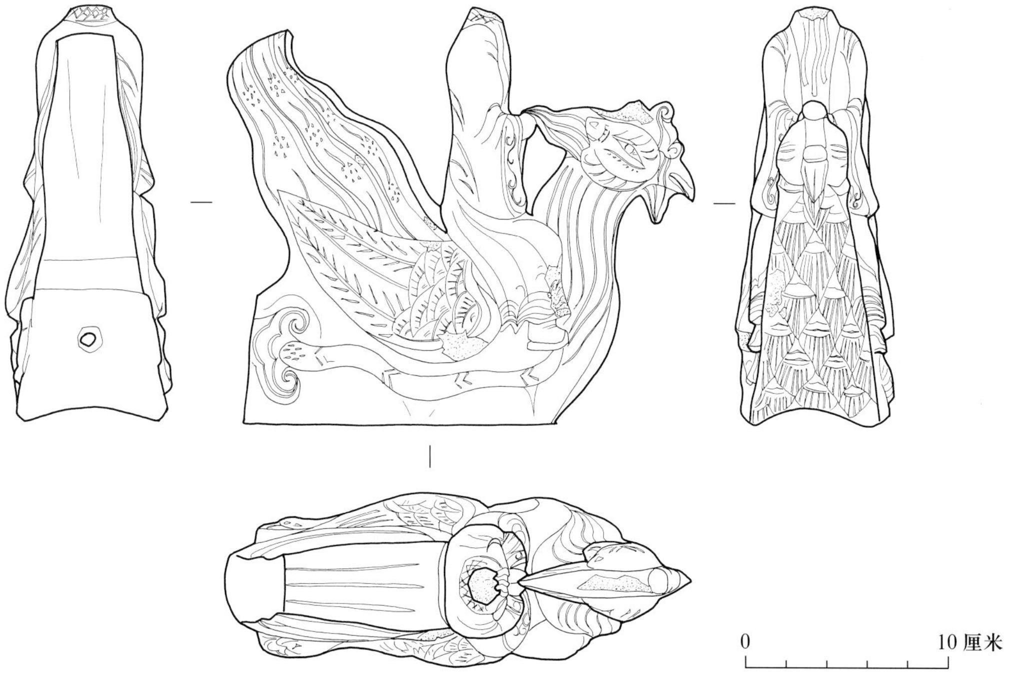

图六三 绿琉璃仙人骑凤（H-TXBK：3）

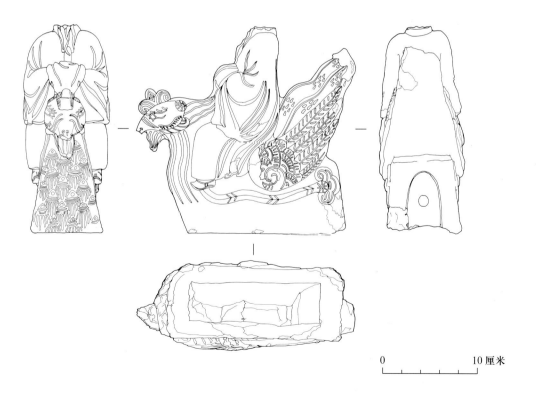

图六四 绿琉璃仙人骑凤（H-T0612：1）

(6)H-T0612：3　出土于含经堂遗址东北角。绿色，仙人头部及凤后半部残。残高22.5、残长12.1、宽9厘米（彩版二九：5）。

(7)H-TG11：1　出土于含经堂遗址东北。绿色，仙人头部残。通长19、残高18.5、宽10.5厘米（图六五；彩版二九：3）。

(8)H-TXBK：1　出土于理心楼遗址西北扩方内。绿色，仙人头部及凤胸部以前残。残长12.5、残高11、宽6厘米（图六六；彩版二九：6）。

(9)H-TD7：2　出土于宫门遗址西侧。绿色，仙人头部及凤胸部以前残。残长13、残高17.4、宽8.5厘米（图六七；彩版三〇：1）。

(10)H-TM13：3　出土于含经堂遗址北区东库房。蓝色，因过火釉色变灰暗，泛银光。仙人头部残，凤前半部及尾尖残。残高12、残长12.7、宽8.2厘米（彩版三〇：2）。

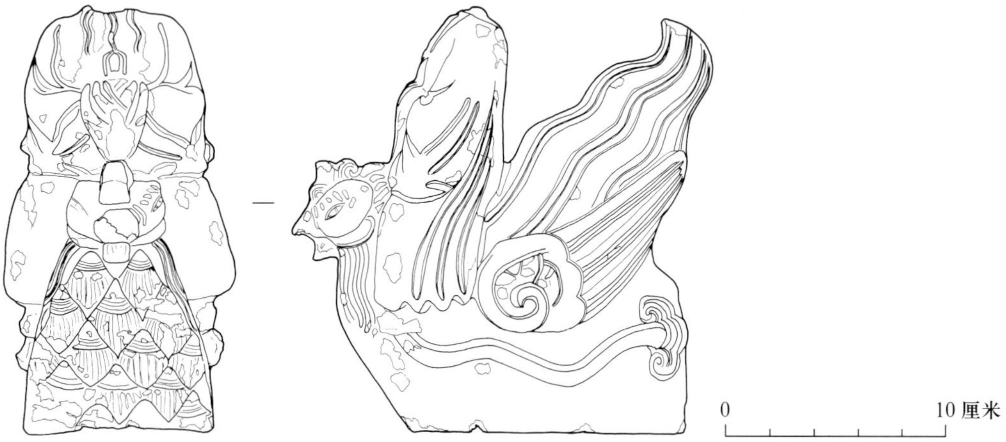

图六五　绿琉璃仙人骑凤（H-TG11：1）

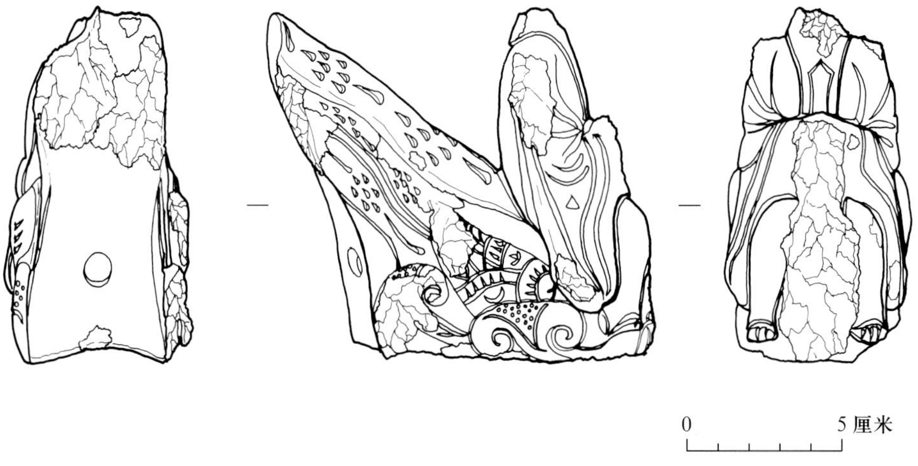

图六六　绿琉璃仙人骑凤（H-TXBK：1）

(11)H-TXBK：4　出土于含经堂遗址西北角扩方中。蓝色，因过火呈灰色。仙人上半部残，凤头部残。残高19、残长20.5、宽8.2厘米（图六八；彩版三〇：3）。

5．走兽

位于仙人和垂兽之间的角脊上。在清代，随建筑级别的不同，走兽的数量也有所增减，共10个，即：龙、凤、狮、天马、海马、狻猊、押鱼、獬豸、斗牛、行什。含经堂遗址中出土的走兽只有龙、凤、狮、天马、海马5种，其余5种未见。相对完好者共14件，有龙3件，其中绿琉璃者2件，蓝琉璃者1件；凤4件，其中黄琉璃者1件，绿琉璃者2件，蓝琉璃者1件；狮4件，均施绿釉；天马1件，施绿釉；海马2件，其一施黄釉，另一件施绿釉。

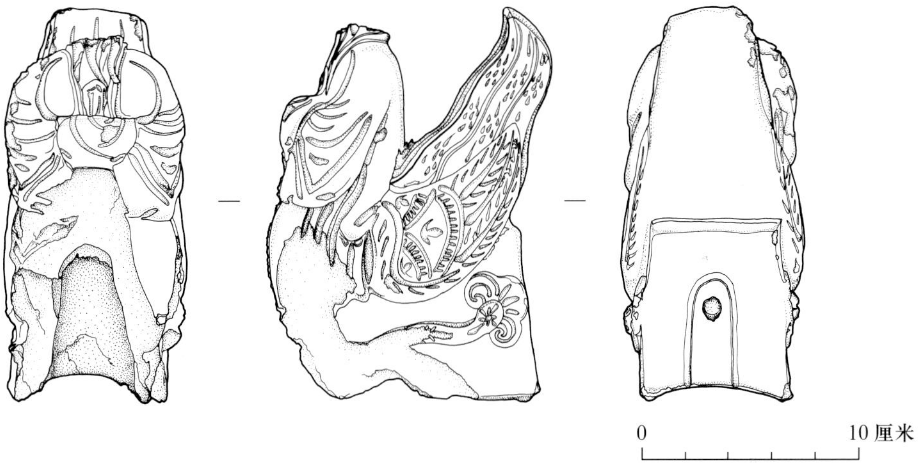

图六七　绿琉璃仙人骑凤（H-TD7：2）

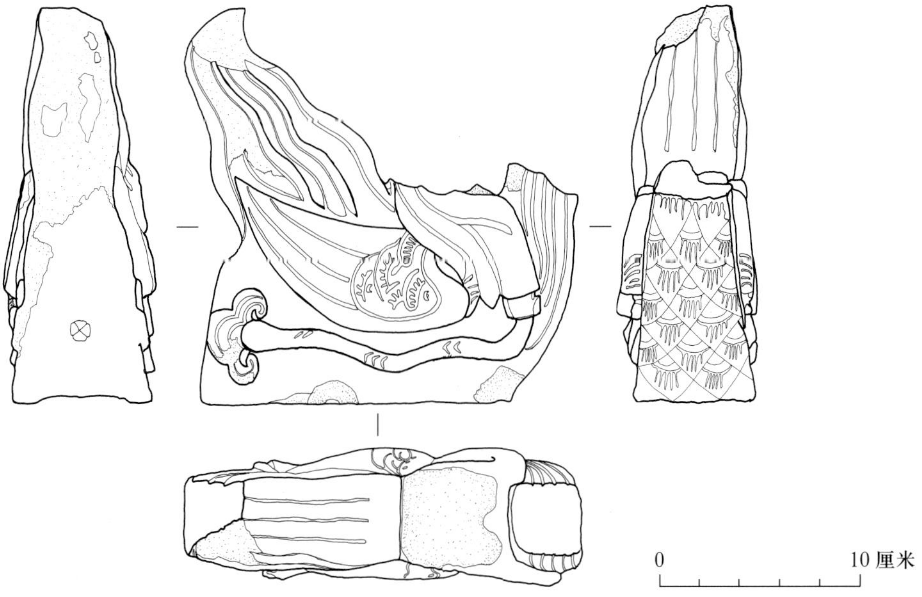

图六八　蓝琉璃仙人骑凤（H-TXBK：4）

(1)H-T0712：1　龙，出土于假山遗迹南部东侧。绿色，顶角略残。通高29、长16.5、宽13.3厘米（图六九；彩版三〇：4）。

(2)H-TK4：1　龙，出土于霞翥楼遗址南部。绿色，前肢残。残高26、残长13.9、宽6.3厘米（彩版三〇：5）。

(3)H-TM7：1　龙，出土于含经堂遗址东侧。蓝色，前后肢残。残高13.7、残长8.7、宽4.7厘米（图七〇；彩版三〇：6）。

(4)H-TM11：2　凤，出土于霞翥楼遗址东北。黄色，只余头部。残高9.8、残长11.3、残宽6.3厘米（图七一；彩版三一：1）。

(5)H-T0312：1　凤，出土于含经堂正殿遗址西北。蓝色，头顶部、爪部残。残高8.5、残长7、残宽4.4厘米（图七二；彩版三一：4）。

(6)H-T0612：4　凤，出土于含经堂正殿遗址东北。绿色，腿残。残高24、残长14、宽6.8厘米（图七三；彩版三一：2）。

(7)H-T0412：4　凤，出土于含经堂遗址西北。绿色，只余头部。长12.5、高11、宽6厘米（图七四；彩版三一：3）。

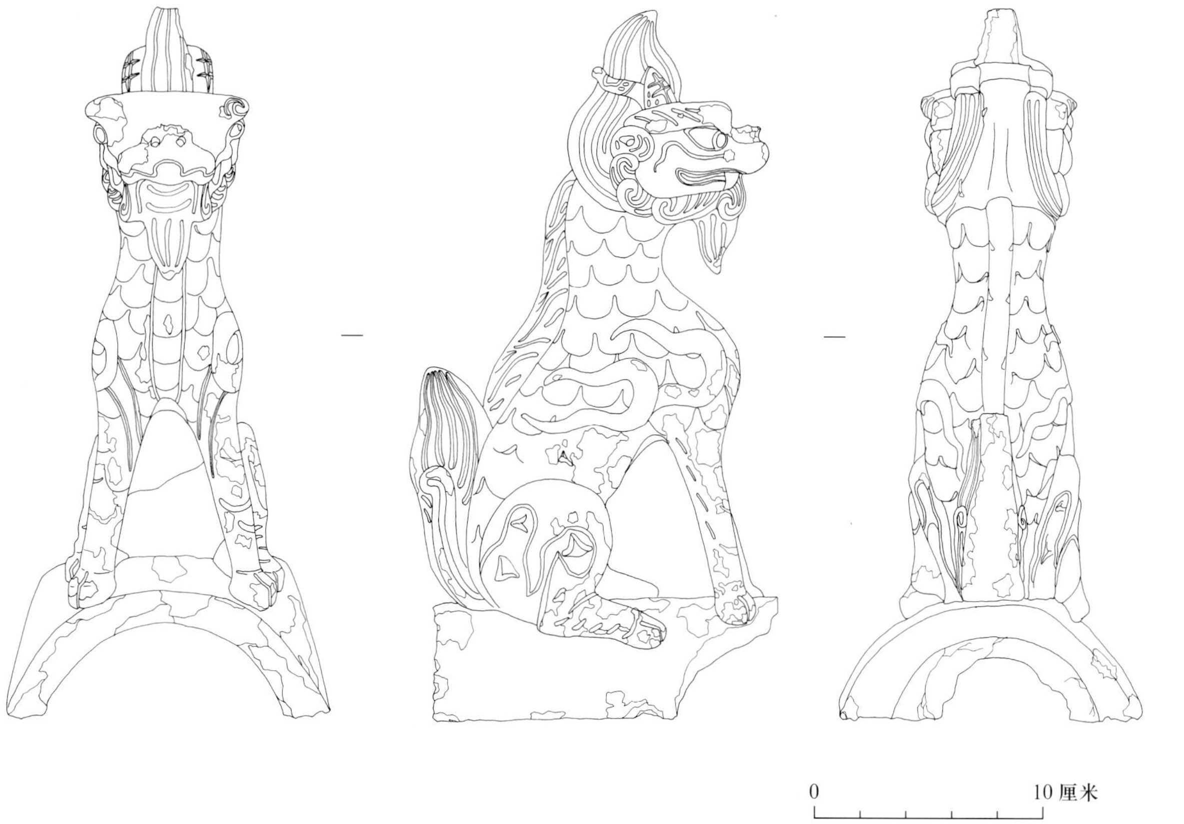

图六九　绿琉璃龙（H-T0712：1）

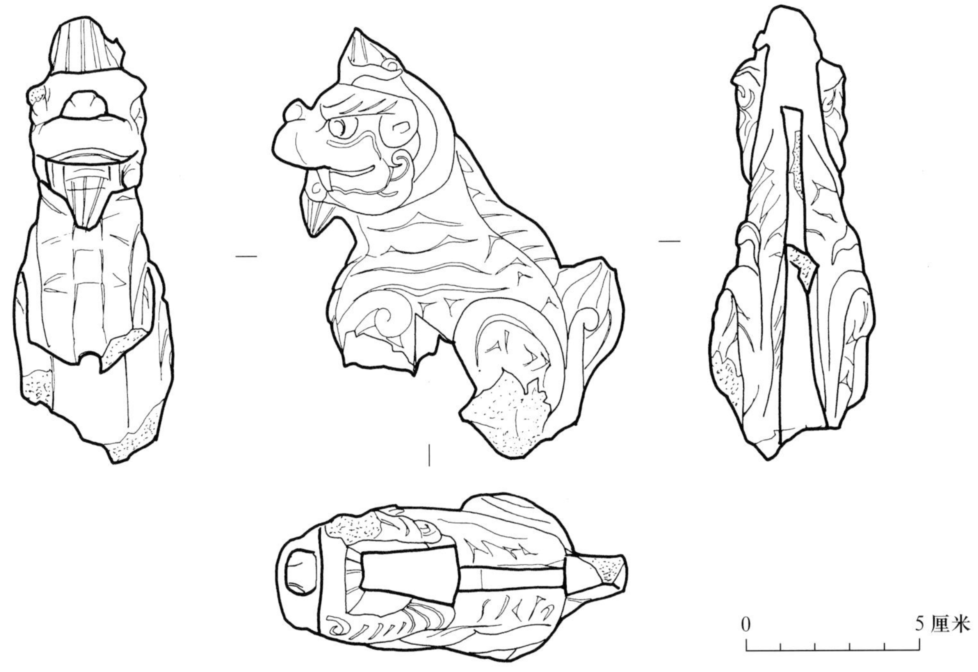

图七〇　蓝琉璃龙（H-TM7：1）

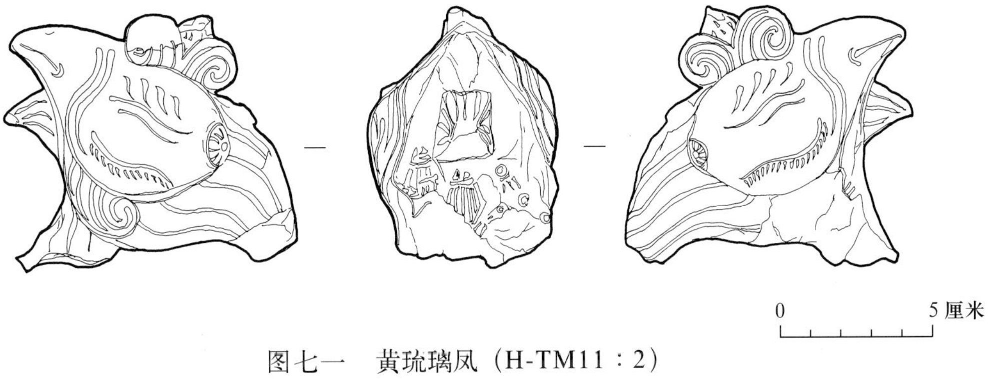

图七一　黄琉璃凤（H-TM11：2）

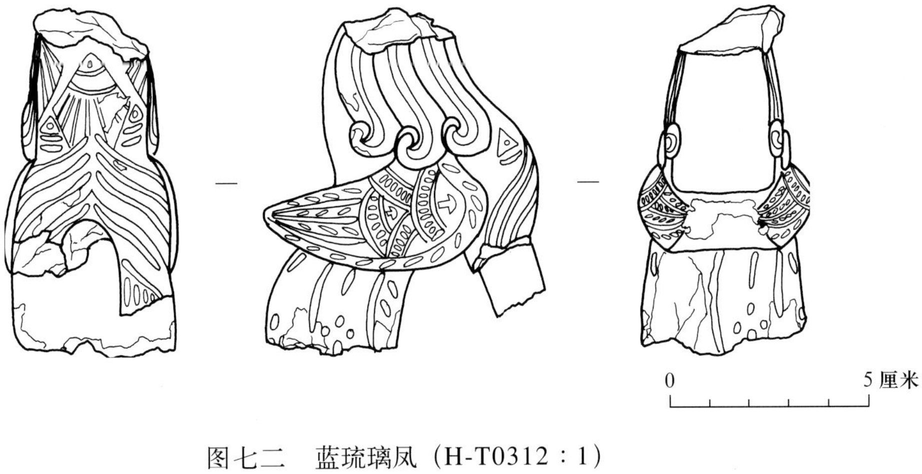

图七二　蓝琉璃凤（H-T0312：1）

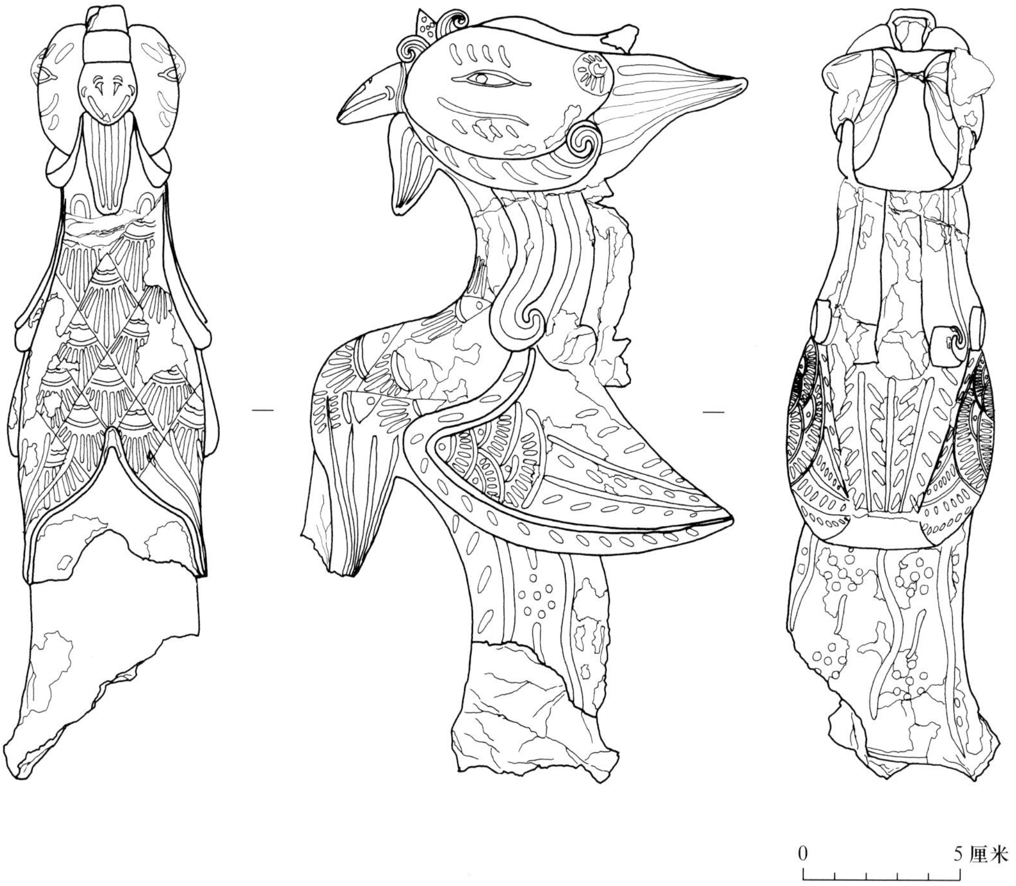

图七三 绿琉璃凤（H-T0612：4）

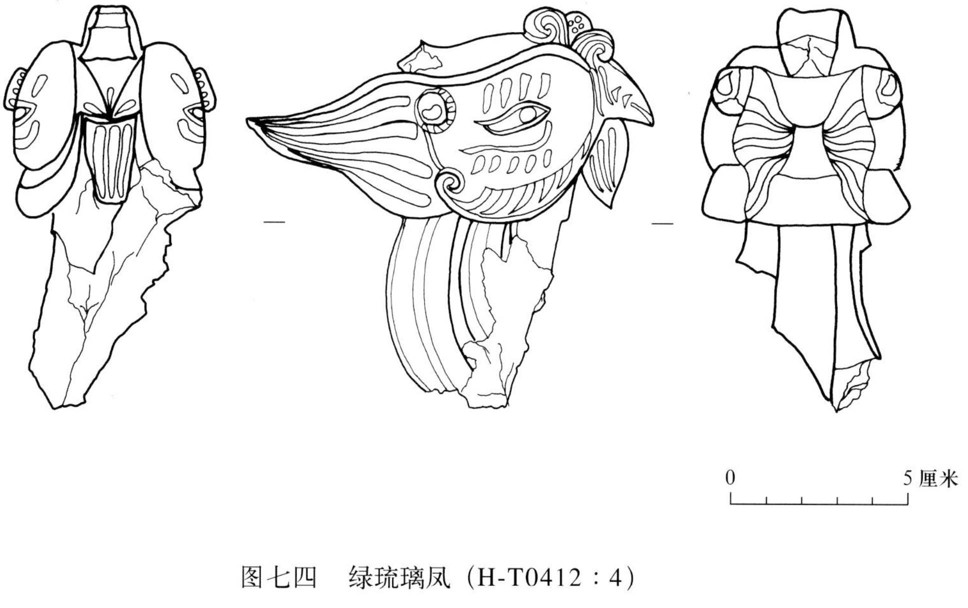

图七四 绿琉璃凤（H-T0412：4）

(8)H-T0712：3　狮，出土于含经堂遗址东北。绿色，颈下残。残高10.5、残长12、残宽5.3厘米（图七五；彩版三一：5）。

(9)H-TM18：2　狮，出土于含经堂遗址东北角库房。绿色，下半部残。残高15、残长9.5、宽6.5厘米（彩版三一：6）。

(10)H-TI9：2　狮，出土于霞翥楼遗址柱础坑内。绿色，颈下残。残高11、残长9、残宽5厘米（图七六；彩版三二：1）。

图七五　绿琉璃狮（H-T0712：3）

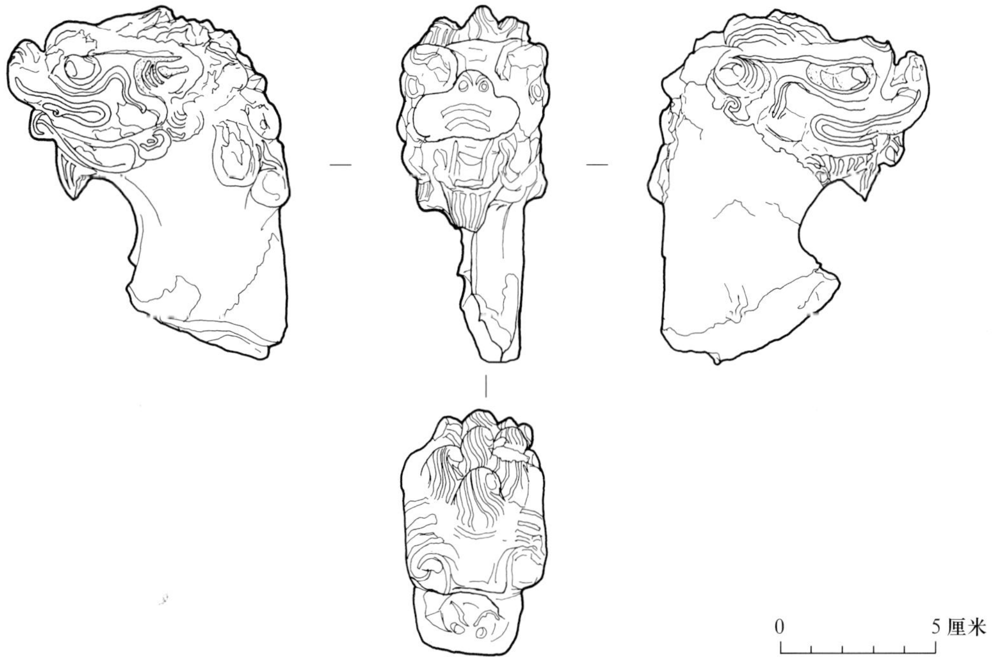

图七六　绿琉璃狮（H-TI9：2）

(11)H-TH20：1　狮，出土于东北隅库房F5基址内。绿色，颈以下残。残高10.4、残长11、宽6.5厘米（图七七；彩版三二：2）。

(12)H-T0913：1　天马，出土于霞翥楼遗址北侧。绿色，前肢残。残高26.4、残长15、宽7.4厘米（图七八；彩版三二：3）。

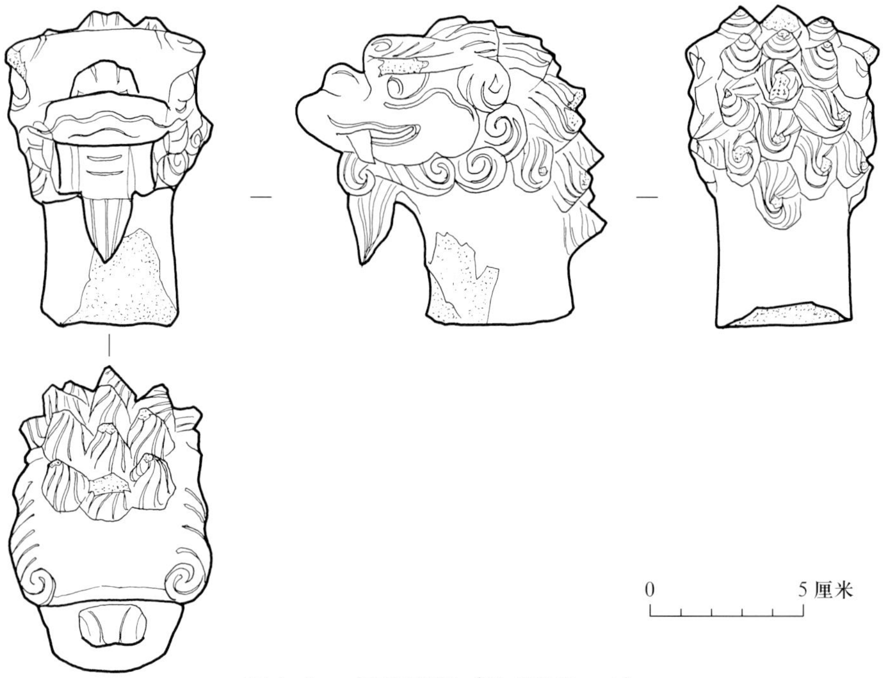

图七七　绿琉璃狮（H-TH20：1）

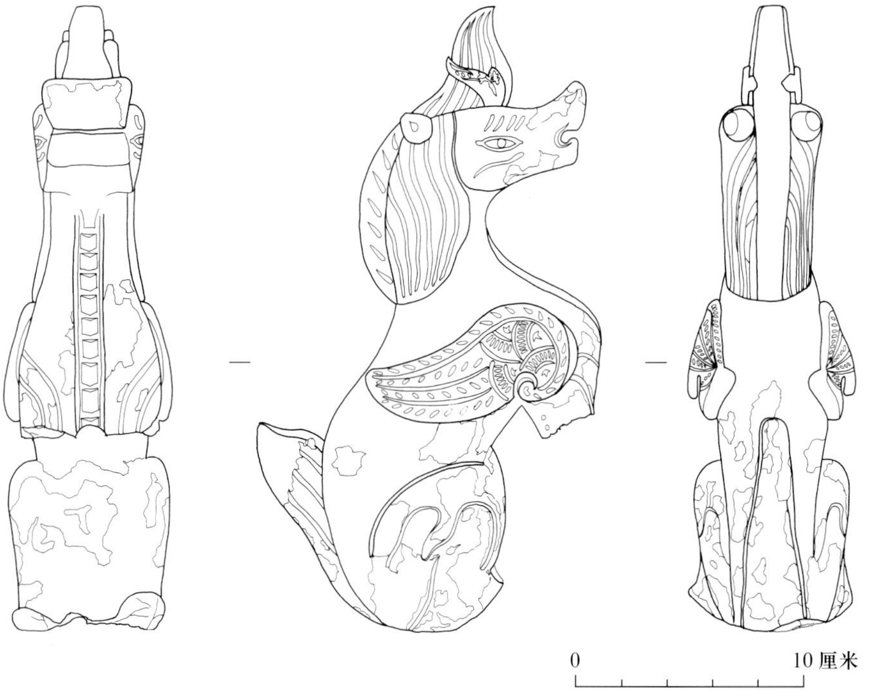

图七八　绿琉璃天马（H-T0913：1）

(13)H-TXBK：6　海马，出土于含经堂遗址西北扩方内。黄色，颈部以下残。残高 14、残宽 5.6 厘米（图七九；彩版三二：4）。

(14)H-TM18：1　海马，出土于含经堂遗址东北角库房。绿色，前肢残。残高 24.5、宽 8 厘米（图八〇；彩版三二：5）。

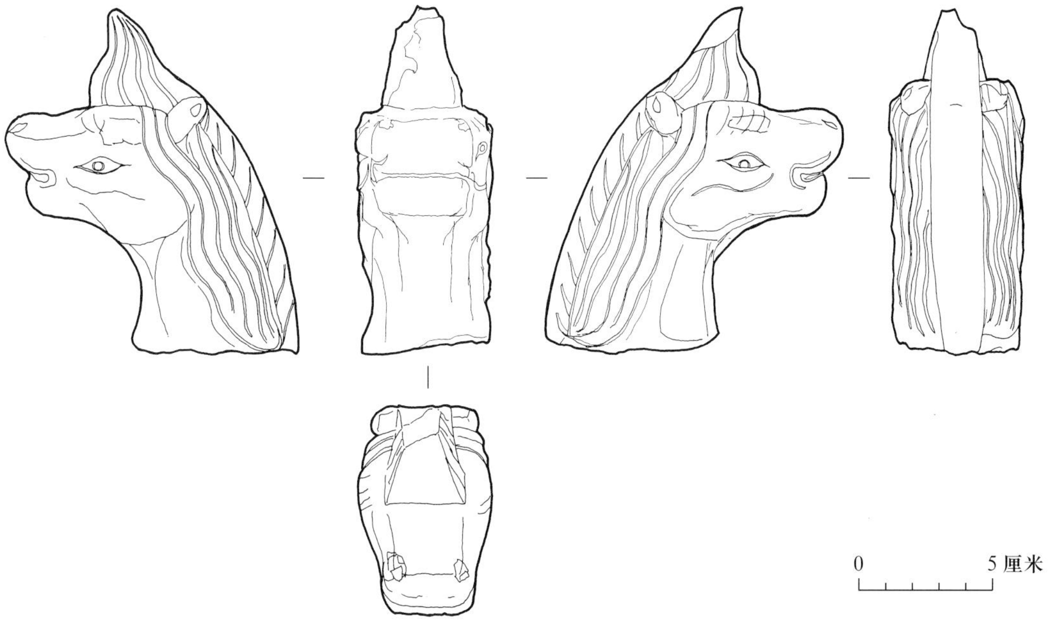

图七九　黄琉璃海马（H-TXBK：6）

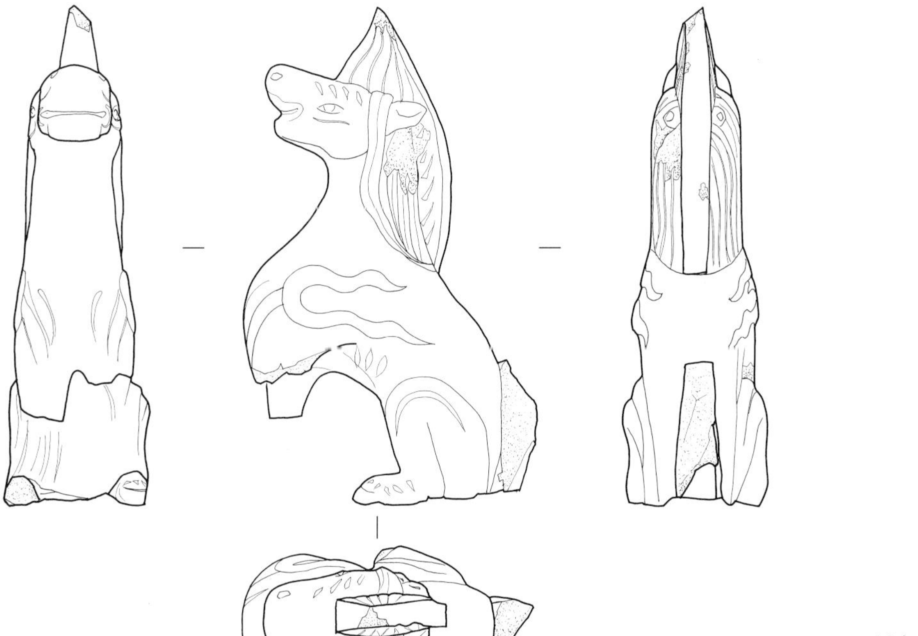

图八〇　绿琉璃海马（H-TM18：1）

(二)瓦件

含经堂遗址共出土琉璃瓦件104件，大部分有残，纹饰保存较好者有9件，其中筒瓦6件，包括黄琉璃者1件，绿琉璃者3件，蓝琉璃者2件；滴水3件，包括黄琉璃者1件，蓝琉璃者2件。

1．H-TJ11：3　瓦当，出土于霞翥楼遗址东北。黄色，龙纹，瓦筒残损，瓦当残缺一角。残长14、残宽9.4、厚1.8厘米（图八一；彩版三二：6）。

2．H-TM11：3　圆眼勾头，出土于含经堂遗址东部。绿色，完整，瓦筒绿釉片状剥落，圆眼直径1.7厘米。通长31、瓦当直径9.6、厚1.3厘米（图八二；彩版三三：1）。

3．H-T0412：3　瓦当，出土于含经堂正殿遗址西北。绿色，龙纹，瓦筒残。残长4.2、瓦当直径12、厚1.4厘米（图八三；彩版三三：2）。

4．H-TI9：1　瓦当，出土于霞翥楼遗址南部。绿色，龙纹，瓦筒残。瓦当直径10、厚1.4厘米（图八四；彩版三三：3）。

5．H-TB4：2　瓦当，出土于广场西侧。蓝色，瓦筒残。瓦当直径7.7、厚1.4厘米（图八五；彩版三三：4）。

6．H-TB9：1　瓦当，出土于梵香楼遗址南部。蓝色，瓦筒残。残长7、瓦当直径6.8、厚1.1厘米（图八六；彩版三三：5）。

7．H-TJ11：4　滴水，出土于买卖街遗址。黄色，只余头部。残长14、残宽10.2、厚1.8厘米（图八七；彩版三三：6）。

8．H-TB9：2　滴水，出土于梵香楼遗址南部。蓝色，残。残长6.1厘米。头部完整，面宽13.6、高7.1、厚1.1厘米（图八八；彩版三四：1）。

9．H-TB4：1　滴水，出土于广场西侧。蓝色，只余残损的头部。头部面宽9.2、残高5.9、厚1.1厘米（图八九；彩版三四：2）。

(三)其他

含经堂遗址还出土一些琉璃建筑构件，有些类别数量较少，有些因残损严重而无法确切了解其整体面貌，现择16件有代表性者进行介绍。

1．博通脊　编号H-TXBK：8，出土于含经堂遗址西北扩方内。绿色，残。残长41、宽13.5、厚14.5厘米（彩版三四：3）。

2．三连砖　编号H-T1018：1，出土于买卖街遗址。蓝色，完整。通高7、通长34.2、宽14.5厘米（图九〇；彩版三四：4）。

3．仙人底座　编号H-TA8：2，出土于梵香楼遗址西北角。绿色，残，底面线刻“梵香楼”3字。正面饰草弯。残长18、宽22、厚8.8厘米（彩版三四：5）。

4．兽座　编号H-T0217：2，出土于假山遗迹北侧。蓝色，两侧饰草弯，完整。通高5.5、通长18.7、宽13.5厘米（图九一；彩版三五：1）。

5．撺头　编号H-T0218：2，出土于静莲斋遗址。绿色，完整。通高7.5、通长31.4、宽14.4厘米。

6．三色琉璃砖　编号H-T1014：3，出土于买卖街遗址。施黄、绿、黑三色釉，以黄色为主，绿色点缀植物，黑色点缀龙须和龙尾，断裂。背面有插槽和穿孔。通长36、高16.2、通宽16.4厘米（图九二；彩版三五：2）。

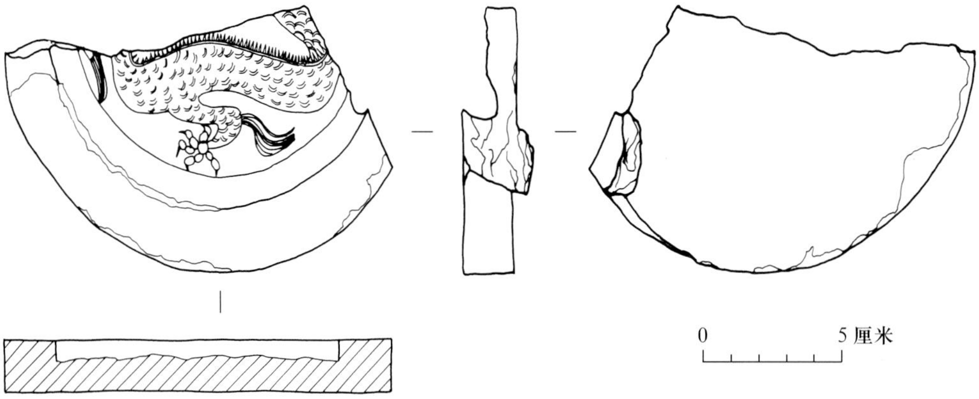

图八一　黄琉璃瓦当（H-TJ11：3）

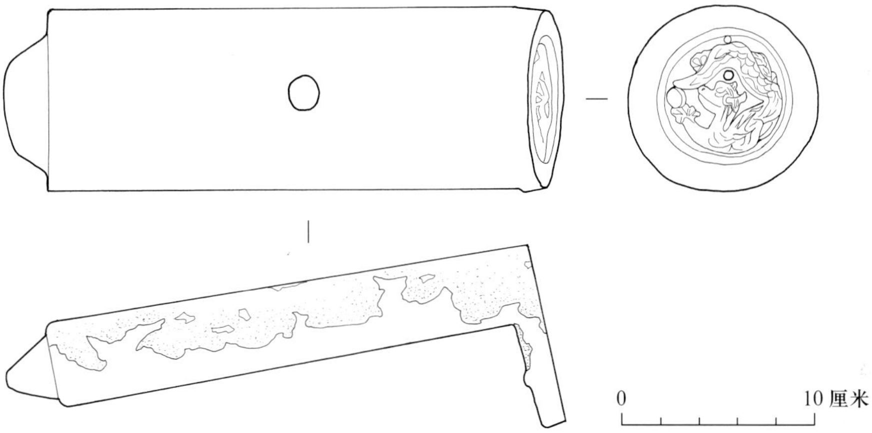

图八二　绿琉璃圆眼勾头（H-TM11：3）

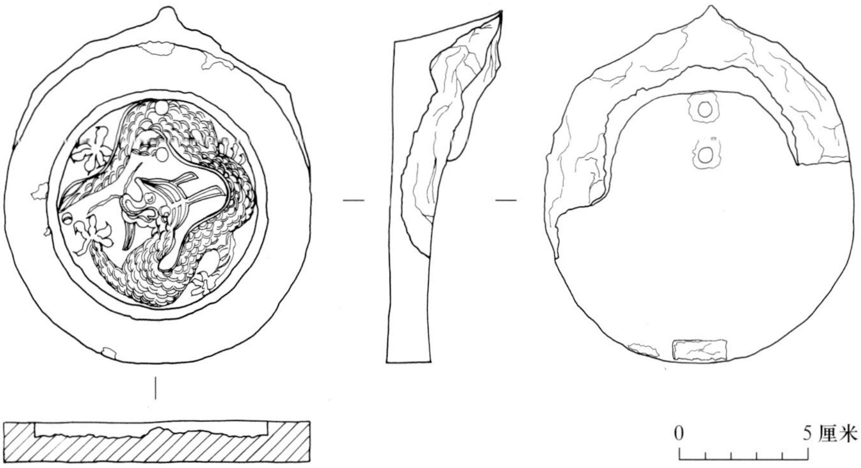

图八三　绿琉璃瓦当（H-T0412：3）

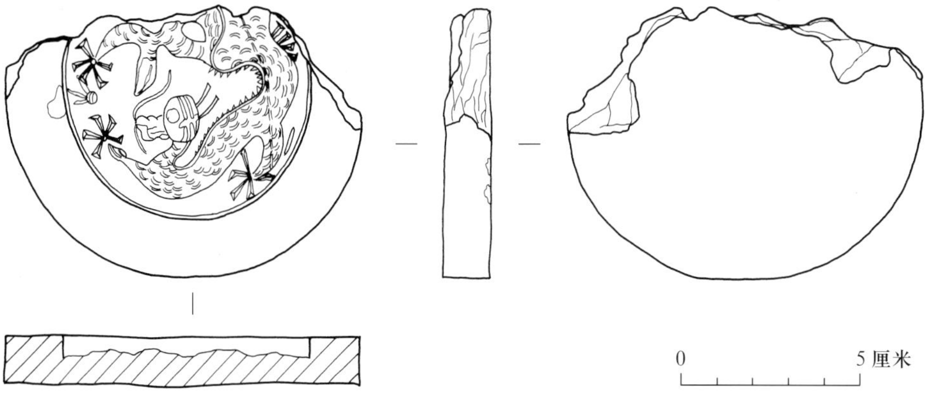

图八四　绿琉璃瓦当（H-TI9：1）

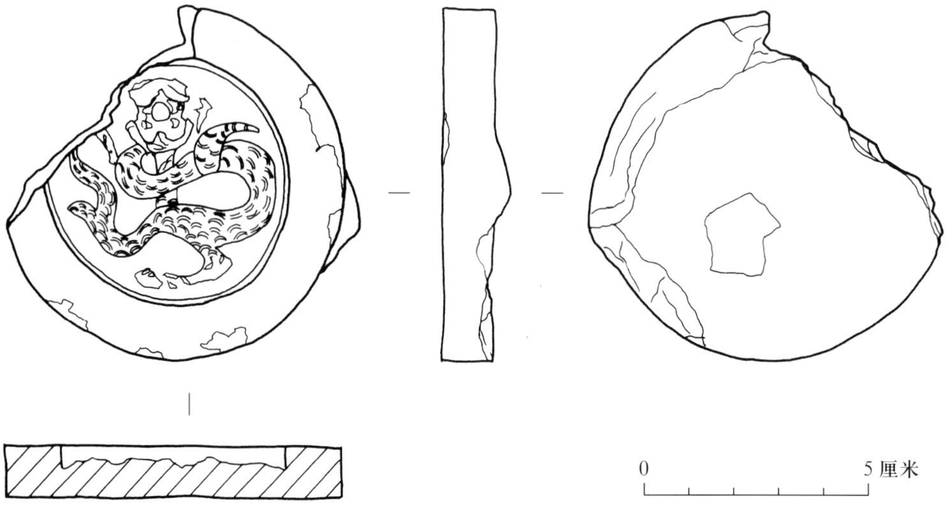

图八五　蓝琉璃瓦当（H-TB4：2）

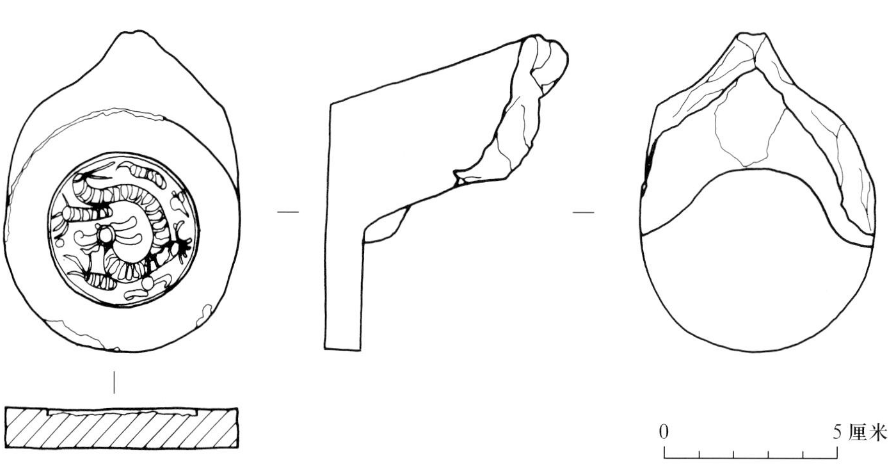

图八六　蓝琉璃瓦当（H-TB9：1）

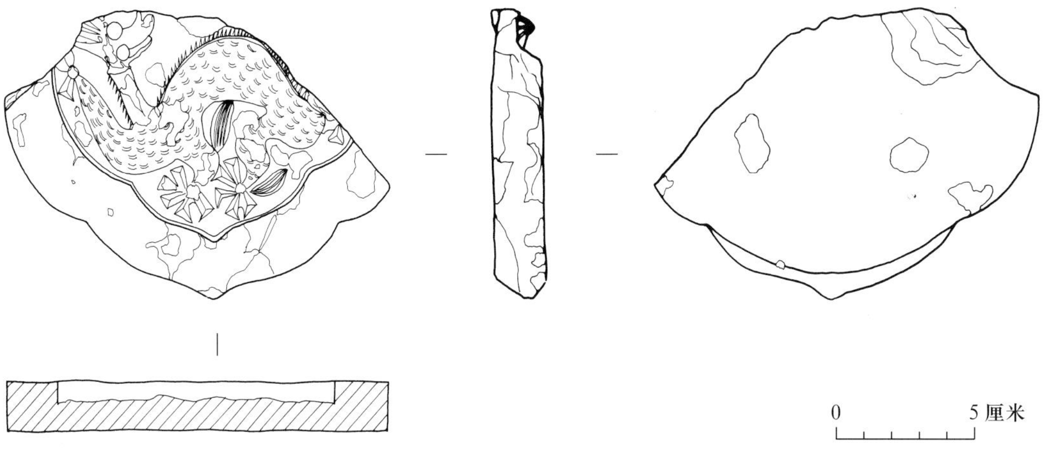

图八七 黄琉璃滴水（H-TJ11：4）

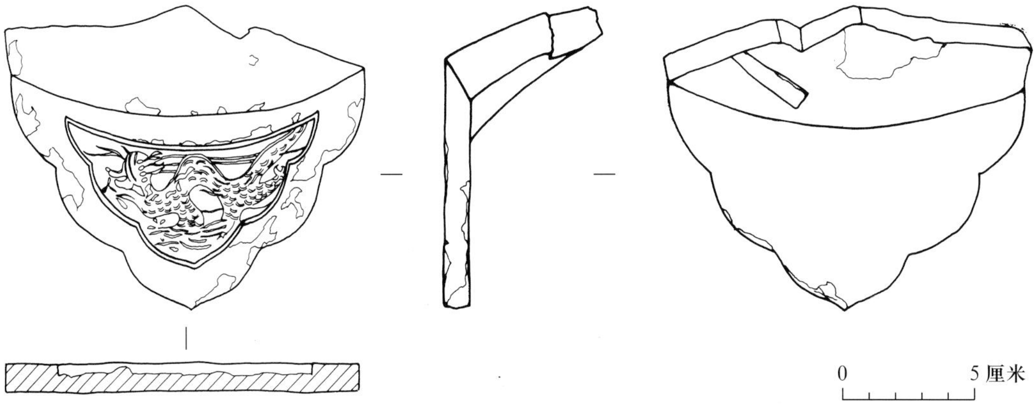

图八八 蓝琉璃滴水（H-TB9：2）

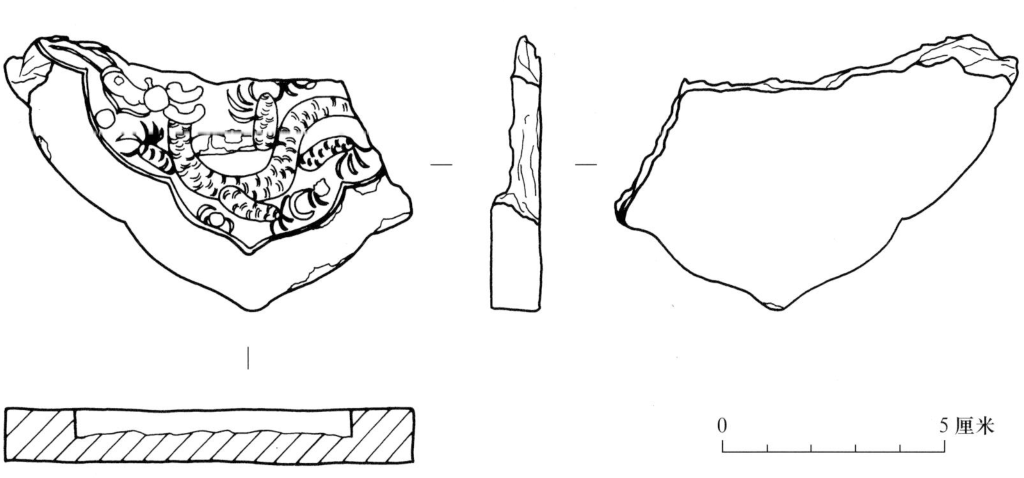

图八九 蓝琉璃滴水（H-TB4：1）

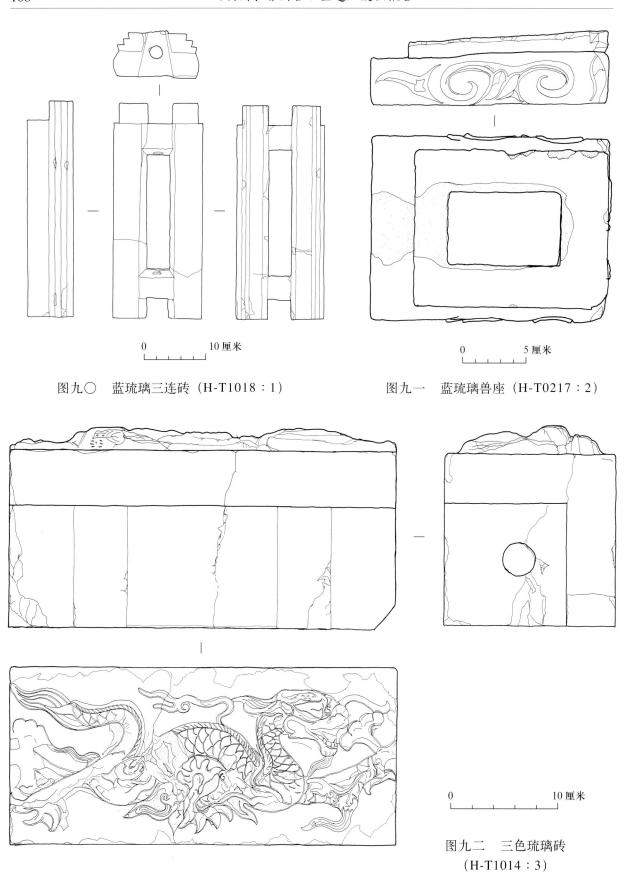

图九〇　蓝琉璃三连砖（H-T1018：1）

图九一　蓝琉璃兽座（H-T0217：2）

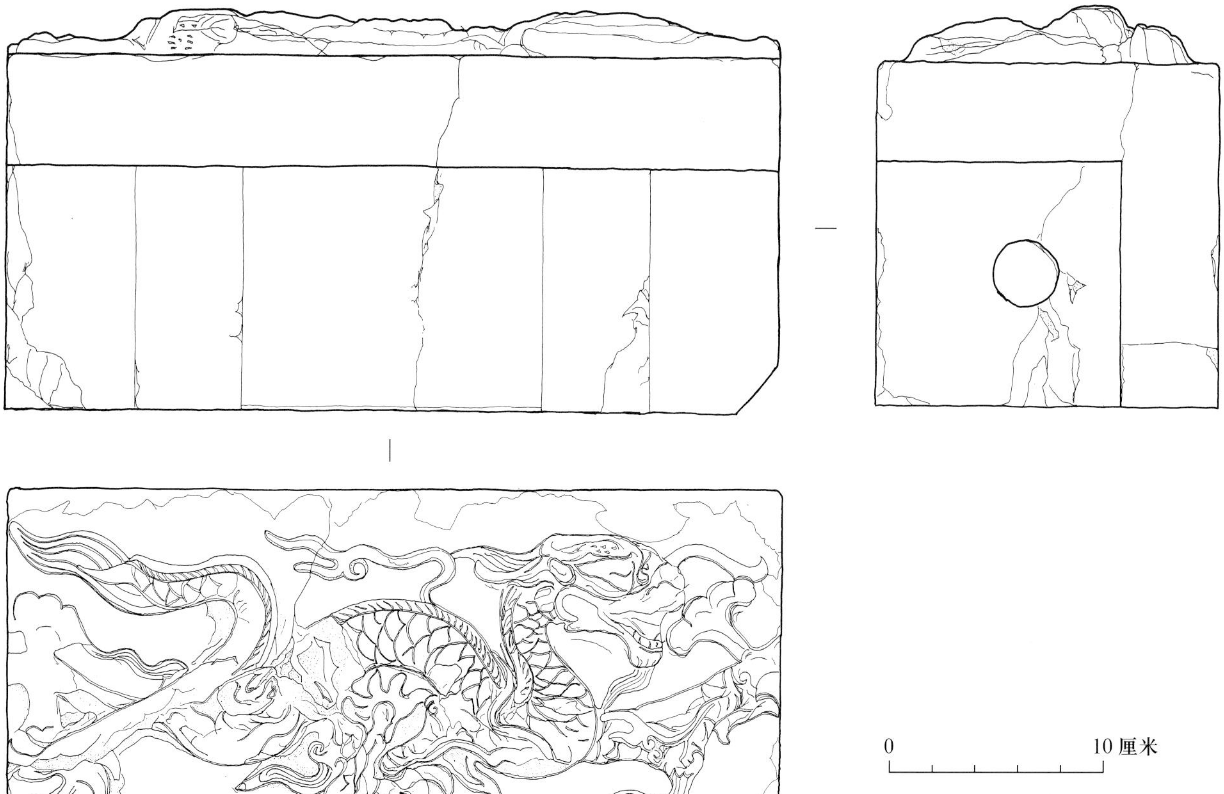

图九二　三色琉璃砖（H-T1014：3）

7．琉璃花砖　编号H-T1014：4，出土于北部买卖街遗址。蓝色，浮雕宝相花。因过火釉面剥落，釉下呈黑灰色。一侧略残。通长21.6、通宽24.5、厚7.6厘米（图九三；图版四五：1）。

8．挂檐板　编号H-TA9K：1，出土于梵香楼遗址西侧。施双色釉，绿底黄色如意纹，残。残长39.5、残宽30、厚4.8厘米（图九四；彩版三五：3）。

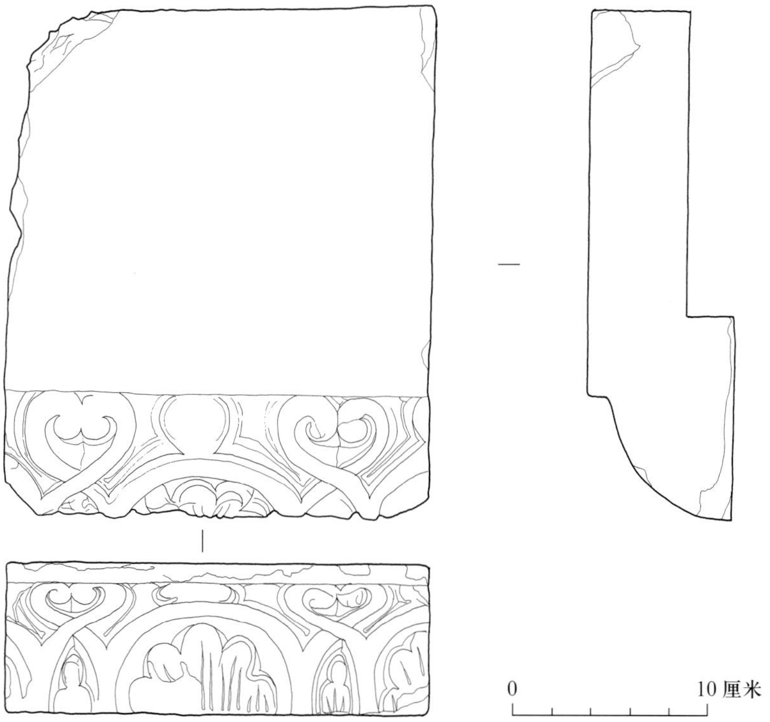

图九三　蓝琉璃花砖（H-T1014：4）

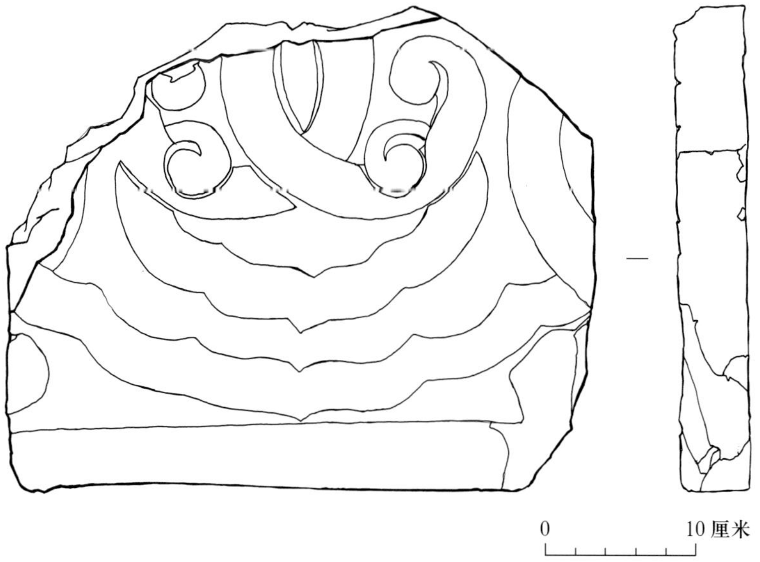

图九四　双色琉璃挂檐板（H-TA9K：1）

9．挂檐板 编号H-TA9K：2，出土于梵香楼遗址西侧。施双色釉，绿底黄色如意纹，残。残长23、残宽24.7、厚4.8厘米。

10．琉璃构件 编号H-TJ11：2，出土于买卖街遗址。残，黄色，饰莲花。残长17.8、残高8.1、厚6.7厘米（图九五；彩版三六：2）。

11．琉璃构件 编号H-TD7：1，出土于宫门遗址西侧。残，黄色，饰草弯。残长13.6、宽6.5、厚6.3厘米（图九六；彩版三六：1）。

图九五 黄琉璃构件（H-TJ11：2）

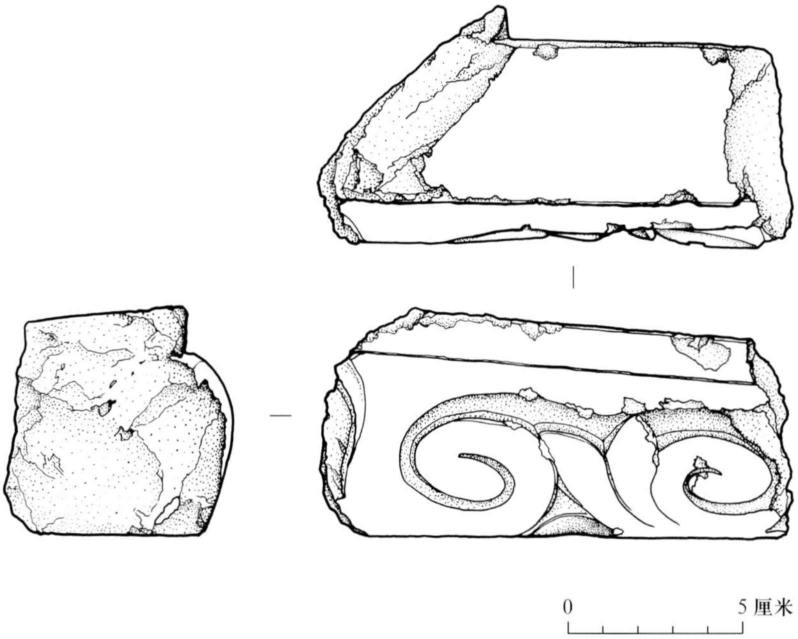

图九六 黄琉璃构件（H-TD7：1）

12．琉璃构件　编号H-TE2：1，出土于南牌楼基址。残，蓝色，底有阴刻“正楼青”3字。残长11.5、残高6厘米（彩版三六：3）。

13．望柱头　编号H-TM13：4，出土于含经堂遗址东北。施双色釉，黄琉璃底，绿琉璃如意纹，顶部收分，一侧残。残高11.5、边长9.5厘米（图九七；彩版三五：4）。

14．转角琉璃构件　编号H-TJ11：1，出土于买卖街。残，施双色釉，作菱形分割，菱形格内有圆形，圆为绿色，其余为黄色。残长19、残高14.5、厚18.6厘米（图九八；彩版三六：4）。

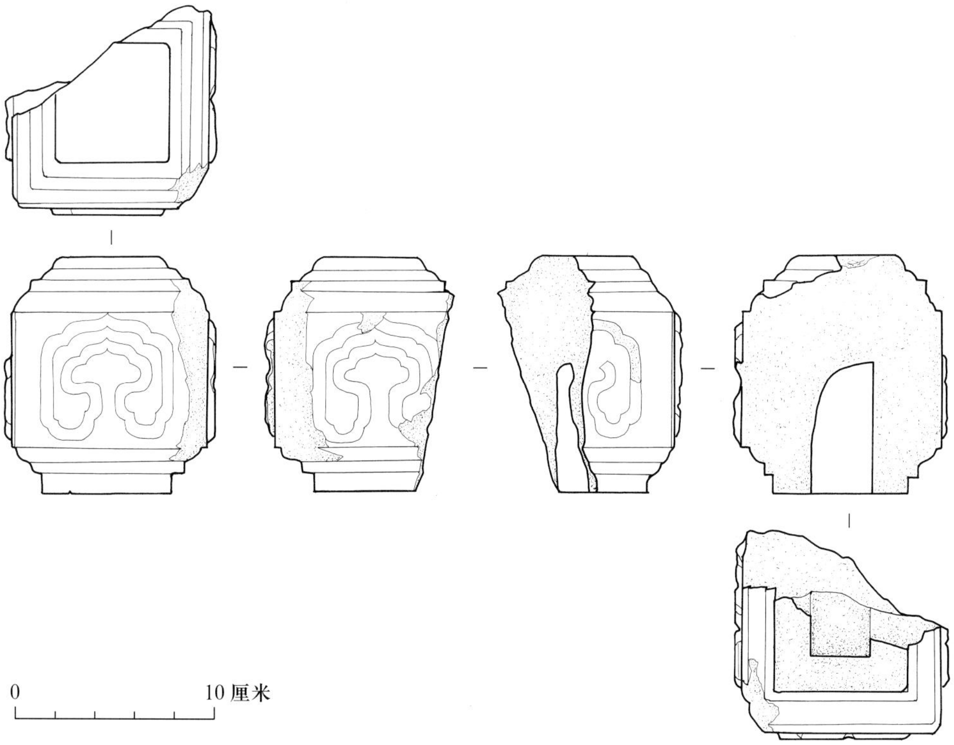

图九七　双色琉璃望柱头（H-TM13：4）

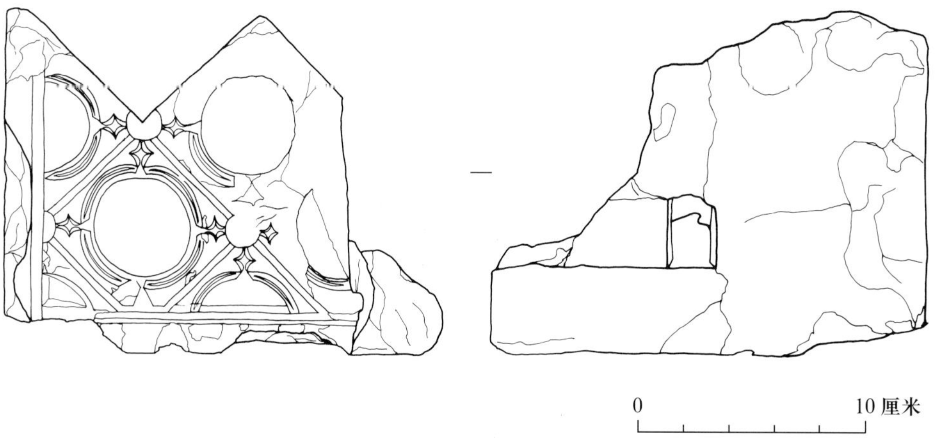

图九八　双色转角琉璃构件（H-TJ11：1）

15．博脊连砖　编号H-TK12：1，出土于买卖街中部。绿色，完整。通长30.1、宽15、厚7.8厘米（图九九；彩版三六：5）。

16．博脊连砖　编号H-TK12：2，出土于买卖街中部。绿色，完整。通长32.2、宽16、厚6.6厘米（图一〇〇；彩版三六：6）。

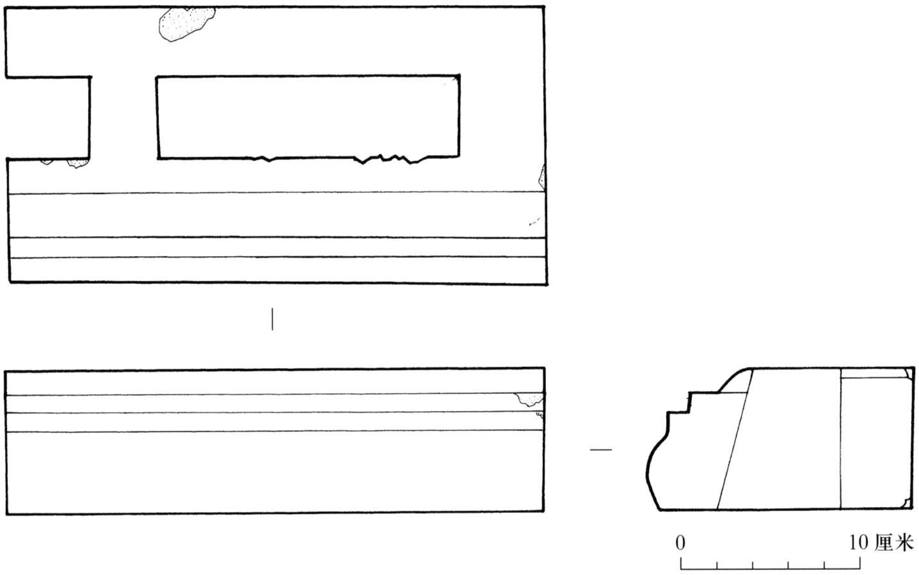

图九九　绿琉璃博脊连砖（H-TK12：1）

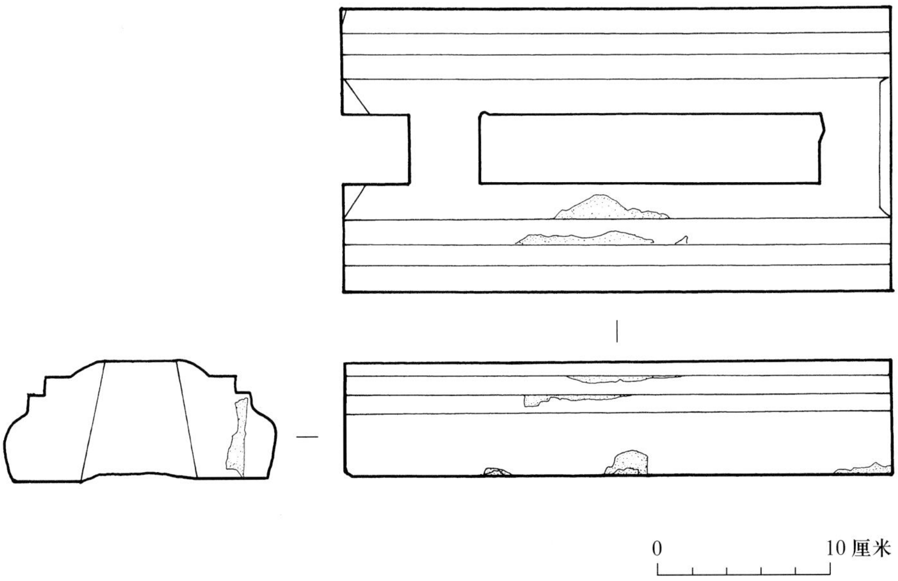

图一〇〇　绿琉璃博脊连砖（H-TK12：2）

二 汉白玉件

7件，有望柱、寻杖、栏板、柱础、莲花座、桌面等。

1．望柱 2件，完整。标本编号分别为H-T0317：6、H-T0317：7，均出于静莲斋西南、假山西侧。形制基本相同，长腰鼓形，侧面上下有2个圆形榫窝，以便安插两道木寻杖。柱上缘和下缘均饰一周连珠纹。这种望柱轻巧玲珑，一般用于水池边和山石上。此望柱应是三友轩假山上方亭子的遗物之一。高分别为53和57厘米，腹部最大直径分别为12和13厘米，顶径分别为9厘米和9.5厘米，榫窝直径5、深2.4厘米（图一〇一；图版四五：2、3）。

2．寻杖 2件，均残损。标本H-T0814：4出土于含经堂宫门月台南台阶。左端残断，右端出榫头，上部雕饰如意云纹，下边雕饰回纹，残长30、宽12厘米（图一〇二；图版四五：4）。标本H-TE6：1，出土于含经堂宫门月台南台阶。雕饰细线云头回纹，下连净瓶汉纹，净瓶已无存。残长55、宽14、厚13.6厘米（图一〇三：1；图版四五：5）。

3．栏板 1件，残损。编号为H-TE6：5，出土于含经堂宫门月台南台阶。属寻杖栏板，残余上拐角，饰净瓶汉纹。残长26.4、残高39.5、厚15厘米（图一〇三：2；图版四五：6）。

4．柱础石 1件。编号H-TA8：5，出土于含经堂遗址宫门西侧垂花门基址附近。圆形，下部裙边雕饰如意纹，中间内收，作须弥座式，上部为圆形古镜，古镜坡面雕饰蕉叶纹，古镜中央雕出

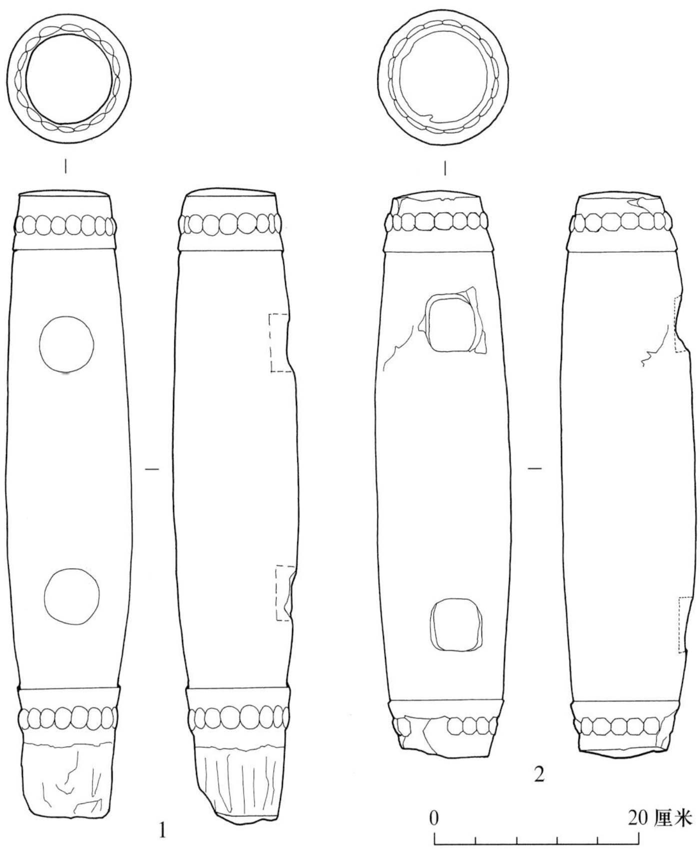

图一〇一 汉白玉望柱
1. H-T0317：7 2. H-T0317：6

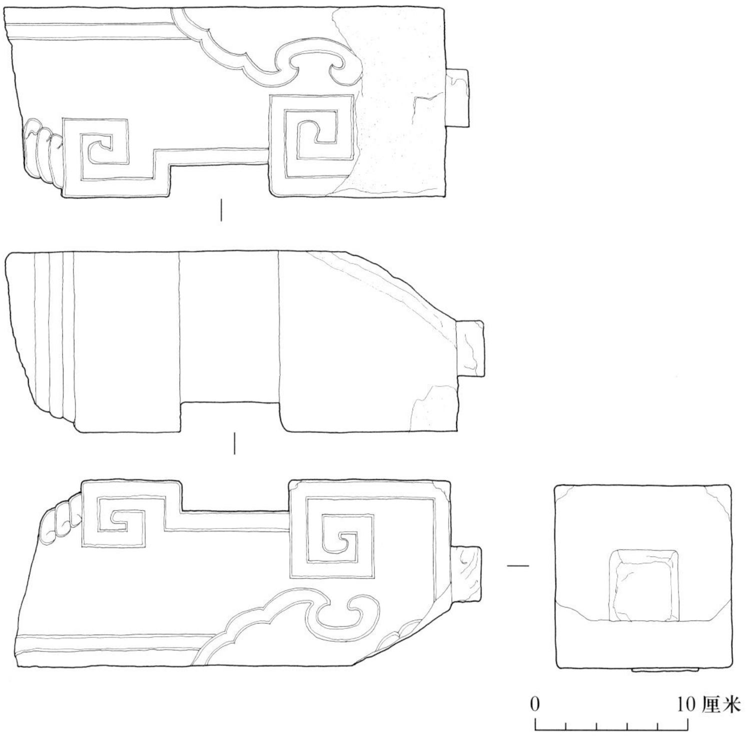

图一〇二 汉白玉寻杖（H-T0814：4）

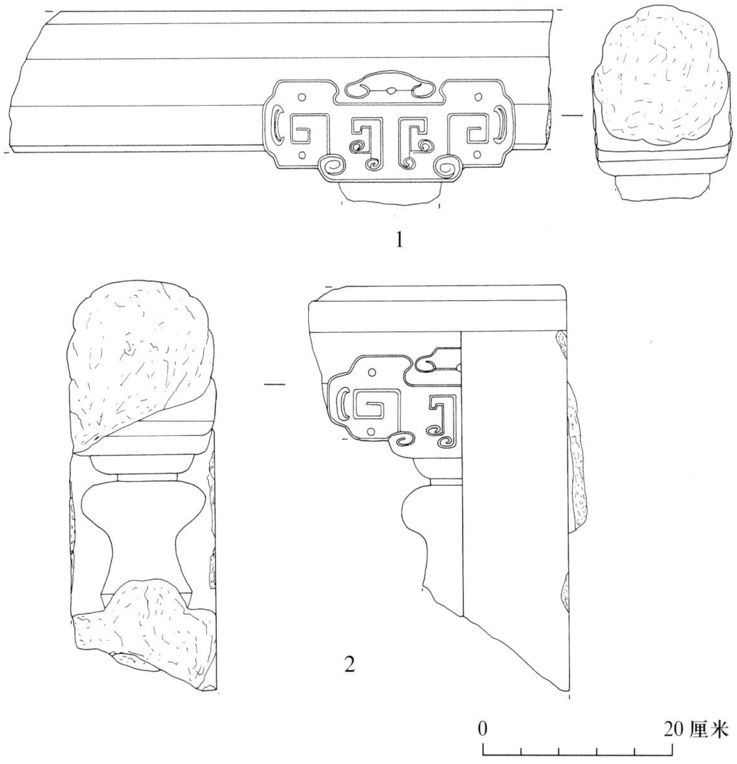

图一〇三 汉白玉寻杖与栏板
1. 寻杖（H-TE6：1） 2. 栏板（H-TE6：5）

凸起的圆形榫头。此柱础石曾遭大火熏烧，表面已呈烟褐色。下部直径56、上部古镜直镜24、通高30厘米，古镜中央的圆形榫头直径7、高1厘米（图一〇四；图版四六：1）。

5．覆莲座残件　1件。编号H-T0218：1，出土于含经堂大殿西侧垂花门基址附近。圆形残半，上部缺失，表面浮雕覆莲花瓣3层，雕工精致，上部经大火烧过，呈烟黄色。直径28.5、通高18厘米（图一〇五；图版四六：2）。

6．圆桌面　1件。编号H-TG5：1，出土于含经堂南区广场东侧圆形毡帐基址附近。平面圆形，中间阴刻荷花与水仙图案，周围阴刻圆边，边缘多缺损。桌面直径75、厚6.5厘米。背面中央有内凹方槽一个，平面规格18.5 × 18.5厘米，深3厘米（图一〇六；图版四六：3）。

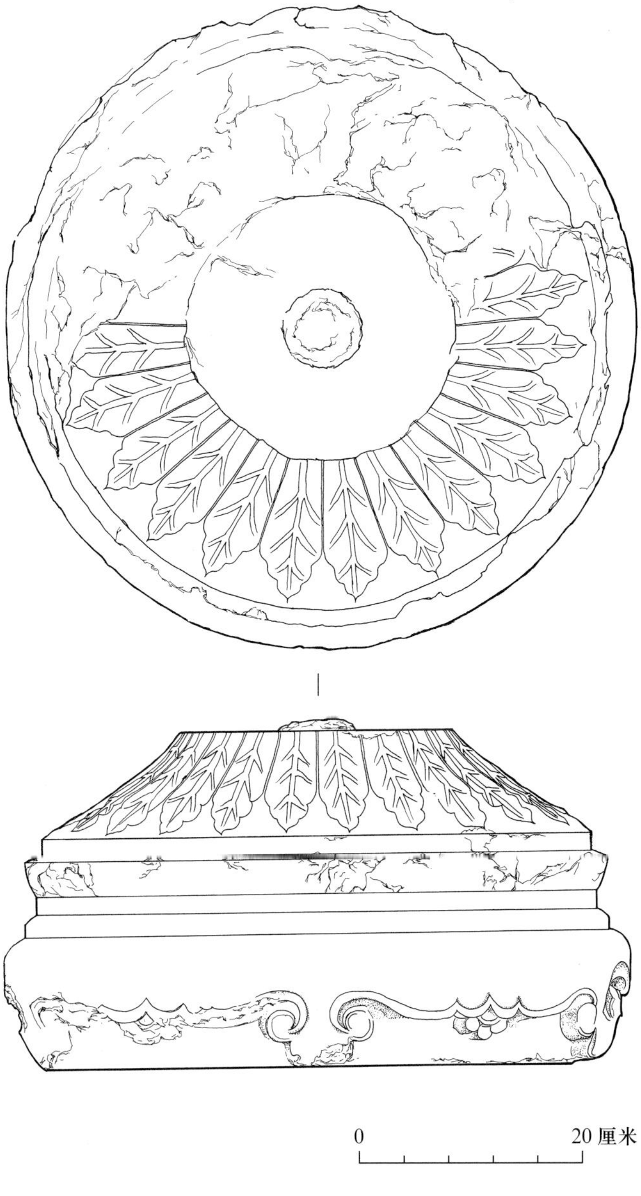

图一〇四　汉白玉柱础石（H-TA8：5）

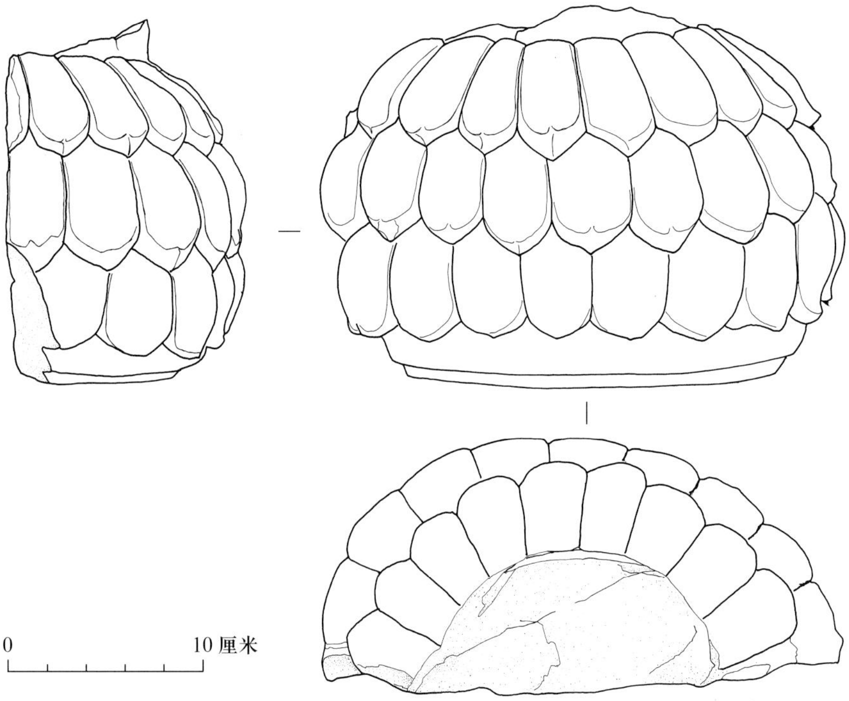

图一〇五　汉白玉覆莲座残件（H-T0218：1）

图一〇六　汉白玉桌面（H-TG5：1）

三　青石件

34件，有须弥座、抱鼓石、戗杆石、厢杆石、礓礤石、沟漏盖、沟门、拴马石等。

1．须弥座　2件。标本T0614：1，出土于淳化轩月台东南角。原位，坐于土衬石上。上部缺失上枋和上枭，自束腰以下完好。束腰顶部有宽10、高4厘米的榫棱，以便与上枭仔口扣接。北端顶部尚余扒锯槽，以便与另一块须弥座衔接。通体由角柱石和花座两部分组成，中间断裂。束腰近角柱端头立玛瑙柱子，浮雕椀花结带，圭角饰如意云纹。通长184、宽75、高67厘米。标本H-T1014：5，出土于含经堂东宫墙外。平顶，束腰，上面正中有榫窝。圭角饰卷云纹。宽38.5、厚26、通高26厘米（图一〇七；图版四六：4）。

2．戗杆石　16件。其中南牌楼与东牌楼基址各出6件，西牌楼基址出土4件。这些戗杆石形制、规格基本一致。以西牌楼出土的标本H-TA4：1为例，平面呈正方形，规格为57×57厘米，厚19厘米，中间凿有马蹄形柱窝，柱窝直径24×26厘米，柱窝外侧深3厘米，底部再凿出圆形戗窝，戗窝直径9厘米，由柱窝底面往下又深凿3厘米（图版四六：5）。

3．厢杆石　1件。编号H-TJ4：2，出土于含经堂广场东牌楼基址内。上部饰蕉叶纹，束颈饰八达马和连珠纹，通高114、宽26、厚19～22厘米，下部有铁兜绊一周，宽8.8、深2.5厘米（图一〇八；图版四七：1）。

4．抱鼓石　2件（1对）。编号H-TE9：1、H-TE9：2，出土于含经堂宫门内影壁门基槽坑东西两侧，为影壁门东西两侧对称的抱柱石鼓饰件。这对抱鼓石，因遭人为破坏，均已残损，每件各残断为3块。现以H-TE9：1为例，简介如下。

此抱鼓石以质地细腻而坚致的巨大青石料雕凿而成，作南北向顺置，总体呈长方体，上半部南

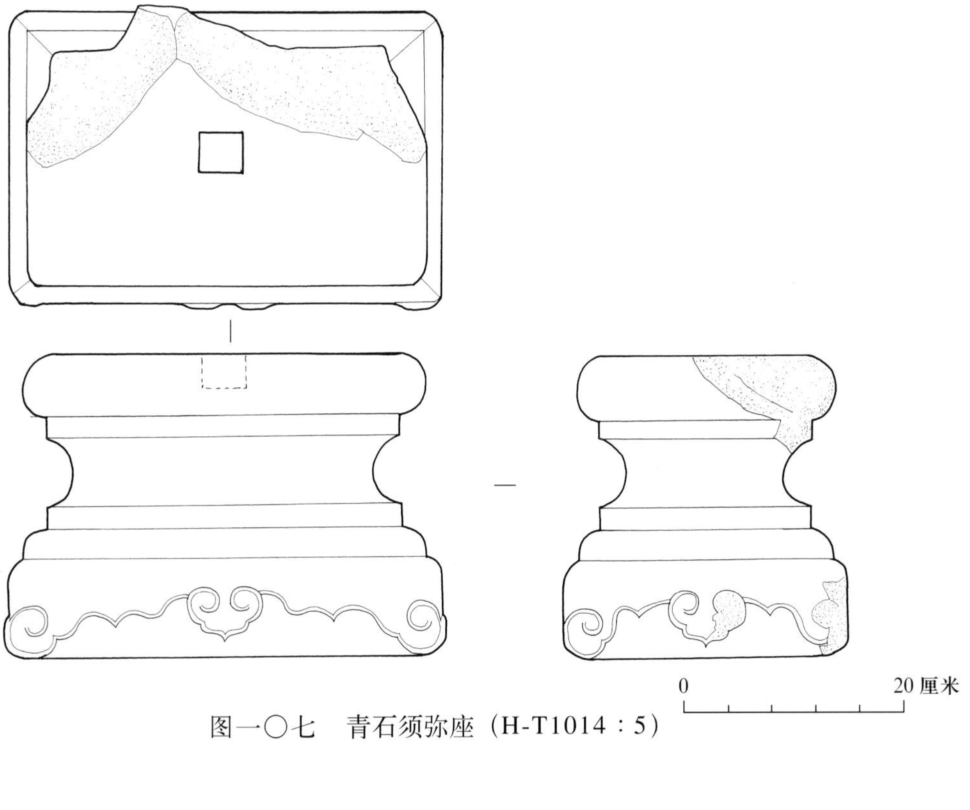

图一〇七　青石须弥座（H-T1014：5）

北两端各雕出石鼓1个，下半部为须弥座，上下浑为一体。在二石鼓中间，凿制门槛槽（圆柱槽）1个，柱槽顶部又特别凿制一方槽，此方槽平面规格为28×28厘米，深3.5厘米，圆柱槽套凿其间，直径为23.5厘米，上下贯通，自方槽顶部平台至地面高83厘米。

石鼓鼓身东西长63厘米，鼓面直径59.4厘米。鼓身南、北两面上部正中，各浮雕龙头铺首1个，铺首规格东西长22、南北宽18厘米。鼓两侧边各浮雕鼓钉一周。鼓心浮雕转角莲图案。大鼓前浮雕花草拐子图案。石鼓下面浮雕荷叶图案，南、北两端雕出小鼓，小鼓前浮雕兽面拐子图案。在荷叶和小鼓下面为须弥座。在须弥座的上枋，雕出下垂的包袱角，在包袱角表面，又浮雕出精美的蕃草纹图案。在上、下袅部位，浮雕八达马图案。在束腰部位，浮雕椀花结带图案。须弥座南北纵长216（复原尺寸）、东西宽67、高46厘米，连石鼓残高121厘米（图一〇九）。

这对青石抱鼓石，雕工甚为精湛，堪称清代盛期石雕工艺的杰作之一。

5．礓礤石　2件。标本H-TA3∶1，出土于含经堂南区广场西牌楼基址南侧。礓礤坡面上凿制出错台6道，边角有残缺。通长183、坡面宽55、直角边高27厘米，错台宽8～9厘米。标本H-TI3∶1，出土于含经堂南区广场东牌楼基址南侧。石质坚致，完整，坡面上亦凿制出错台6道。通长125、坡面宽56、直角边高27厘米，错台上道宽7、下道宽10、中间各道宽9厘米左右。

6．沟漏盖　1件。编号H-T0115∶10，出土于三友轩假山西侧。扁圆形，顶面平整，边缘圆滑，侧面均饰4朵如意纹，底面雕出四通式流水槽，工艺精细。直径32、高13厘米（图版四七∶2）。

7．沟门　1件。编号H-T0116∶24，出土

图一〇八　青石厢杆石（H-TJ4∶2）

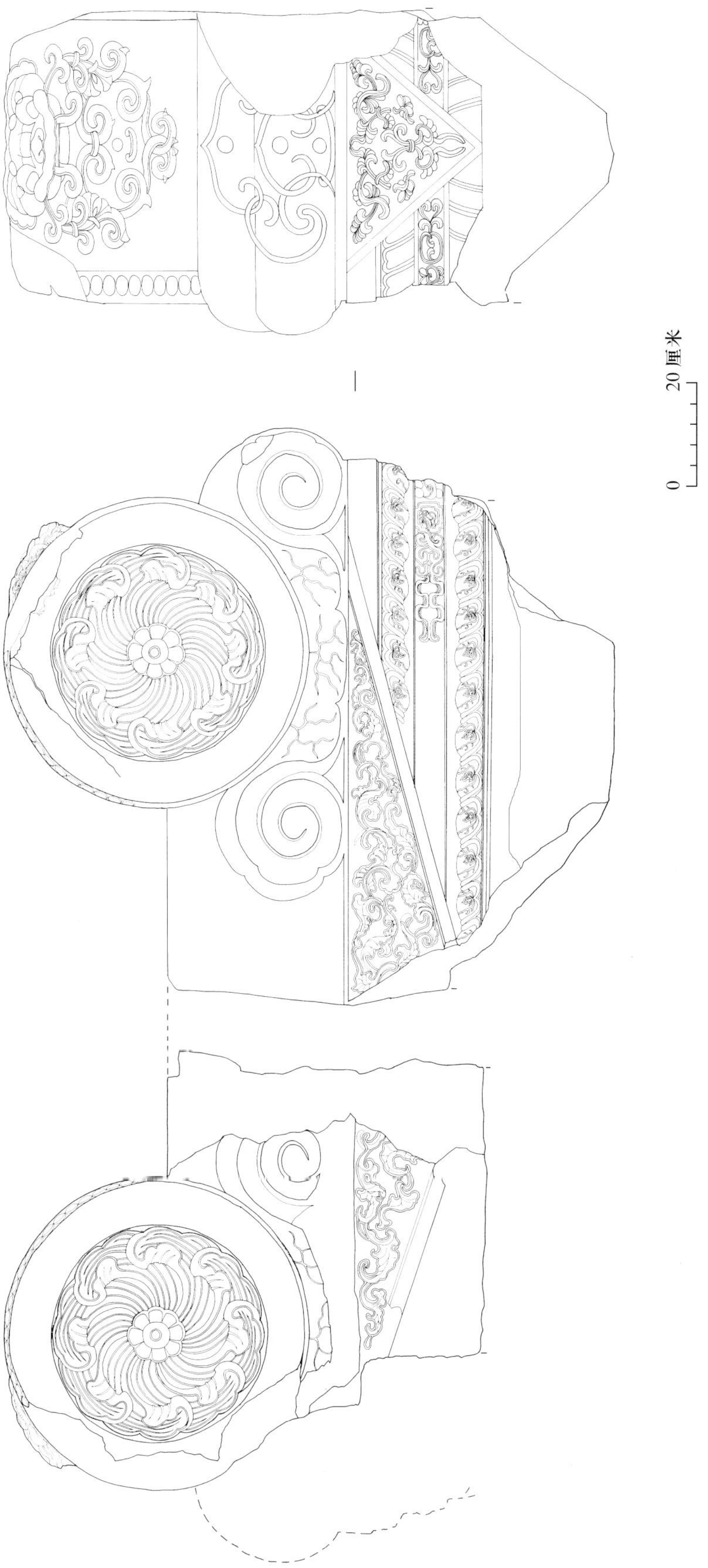

图一〇九　青石抱鼓石（H-TE9：1）

于三友轩假山西侧。扁长方体，沟口上缘为火焰券形，中间有纵隔梁。高51、宽45.4、厚10.2厘米（图版四七：3）。

8．拴马石　9件。编号H-TM12：1～9，其中4件完整，1件断裂，其余4件鼻梁残失，出土于含经堂遗址东侧库房F4东墙基外，属晚期移动遗存。标本H-TM12：1，外形如鼓，顶面雕有桥形纽，周身打粗道，顶部留有金边。高37～38、直径41厘米（图版四七：4）。

四　灰砖

(一)铭文砖

含经堂遗址共出土铭文砖12件，除1件铭文模糊未辨外，其余11件均能基本辨别其文字。

1．H-T1017：5　出土于买卖街遗址。铭文分3部分，一侧上段刻“嘉庆拾柒年成造细料贰尺见方金砖”，中段刻“江南苏州府知府刁振翎照磨熊祖源篡……（残）”，下段刻“甲三□杨万和造”。一角残损。边长64.6 × 65.2厘米，厚8厘米（图一一〇；图版四八：1）。

2．H-TM14：4　出土于含经堂遗址东北角。平面呈长方形。长面一侧中间下凹成半圆形，短面一侧刻“遵钦窑细泥城砖记”。通长40、宽19、厚10、凹槽宽9、深4.5厘米（图一一一：1）。

3．H-TM14：6　出土于含经堂遗址东北角。平面呈长方形，残。短面一侧刻“大亭城砖记”。残长31.8、残宽23.3、厚13.3厘米（图一一一：2）。

4．H-T0718：2　出土于淳化轩东侧买卖街遗址。平面呈长方形，残。短面一侧刻“广庆窑澄浆大亭城（砖记)”，后2字模糊。残长32、宽23.7、厚12.7厘米（图一一一：3；图版四八：2）。

5．H-T0718：3　出土于淳化轩遗址东侧。平面呈长方形，残。短面一侧刻“钦晟窑记”。残长25.8、宽22.2、厚10厘米。

6．H-T0718：4　出土于淳化轩遗址东侧。平面呈长方形，残。短面一侧刻“通顺窑记”。残长26.5、宽25、厚13.2厘米。

7．H-TXBK：9　出土于含经堂遗址西北角扩方内。平面呈长方形，残大半。短面一侧刻“通顺窑记”。残长7、宽14.2、厚5.3厘米（图一一一：4；图版四八：3）。

8．H-T0718：5　出土于淳化轩遗址东侧。平面呈长方形，残。短面一侧刻“细泥大亭城砖”。残长26.5、宽23.6、厚12厘米。

9．H-TM13：6　出土于含经堂遗址东北角。平面呈长方形。短面一侧刻“大兴窑记”。通长27.5、宽13.5、厚6.4厘米（图一一一：5；图版四九：1）。

10．H-T0718：1　出土于淳化轩东侧买卖街遗址。多半残缺，不辨原形状。正面残留“广庆”2字，其下无字，其上字迹残缺。残长23.4、残宽16.2、厚6.7厘米（图一一一：6；图版四九：2）。

11．H-TA11：1　出土于梵香楼遗址西北角。平面呈长方形。长面一侧呈半圆形，残。短面一侧刻“张记窑”。残长15、宽15.3、厚7厘米。

(二)砖雕构件

含经堂遗址共出土砖雕75件，大部分残损。现择纹饰较清晰、有代表性者20件进行介绍。

1．H-TA8：1　出土于梵香楼遗址西南角。为脊兽海马，下半部残。通高23、残长17.7、宽6.7厘米（图一一二；图版四九：3）。

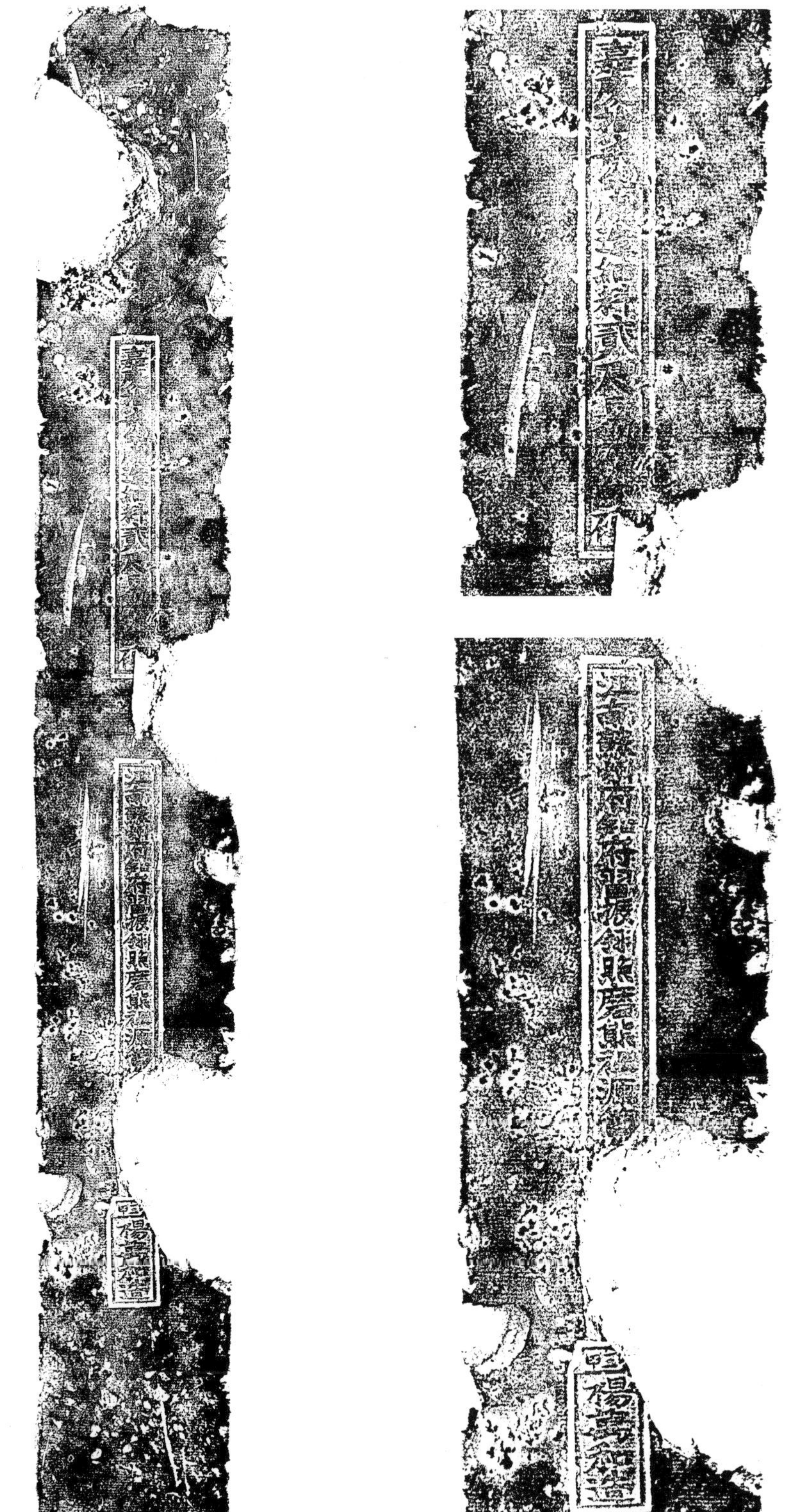

图一一〇　金砖铭文（H-T1017：5）

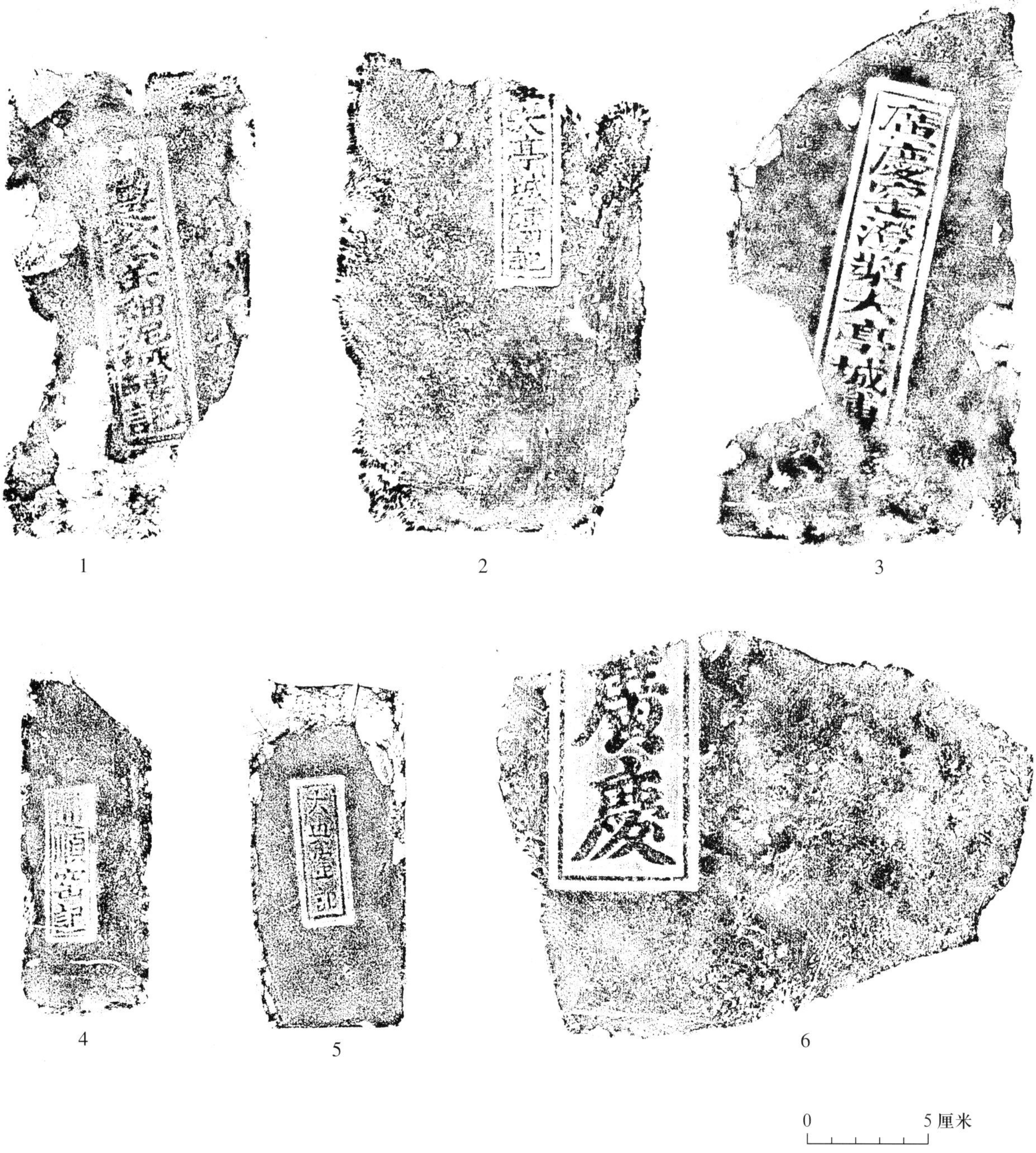

图一一一　灰砖铭文

1. H-TM14：4　2. H-TM14：6　3. H-T0718：2
4. H-TXBK：9　5. H-TM13：6　6. H-T0718：1

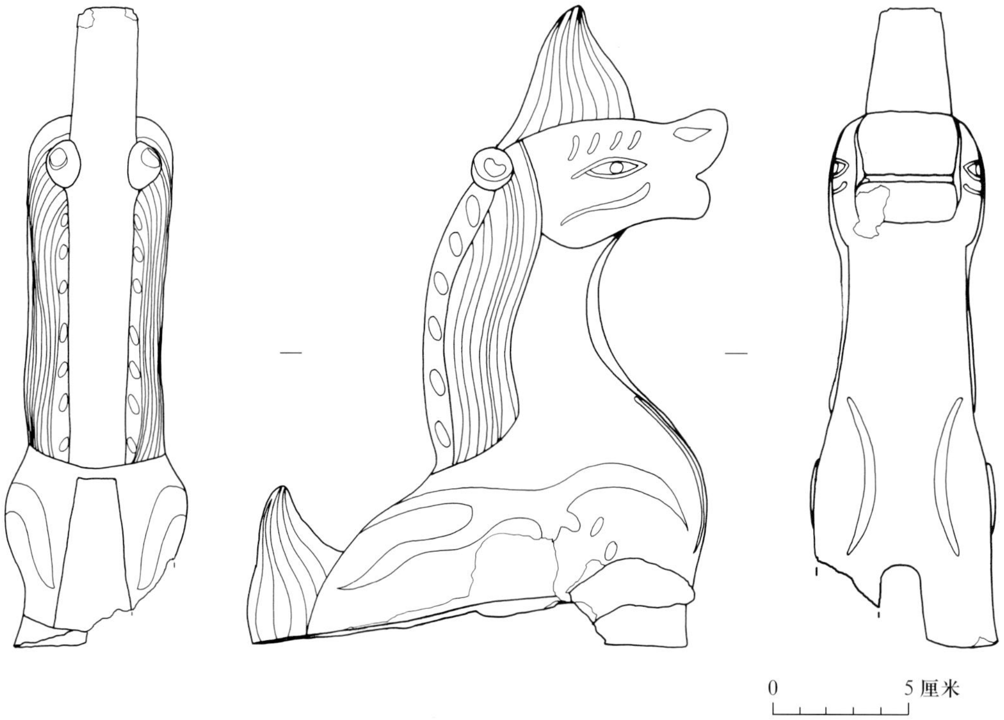

图一一二　砖雕海马（H-TA8：1）

图一一三　砖雕构件素描（H-T0116：8）

2．H-T0116：8　出土于假山遗迹南侧。八角形合围砖雕的二分之一，断裂。侧面相间雕刻菊花和兰花。通长31.8、宽15.8、厚8.1厘米（图一一三；图版四九：4）。

3．H-T0116：9　出土于假山遗迹南侧。正视及横剖面呈梯形，完整。正面饰荷花，上宽22、下宽16、高32厘米；背面上宽11、下宽6、高30厘米；厚12.5厘米。顶上有两个呈八字形的条形铜槽，长5.8、宽2.2、深1厘米（图一一四；图版四九：5）。

4．H-T0116：10　出土于假山遗迹南侧。正视及横剖面呈梯形，基本完整。正面饰菊花和兰花，上宽22、下宽15.2、高31.5厘米，背面上宽12、下宽6、高30.8厘米，厚11.8厘米。顶上有2个呈八字形的铜槽，长6、宽1.8、深2.5厘米（图一一五；图版四九：6）。

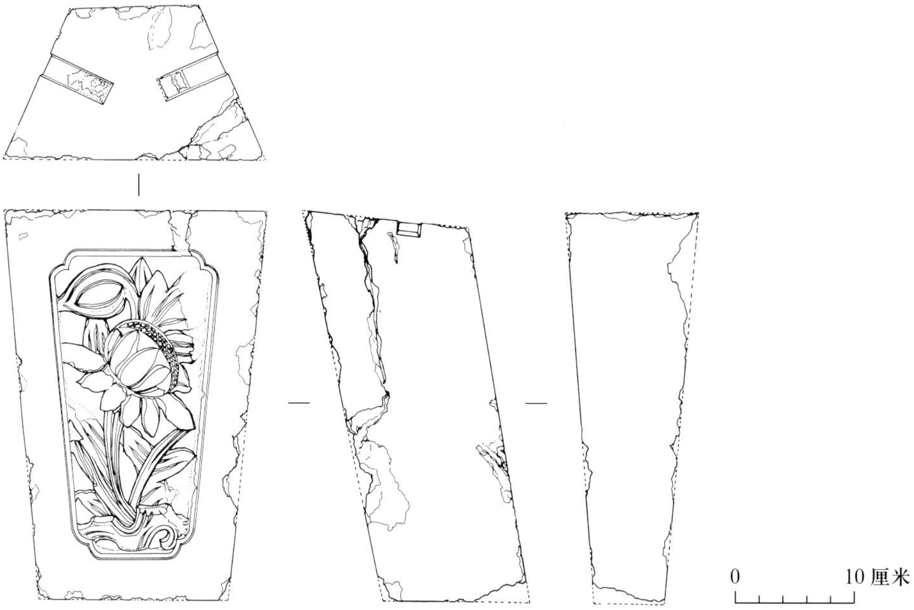

图一一四　砖雕构件（H-T0116：9）

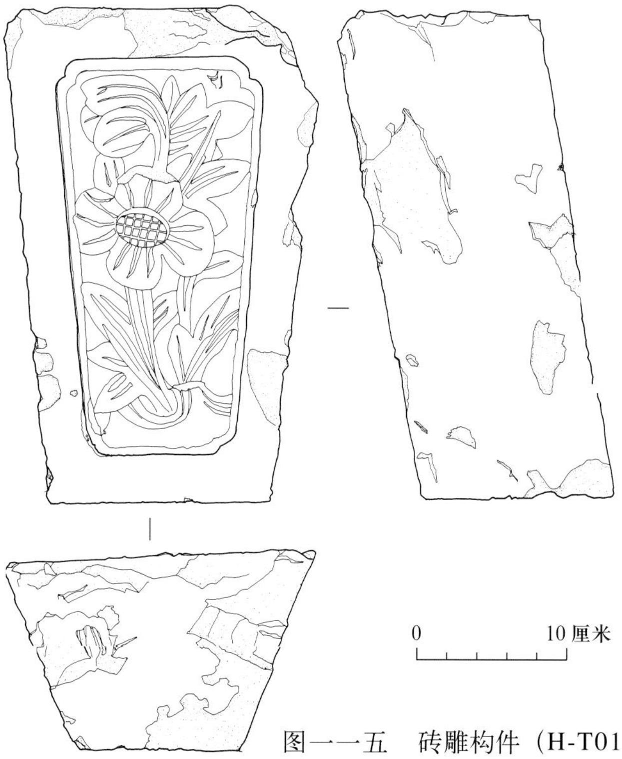

图一一五　砖雕构件（H-T0116：10）

5. H-TA8：3 出土于梵香楼西南角。平面呈长方形，饰草弯。通长28.8、宽9、厚7.6厘米（图一一六）。

6. H-TA8：4 出土于梵香楼西南角。平面呈长方形，饰草弯。通长29.6、宽9.6、厚7.6厘米（图一一七；图版五〇：1）。

7. H-T1013：3 出土于买卖街遗址。平面呈长方形，长面一侧饰草弯，另一侧略收份。通长31.7、宽22.7、前端厚9.5、后端厚7.5厘米（图一一八；图版五〇：2）。

8. H-T1013：4 出土于买卖街遗址。平面呈长方形，长面一侧饰草弯，另一侧略收份。通长43、宽22.8、前端厚9.5、后端厚7厘米（图一一九；图版五〇：3）。

9. H-TM9：1 出土于含经堂遗址东侧。条纹方形砖，中心饰"卍"字纹。两个对角残。边长48.8、厚7.4厘米（图一二〇；图版五〇：4）。

10. H-JYT：1 出土于静缘亭遗址。条纹方形砖，中心饰"卍"字纹。通长43.5、宽41.5、厚6厘米（图一二一；图版五〇：5）。

11. H-JYT：2 出土于静缘亭遗址。中心为方形，饰"卍"字纹，两端有榫。通长21.4、宽17.4、厚9厘米（图一二二：3；图版五〇：6）。

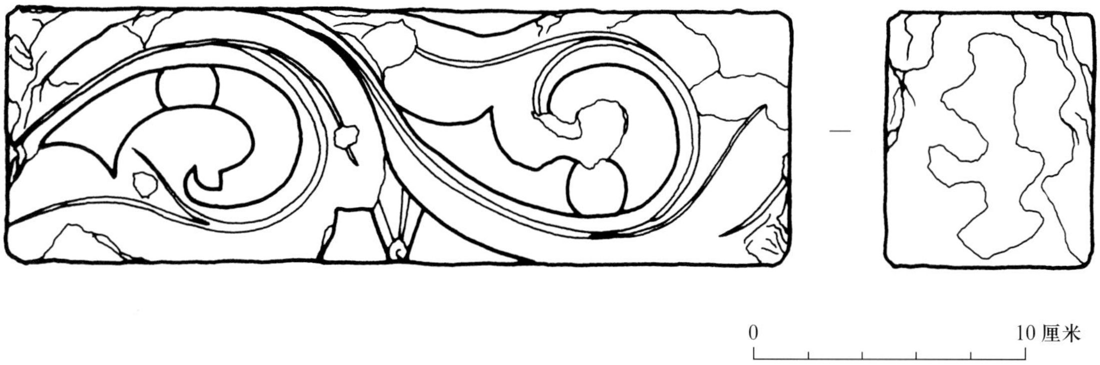

图一一六 砖雕构件（H-TA8：3）

图一一七 砖雕构件（H-TA8：4）

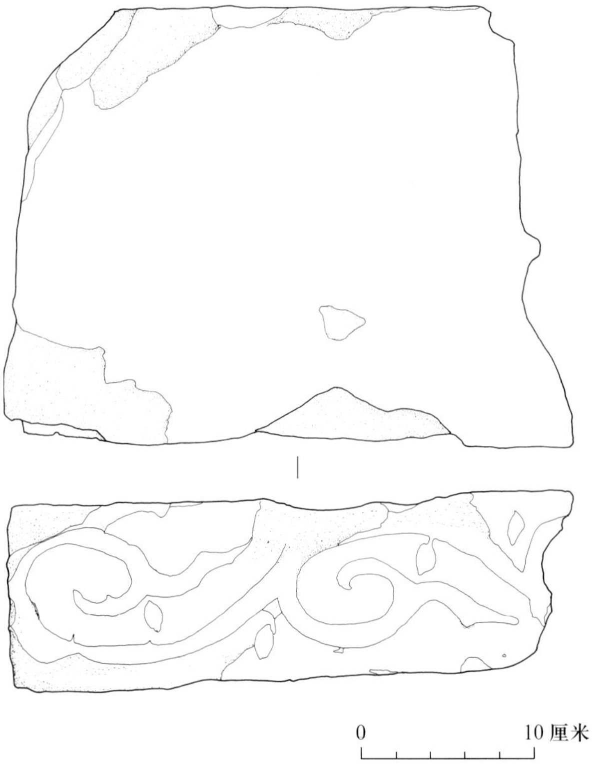

图一一八　砖雕构件（H-T1013：3）

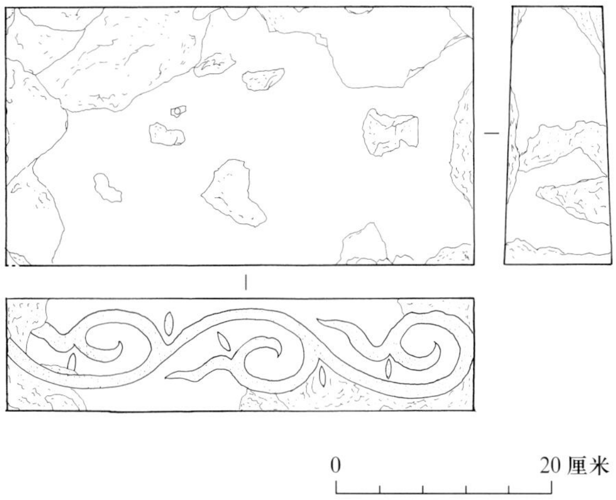

图一一九　砖雕构件（H-T1013：4）

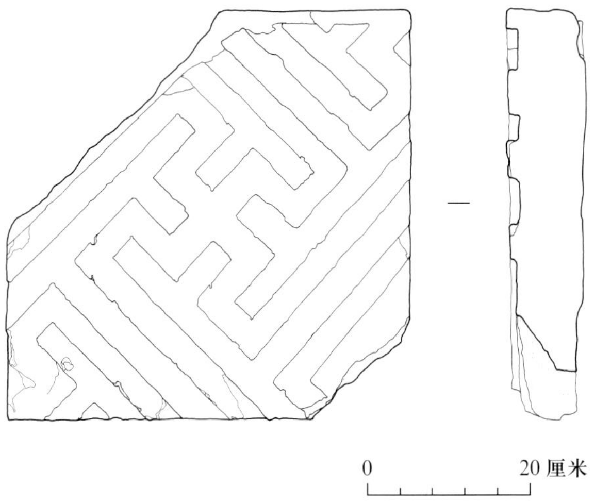

图一二〇　砖雕构件（H-TM9：1）

图一二一　砖雕构件（H-JYT：1）

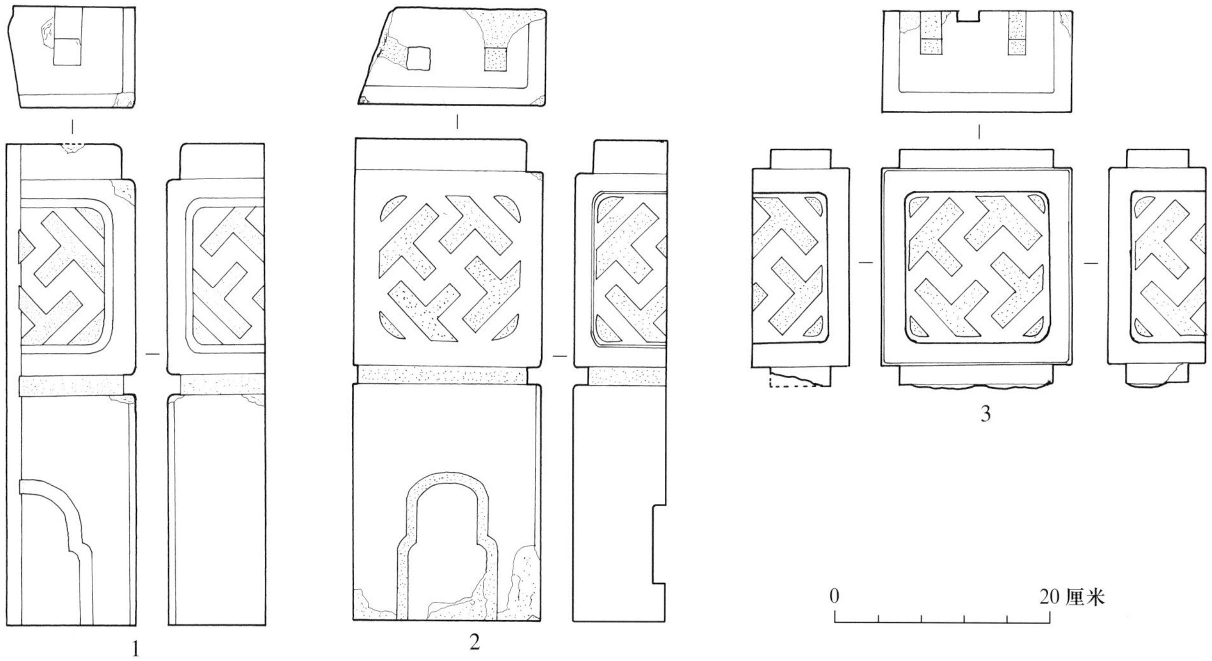

图一二二 砖雕构件

1. H-JYT：6 2. H-JYT：7 3. H-JYT：2

12．H-JYT：3 出土于静缘亭遗址。平面呈长方形，一侧饰阴刻装饰线，端头呈弧形。通长42、宽17.5、厚8.8厘米。背面有凹槽，宽8、深1.6厘米。一端有长方形锔槽，长4.5、宽2.5、深1.5厘米（图一二三；图版五一：1）。

13．H-JYT：6 出土于静缘亭遗址。平面呈长方形，顶端出榫，束腰，一侧被磨成斜面，上半部饰“卐”字纹，下半部饰阴刻装饰线。通高41.2、通宽12、厚8.8厘米（图一二二：1；图版五一：2）。

14．H-JYT：7 出土于静缘亭遗址。平面呈长方形，顶端出榫，束腰，上半部饰“卐”字纹，下半部饰阴刻装饰线，背面磨成三角形嵌槽。通高41.8、宽17.3、厚9.2厘米（图 二二：2；图版五 ：3）。

15．H-T0212：1 出土于梵香楼北侧。残，一侧饰菊花。残长12.4、宽9.8、厚8.2厘米（图一二四；图版五一：4）。

16．H-T0212：2 出土于梵香楼北侧。残，三面饰草弯。残长13.2、宽6.6厘米（图一二五；图版五一：5）。

17．H-TM13：1 出土于含经堂遗址东北角。一侧为弧形边的长方形，残。正面饰菊花。残长16.7、宽12.9、厚5.7厘米（图一二六；图版五一：6）。

18．H-TL4：1 出土于含经堂广场遗址东南角。双面雕，一面雕仙鹤，另一面雕葵花。雕花部分平面呈圆形，直径22.5、厚10.5厘米。与

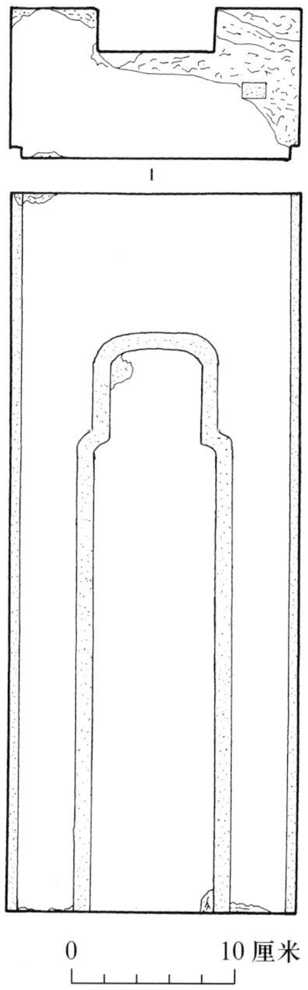

图一二三 砖雕构件

（H-JYT：3）

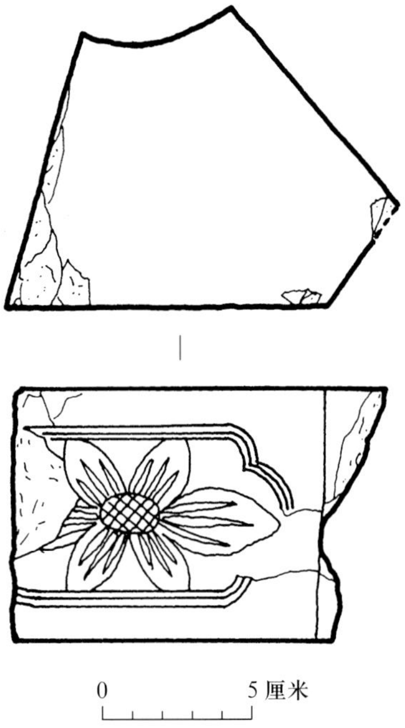

图一二四 砖雕构件（H-T0212：1）

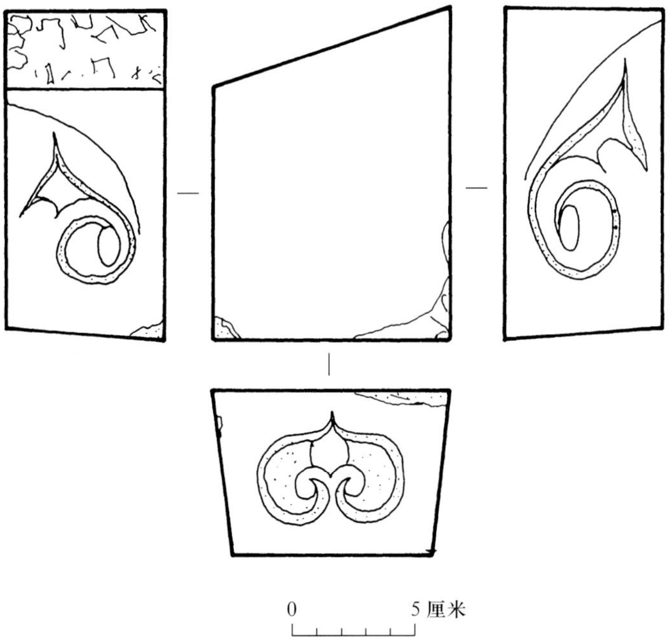

图一二五 砖雕构件（H-T0212：2）

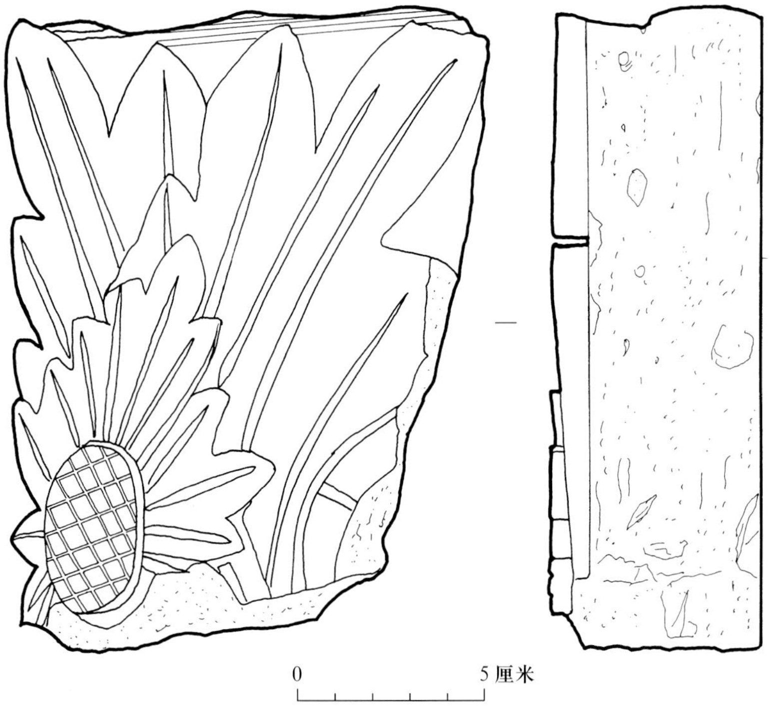

图一二六 砖雕构件（H-TM13：1）

其连接部分残（图一二七；图版五二：1）。

19．H-TM18：3　出土于含经堂遗址东北角。平面呈长方形，残半。中心为素面，周围镂雕荷花。残长26.5、宽28.5、厚5.2厘米（图一二八；图版五二：2）。

20．H-TK20：9　出土于东北角库房。平面呈长方形，饰减地回纹。残长37.6、残宽32、厚6厘米（图一二九；图版五二：3）。

(三)素面砖

含经堂遗址共有57类素面砖，用于砌墙或铺地（详见附表7）。现择有独到特点者5件进行介绍。

1．H-TM9：2　出土于含经堂遗址东侧。平面呈方形，顶面有捉手。通长28.7、宽28、厚5厘米。顶面中心有两个对称的枣核形凹槽，形成平梁，用于手提，长7.5、宽3.3厘米。背面略收份。

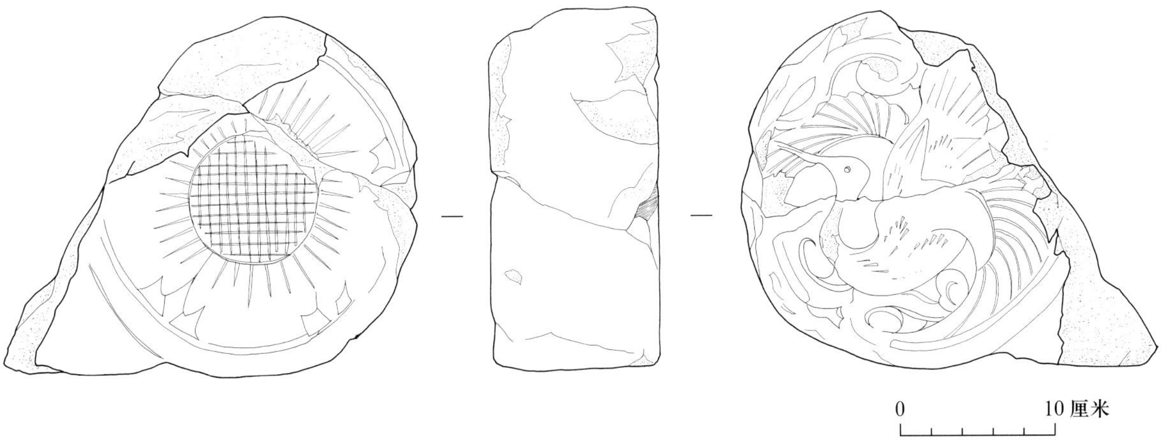

图一二七　砖雕构件（H-TL4：1）

图一二八　砖雕构件（H-TM18：3）

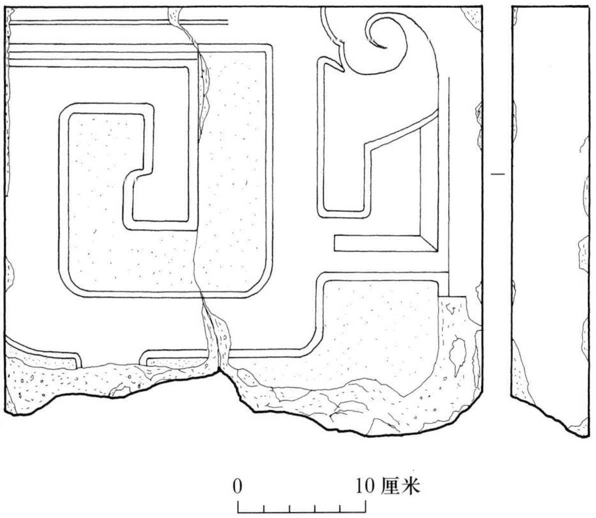

图一二九　砖雕构件（H-TK20：9）

推测其功能与盖相同。

2．H-TA9：3　出土于梵香楼遗址西侧。平面呈长方形，长面一侧磨成斜面。通长41.6、宽22、厚7.5厘米。

3．H-TA9：4　出土于梵香楼遗址西侧。平面呈长方形，长面一侧磨成弧形。通长41.5、宽22、厚7厘米。

4、5．H-JYT：4～5　出土于静缘亭遗址。形制相同，平面呈长方形，一面有半圆形拱背。通长44、宽18、通高9厘米。

五　灰瓦

含经堂遗址共出土灰瓦60件，共有四个类别：筒瓦、板瓦、瓦当和滴水。

(一)筒瓦

共23件，横剖面呈半圆形，规格略有差异。现介绍大、小各1件。

1．H-T0214：5　出土于涵光室遗址南侧。通长33、宽15.5、厚2.3厘米。

2．H-YRSHT：10　出土于云容水态遗址。完整，属于偏小者。通长29.5、宽13.7、厚1.3厘米。

(二)板瓦

共7件，均残。

H-DSHG：4　出土于得胜概遗址。弧形，残。通长18.8、残宽15.5、厚1.2厘米（图版五二：4）。

(三)瓦当

共16件，现择保存较好的8件进行介绍。

1．H-T1014：1　出土于买卖街遗址。残，只余勾头，背面经打磨，较平整。正面减地，中间刻“康熙年弘传主人珍藏　王亮公制”。直径13.7、厚2厘米（图一三〇；图版五二：5）。

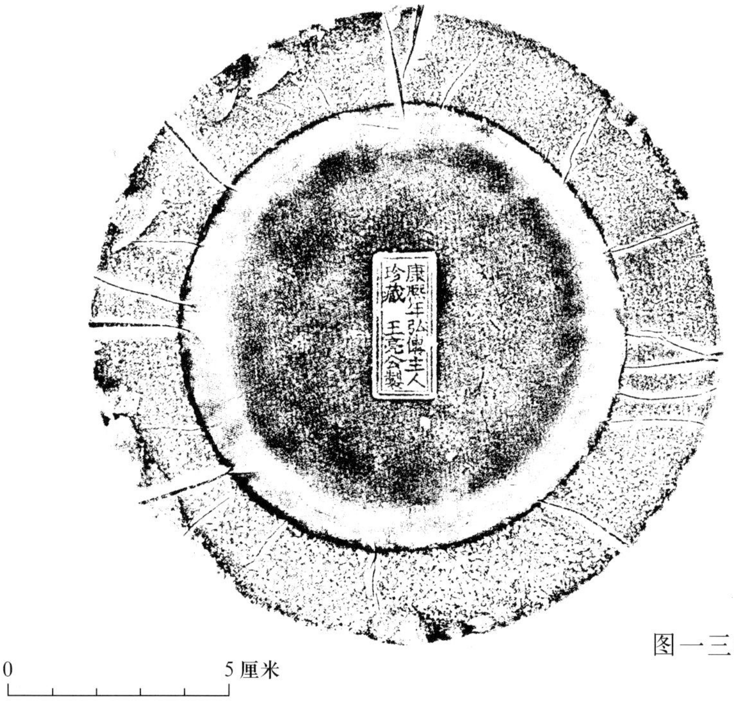

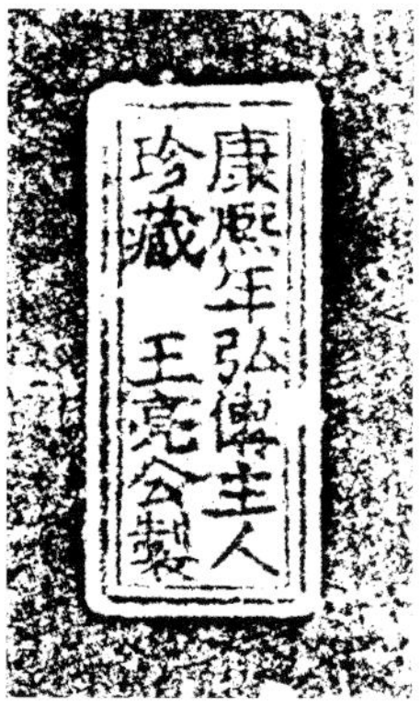

（局部）

图一三〇　“康熙年”“王亮公”铭文瓦当
（H-T1014：1）

2．H-T0115：1　出土于涵光室遗址西侧。完整，饰莲纹。通长24.7、瓦当直径12.2、厚1.8厘米（图一三一）。

3．H-T0116：15　出土于涵光室遗址西侧。完整，饰莲纹。通长17、瓦当直径9.2、厚1.7厘米（图一三二；图版五三：1）。

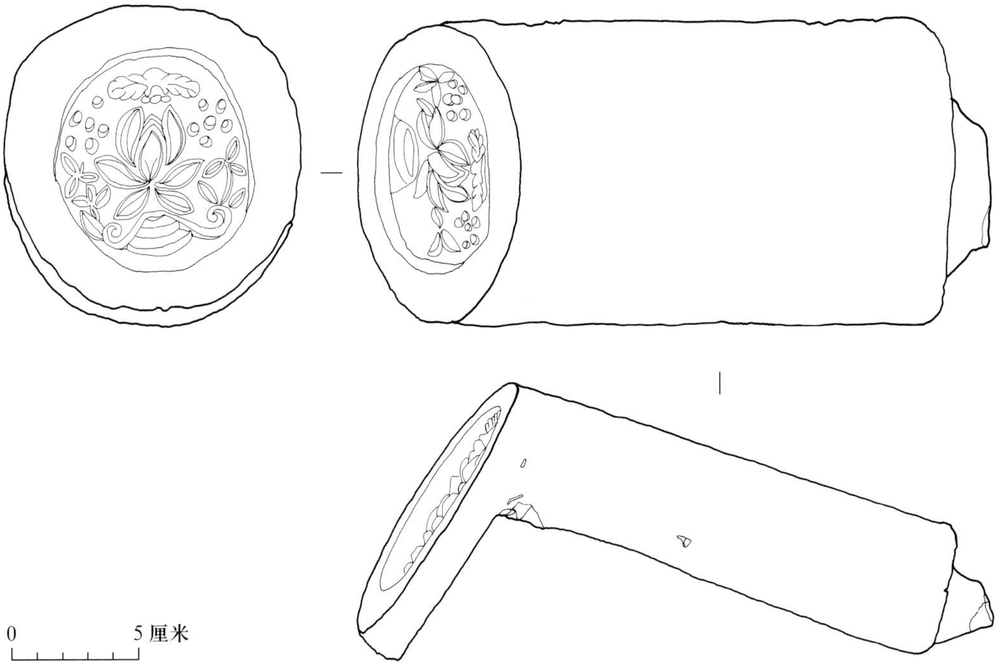

图一三一　瓦当（H-T0115：1）

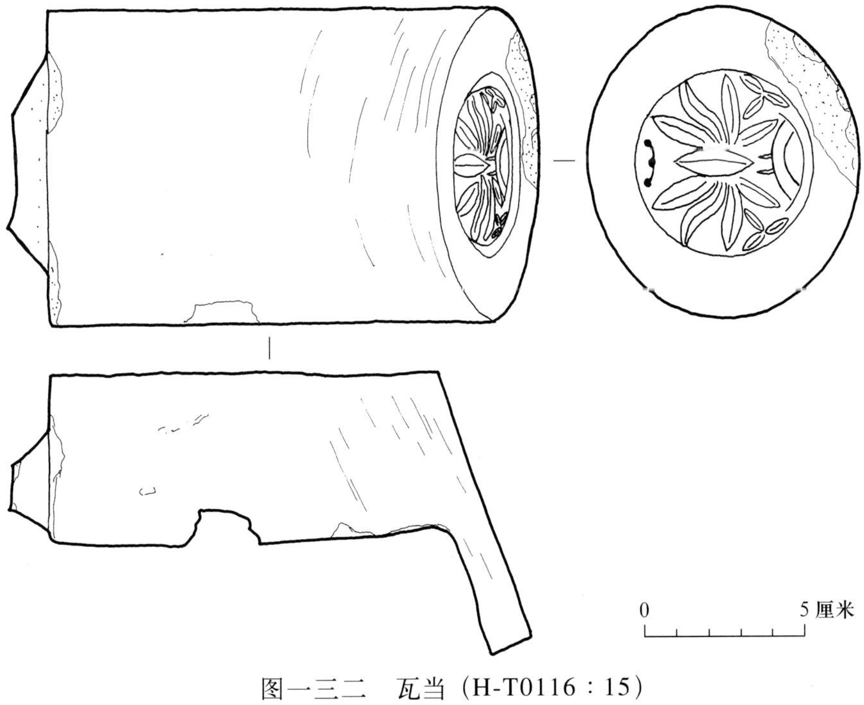

图一三二　瓦当（H-T0116：15）

4．H-TA7：1　出土于宫门月台遗址西侧。完整，饰莲纹。通长 8、瓦当直径 7、厚 1 厘米（图一三三；图版五三：2）。

5．H-LXLK：1　出土于理心楼遗址扩方内。残，饰莲纹。残长 5、瓦当直径 11.4、厚 1.9 厘米（图一三四；图版五三：3）。

6．H-TA9：2　出土于梵香楼遗址西南。残，只余勾头，饰莲纹。直径 9、厚 1.4 厘米（图一三五；图版五三：4）。

7．H-TL11：1　出土于含经堂遗址东侧。残，只余勾头，饰寿字纹。直径 10.6、厚 1.5 厘米（图一三六；图版五三：5）。

8．H-DSHG：11　出土于得胜概遗址。残，只余勾头，瓦当一段边沿残，饰寿字纹。直径 15、厚 1.6 厘米。

(四)滴水

共 14 件，有莲花、龙纹两种，每种纹饰均有不同规格。

1．H-TM13：2　出土于含经堂遗址东北角。完整，饰莲纹。通长 26、通高 11.3、宽 19、厚 1.5 厘米（图一三七）。

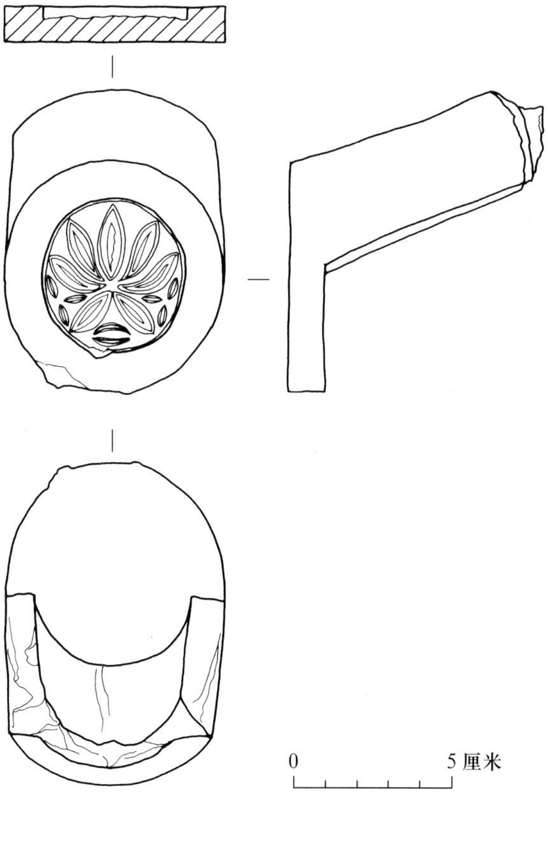

图一三三　瓦当（H-TA7：1）

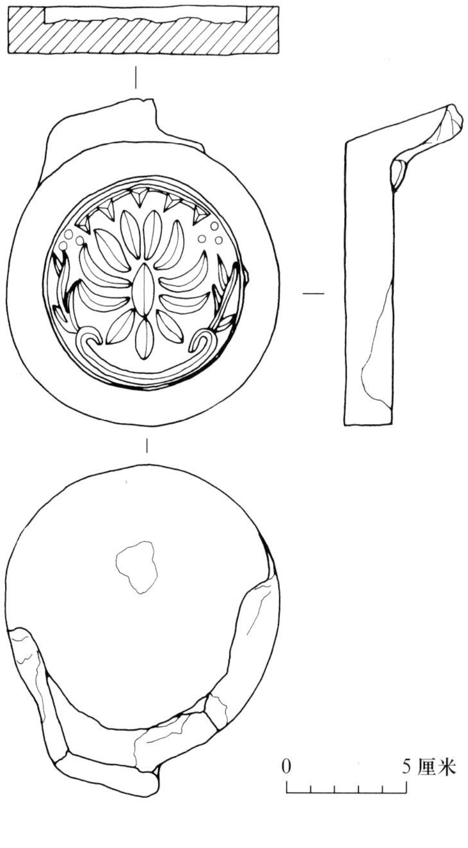

图一三四　瓦当（H-LXLK：1）

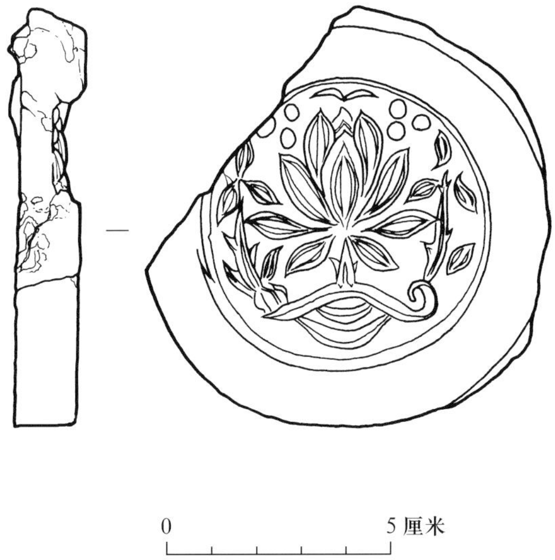

图一三五　瓦当（H-TA9：2）

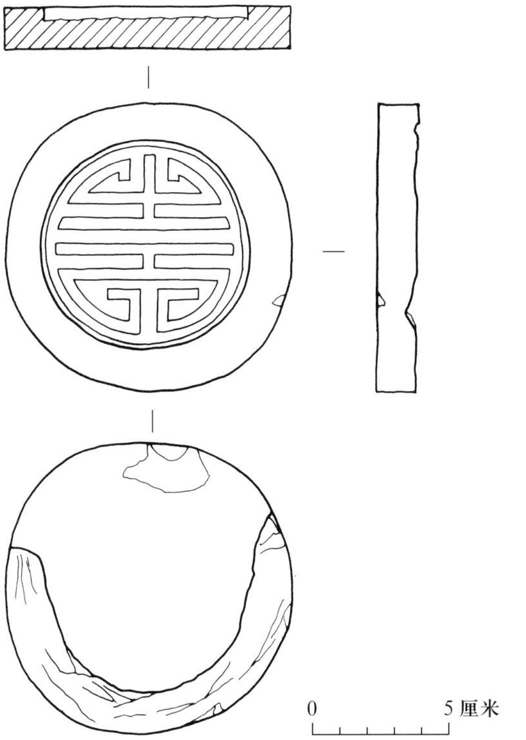

图一三六　瓦当（H-TL11：1）

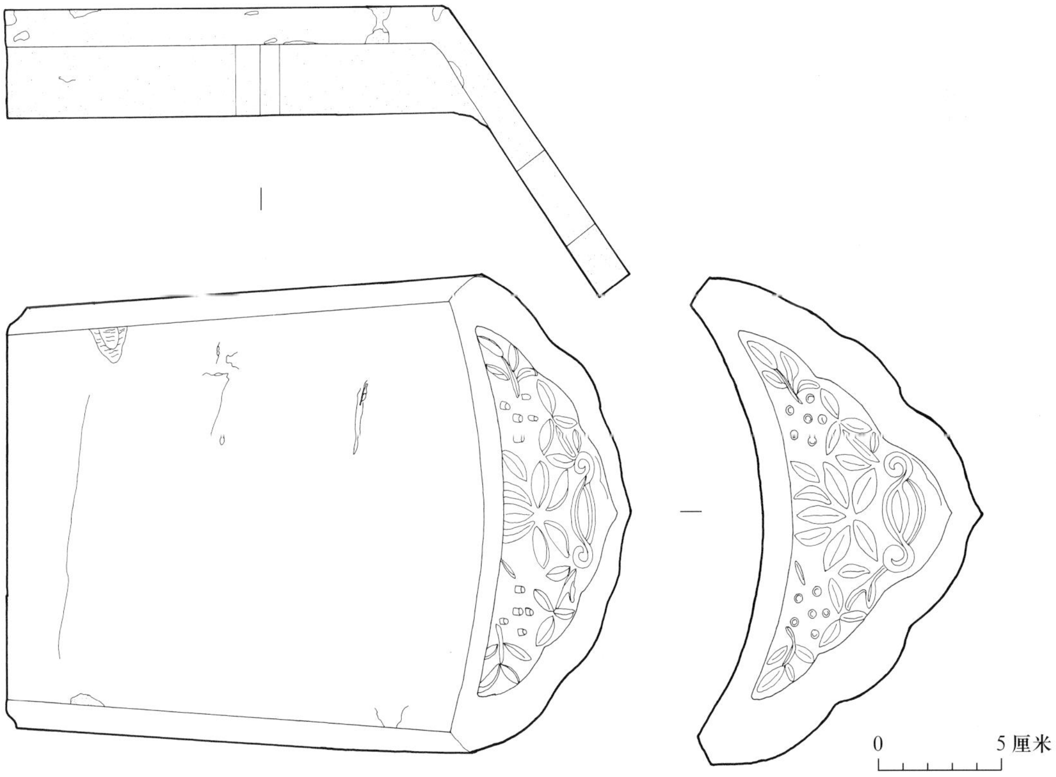

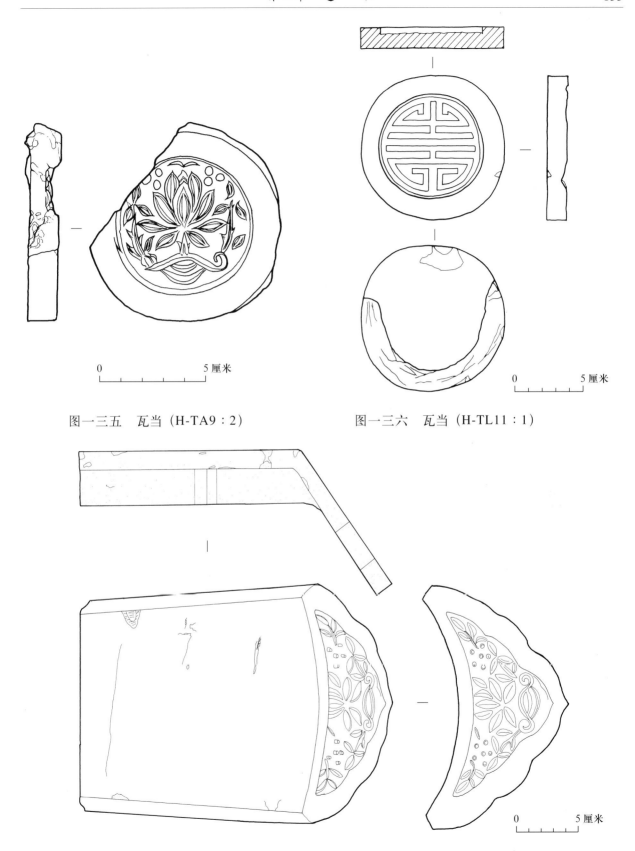

图一三七　滴水（H-TM13：2）

2．H-T0919：4　出土于蕴真斋遗址东北。瓦筒部残，饰莲纹。残长 7.6、勾头长 14.5、高 8.5、厚 1.2 厘米（图一三八）。

3．H-T1015：2　出土于买卖街遗址。只余勾头，勾头亦残半，饰草龙纹。残长 15、高 14.5、厚 2.1 厘米（图一三九）。

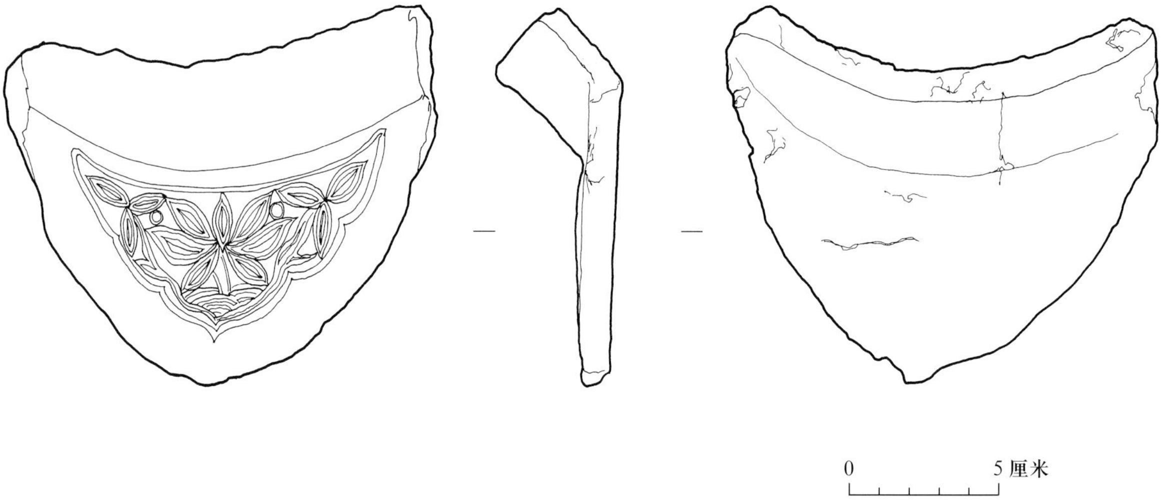

图一三八　滴水（H-T0919：4）

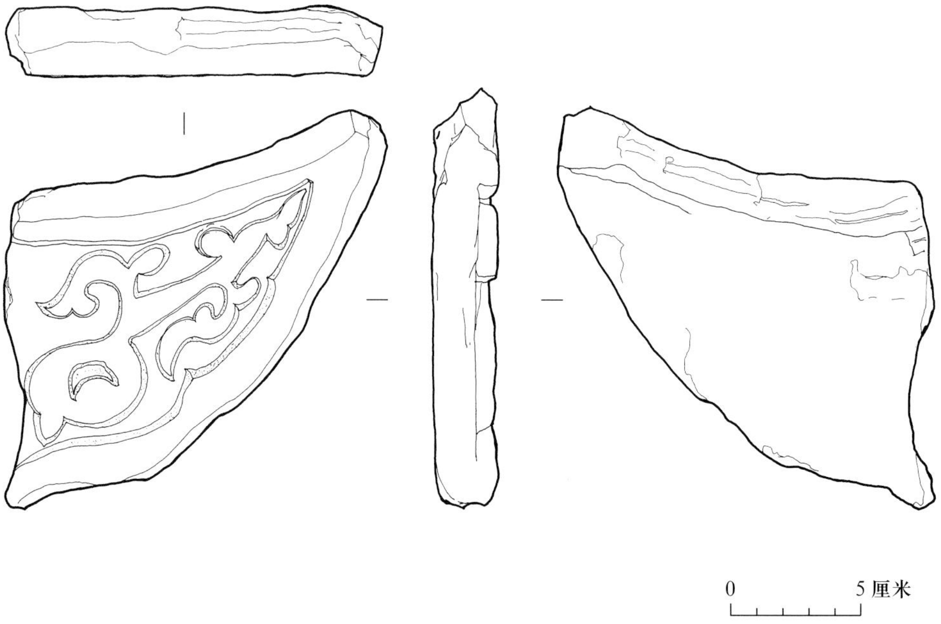

图一三九　滴水（H-T1015：2）

4．H-T0314：2　出土于涵光室遗址东南。只余勾头，勾头残半，饰草龙纹。残长15、高13、厚1.8厘米（图一四〇）。

5．H-TD6：1　出土于宫门遗址西南。只余勾头，一角残，饰双龙戏珠纹。残长12.8、高8.4、厚1.4厘米（图一四一；图版五三：6）。

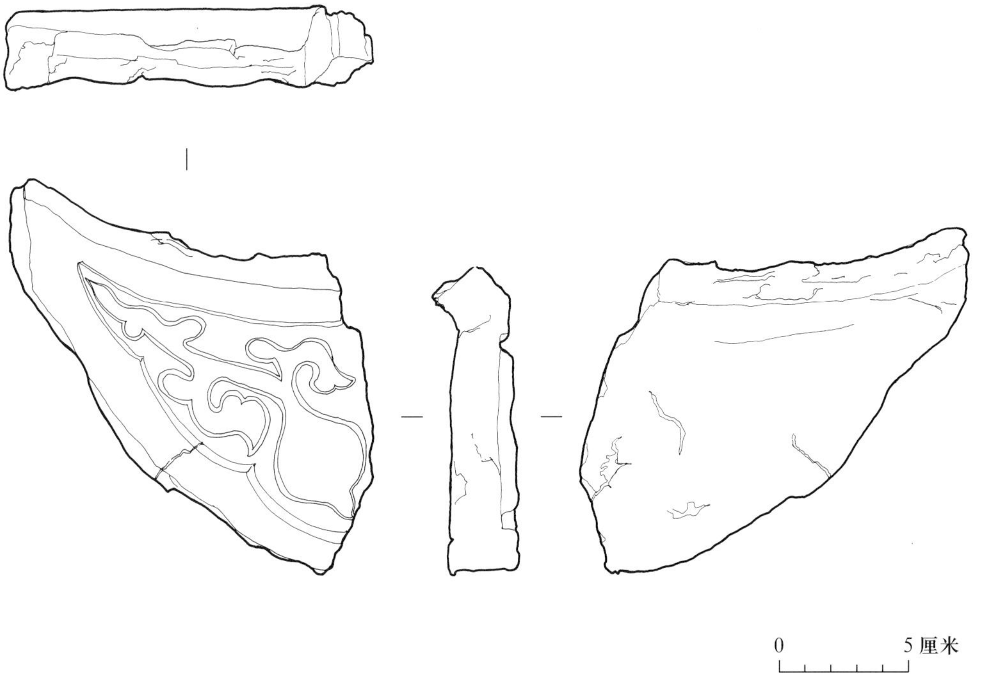

图一四〇　滴水（H-T0314：2）

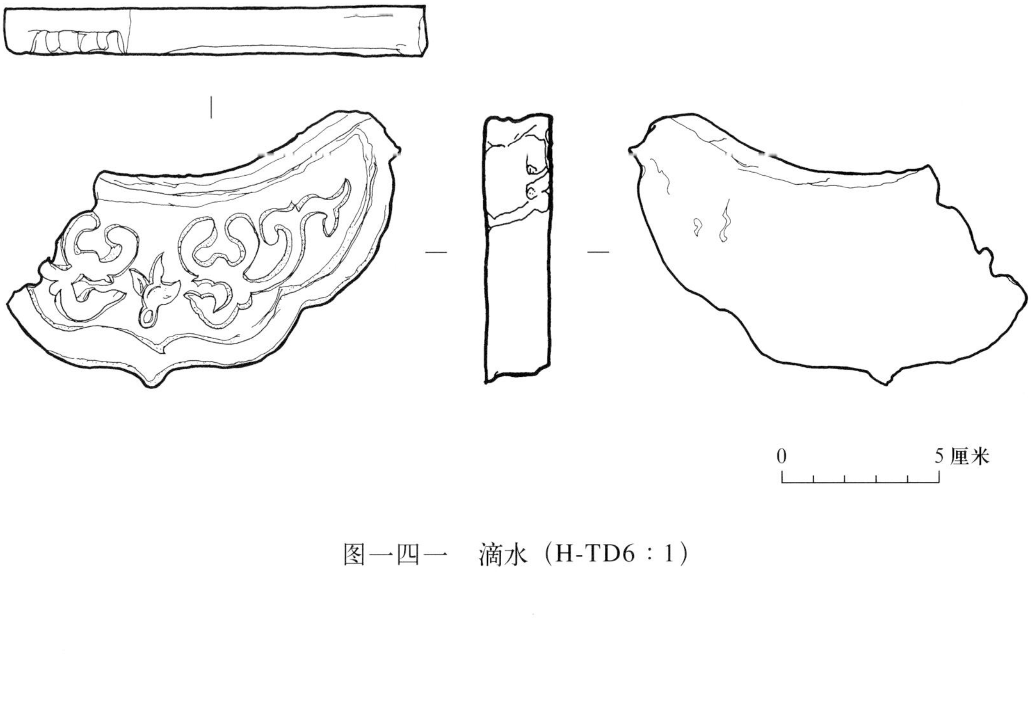

图一四一　滴水（H-TD6：1）

第八节 铁 器

含经堂遗址出土铁器共44件，有腰铁、三角铁、铁柄船桨、铁钩矛、铁扒锔、铁楔、铁条构件、铁棍、铁扳手、铁锥、铁环、铁滑轮、合页、钌铞及一些锈烂的铁器等。

1．腰铁 2件。编号H-T1017：1、H-T1017：2，均出土于乐奏钧天戏台东侧买卖街铺面房基址垫土中。两端齐头，中间亚腰，上下面光平，较厚重。用于固定大型石构件接口处。长22、宽13.6、亚腰处宽5.4、厚6.4厘米，重8400克（图一四二：6；图版五四：1）。

2．三角铁 9件。其中大号8件，编号H-YRSHT：1～8，小号1件，编号H-YRSHT：9，均出土于云容水态遗址临水湖岸垫土中。

标本H-YRSHT：1，平面呈倒置三角形，尖朝下，心梢内凹，上边略弧，上半部中间有圆形卯孔及铆钉1个，铁板较厚。安装于柏木桩下端桩尖部位，以利柏木桩被夯打时往深处钻进，并不易秃、劈。长26.8、宽17.6、厚0.4～1.2厘米，重2300克（图一四二：5；图版五四：2）。

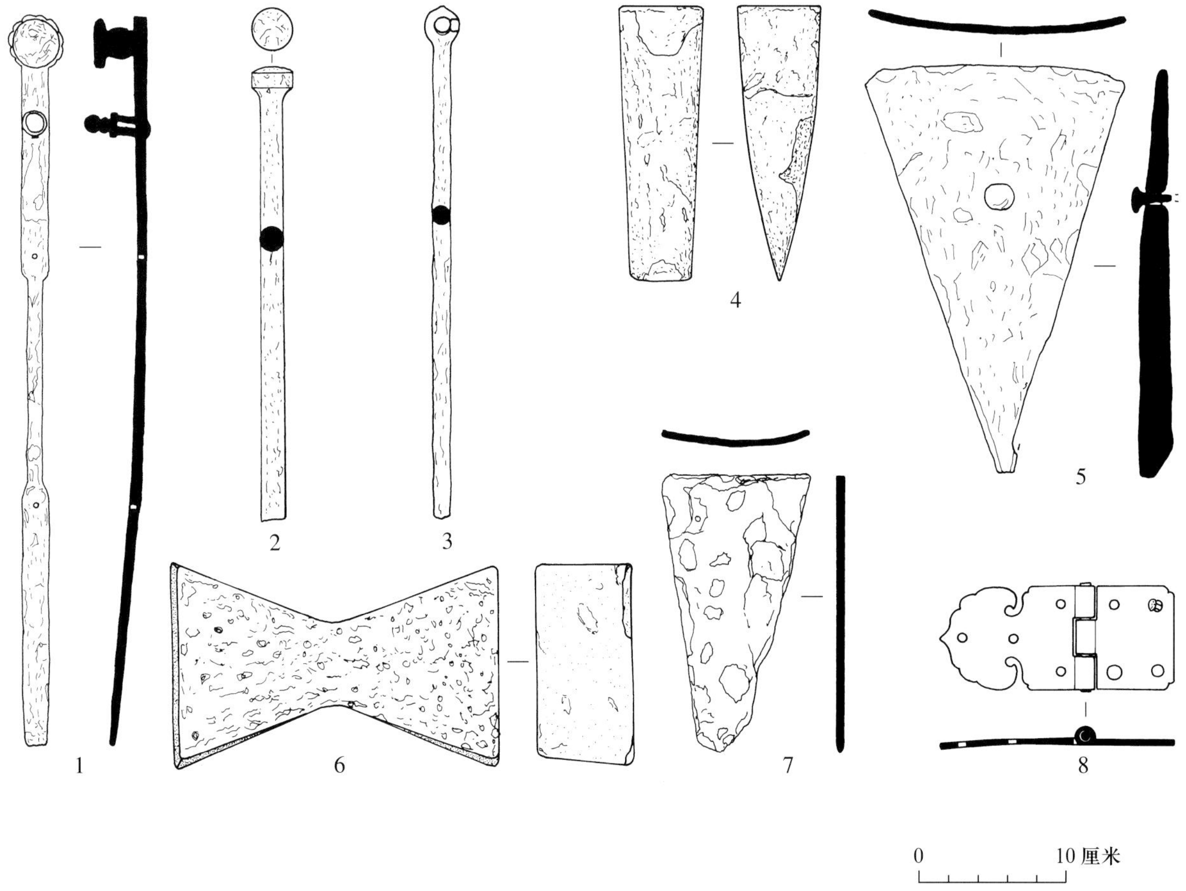

图一四二 铁器

1. 铁条构件（H-T1019：2） 2. 铁棍（H-T1019：3） 3. 铁棍（H-T1019：4） 4. 铁楔（H-T1019：1）
5. 三角铁（H-YRSHT：1） 6. 腰铁（H-T1017：1） 7. 三角铁（H-YRSHT：9） 8. 铁合页（H-T1019：9）

标本H-YRSHT：9，形制、用途同上，只是没有卯孔与铆钉，形体规格较小，是用在小柏木桩桩尖上的三角铁。长18.2、宽10、厚0.5厘米，重350克（图一四二：7；图版五四：3）。

3．铁柄船桨　1件。编号H-TXBK：7，出土于含经堂遗址西北角值房扩方垫土中。呈"T"字形，柄部与柄端作圆柱体，桨板部分作长方形平板，板上铸出了3排双卯孔，以便与配套的木桨板铆固在一起使用。长62厘米，柄部截面直径7、桨板宽15、厚2.5厘米（图一四三：1；图版五四：4）。

4．铁钩矛　1件。编号H-T0113K：2，出土于澄波夕照遗址临水石踏跺垫土中。长矛带钩，矛銎口圆形，矛头中脊和钩体中段为方形实心。装上木柄，用于码头撑船和钩船。长21.8、矛銎口直径（外径）3.8厘米（图一四四：1；图版五四：5）。

5．铁扒锔　2件。编号H-T1017：3、H-T1017：4，均出土于乐奏钧天戏台东侧买卖街铺面房基址垫土中。

标本H-T1017：3，中间为圆形方孔铁箍，在方孔四面中央各铸出卯眼1个，两侧向外伸出对称的水平尖头扣齿，在板心前半部，各铸出铆眼2个。这是用于固定大件木构件的铁扒锔。所有的卯

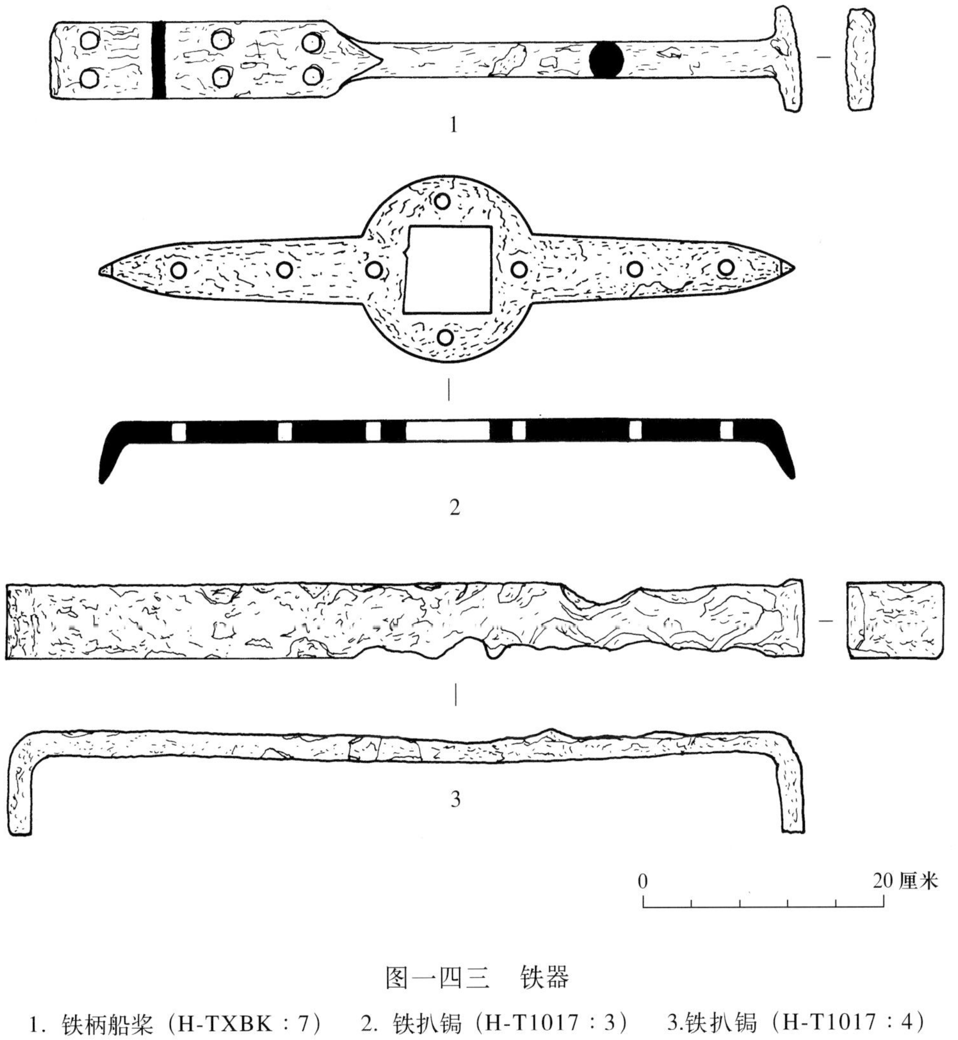

图一四三　铁器

1．铁柄船桨（H-TXBK：7）　2．铁扒锔（H-T1017：3）　3.铁扒锔（H-T1017：4）

眼都是为了钉钉子对木构件作进一步加固而铸造出来的。通长57.6、中间圆形方孔铁箍外径14.8、齿板根部宽5.4、厚1.6、锔齿长2.8厘米（图一四三：2；图版五四：6）。

标本H-T1017：4，锔端为平头板式，锔身为长条铁板，较长大、厚重，用于固定大件石构件。长66、宽6、平头锔长8.4、厚2厘米（图一四三：3；图版五五：1）。

6．铁楔 1件。编号H-T1019：1，出土于神心妙达看戏殿东侧买卖街铺面房基址垫土中。平顶，双面楔形，体厚重，用于破解大块石料。长18.1、宽5.8、厚5.6厘米（图一四二：4；图版五五：2）。

7．铁条构件 1件。编号H-T1019：2，出土于神心妙达看戏殿东侧买卖街铺面房基址垫土中。长条形，中间为长束腰，上端一侧有圆形鋬手，并有铆件，在中间长束腰的上、下方各铸出盲眼1个，用途不详。长48、宽1.8、中间束腰处宽1、厚0.6厘米（图一四二：1；图版五五：5）。

8．铁棍 2件。编号H-T1019：3、H-T1019：4，均出土于神心妙达看戏殿东侧买卖街铺面房基址垫土中。

标本H-T1019：3，圆棍形，顶端有圆铁头，长30、棍体直径1.6、铁头直径2.8厘米（图一四二：2；图版五五：3）。

标本H-T1019：4，圆棍形，顶端为环首，长33.6、棍体直径1.2、顶端环首直径2.2厘米（图一四二：3；图版五五：4）。

9．铁扳手 1件。编号H-T1019：5，出土于神心妙达看戏殿东侧买卖街铺面房基址垫土中。上身短，下身长，两腿分岔，呈倒“丫”字形，上端有小豁口，下带钝齿，应为扳手类铁工具。长13.2、上端宽1.8、下端宽2.7、厚0.5～0.9厘米（图一四四：3；图版五五：6）。

10．铁锥 1件。编号H-T1019：6，出土于神心妙达看戏殿东侧买卖街铺面房基址垫土中。锥形，上端被砸成扁头，下端为锥头，锥体作方棱形，长15.4、锥体厚0.6厘米（图一四四：2；图版五五：7）。

11．铁环 1件。编号H-T1019：7，出土于神心妙达看戏殿东侧买卖街铺面房基址垫土中。圆形环，边缘局部锈残，外径5.2、内径3.8、厚0.6厘米（图一四四：5；图版五六：1）。

12．铁滑轮 1件。编号H-T1019：8，出土于神心妙达看戏殿东侧买卖街铺面房基址垫土中。滑轮架为铁质，呈倒“U”字形，下端两侧有卯孔，将束腰形铜质滑轮用穿钉铆固在滑轮架上。铁滑轮架通高6、下端宽4、厚0.6厘米，铜滑轮大径2.4、小径1.3、孔径0.4厘米（图一四四：6；图版五六：2）。

13．铁合页 2件。编号H-T1019：9、H-T1019：10，出土于神心妙达看戏殿东侧买卖街铺面房基址垫土中。形制相同，唯规格有大小之别。合页上页呈方形，下页呈如意头形，上页四角各有铆眼1个，下页上部左、右角各有卯眼1个，如意头中间纵向分布卯眼2个。

标本H-T1019：9，长16、宽6.8、厚0.45厘米（图一四二：8；图版五六：3）。

标本H-T1019：10，长14、宽6、厚0.4厘米。

14．铁钉锅 1件。编号H-T1019：11，出土于神心妙达看戏殿东侧买卖街铺面房基址垫土中。钉锅分上、下两片，两片衔接处带穿孔，以环首双股铁条钉套连在一起，可以自由扣合，上片上端带横向豁口，下片下端有环孔。长13.3、宽1.4～1.7、厚0.25～0.4厘米（图一四四：4；图版五六：4）。

另有锈烂残碎铁器18件，形状、规格及用途均不明，在此不赘。

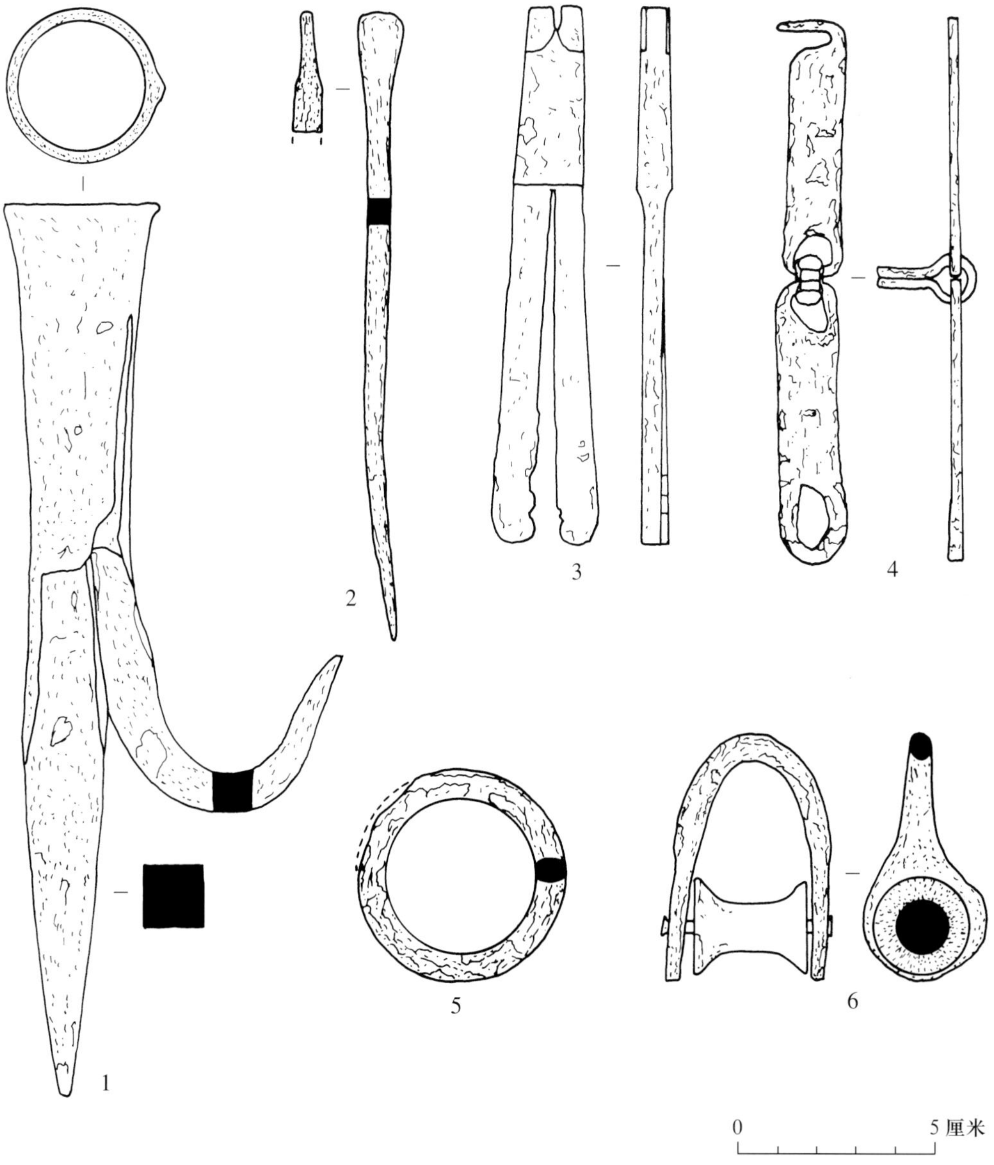

图一四四　铁器

1. 铁钩矛（H-T0113K：2）　2. 铁锥（H-T1019：6）　3. 铁扳手（H-T1019：5）
4. 铁钌铞（H-T1019：11）　5. 铁环（H-T1019：7）　6. 铁滑轮（H-T1019：8）

第九节　其　　他

过火柏木板　2件。编号H-T0817：1、H-T0817：2，出土于戏台地井北侧底部。原是戏台地井之上地板，经火烧焦，外层炭黑，现仅存板心部分。这是当年英法联军火烧圆明园的罪证之一。两块木板存长分别为186、152厘米，存宽均为15厘米，存厚均为6厘米（图版五六：5）。

第五章 结　　语

1.此次含经堂遗址的发掘，是《圆明园遗址公园规划》制定后首次进行的正式科学考古发掘，目的在于通过科学发掘，获得有关含经堂遗址在建筑格局、规模、结构特点及其变迁诸方面的第一手考古资料，以与相关文史档案资料相比较，从而为该遗址的保护与利用提供确凿可靠的实证依据，同时也将为圆明园其他景区遗址的整理、保护与利用，积累探索性的经验，对于今后圆明园遗址文物保护事业，乃至国家对国内大型遗址的保护工作的指导，也都具有深远的历史意义。

2.通过此次对含经堂遗址的全面发掘，彻底搞清了含经堂宫苑建筑景群的建筑格局、规模、结构特点及局部改建和添建的情况。由于该遗址保存状况较好，因而获得了一批较为完整而系统的考古资料，结合《钦定日下旧闻考》和《雷氏旨意档》等清代史料，明确了含经堂宫苑景群主体建筑的年代，是在清乾隆十年至三十五年（1745～1770年）间，即正值清朝盛期兴建的，如整个南区建筑和北区中路、西路建筑，以及东路中的渊映斋，还有东路宫墙以外的买卖街、井亭，甚至宫苑西北隅山脚下的值房、东南山口外临水处的云容水态敞厅等，仅有很少一部分建筑（北区东路建筑中的扮戏房、戏台、神心妙达看戏殿及宫苑东北隅和东侧山脚下的库房），是属于嘉庆十九年（1814年）之后改建和添建的，因此，作为乾隆皇帝寝宫的含经堂宫苑建筑景群的设计和建造技艺质量与水平，毫无疑问代表了清代盛期皇家园林建筑设计和营造的最高水平。

3.含经堂遗址宫殿内发现的供暖设施——20余座各种形式的连地炕遗迹，以有力的具象资料证实了含经堂宫苑的性质确为清皇室的御园寝宫。还有遗址东西南北各区域内发现的多处排水设施——石沟漏与石沟门及沟漏盖，以及南区广场上的铺地纹及带有铺地纹的圆形和长方形毡帐遗迹，成排树坑遗迹的发现等，这些考古资料不但表明含经堂当初的设计与营造十分周详和考究，而且从若干具体的侧面填补了清代文史典籍中有关含经堂御园寝宫记载的遗漏与空白。

4.含经堂遗址中出土的近千件文物，尽管绝大多数为残件，但其中亦不乏有一定历史价值者，如淳化阁帖汉白玉石刻和乾隆款和田墨玉钵及乾隆款仿漆工艺红釉菊花瓣瓷盘（残件）等文物标本，它们都是长春园含经堂宫苑建筑景群建于清乾隆时期、含经堂宫苑即为清乾隆帝寝宫的实证依据之一。

5.发掘过程中，在大多数宫殿基地及其周围地面，都发现有被大火焚毁的已经酥碎、泛红的砖面和迸裂的石材遗迹，在戏台地井中，更发现了厚厚的炭灰和被烧焦的黑色柏木戏台地板的遗迹，还有的大殿柱础石的柱窝里，至今尚残存着木炭灰烬等等，这些火烧遗迹，是含经堂宫苑在1860年10月惨遭英、法侵略军抢掠并纵火焚毁的具体罪证，同时它们也为圆明园遗址为爱国主义教育基地的定位与定性，提供了最具说服力的实证资料。

附表 1

南牌楼基槽内出土石构件登记表

名称	编号	数量	规格（厘米）					形状	质料	保存状况	备注
			长	宽	高(厚)	柱窝直径	柱窝深度				
柱础	1	1	100	100	25	51	19	正方形	青石	完整	此基槽内的石构件，已于2003年全部回埋。表面石构件编号，均自南向北编排
	2	1	103	100	25	51	21	方形	青石	完整	
	3	1	103	100	25	51	21	方形	青石	完整	
	4	1	94	92.5	21	51	19	方形	青石	完整	
石锁	1	2	185	72	26			凹字形	花岗岩	完整	
	2	2	208	70	23			凹字形	花岗岩	完整	
	3	2	210	82	18			凹字形	花岗岩	1件完整	
	4	2	185	72	26			凹字形	花岗岩	1件完整	
戗杆石	1	2	52	52	21			正方形	青石	完整	
	2	2	57	57	25			正方形	青石	完整	
	3	2	57	57	27			正方形	青石	1件完整	
	4	2	残损						青石	已残碎	
其他构件	尚遗有压边石等其他各种石构件86块								青石	大多残碎	

附表 2

西牌楼基槽内出土石构件登记表

名称	编号	数量	规格（厘米）					形状	质料	保存状况	备注
			长	宽	高(厚)	柱窝直径	柱窝深度				
柱础	1	1	89.5	89	34	52	20	方形	青石	完整	此基槽内的石构件，已于2003年全部回埋。表面石构件编号，均自南向北编排
	2	1	96	93	35	52	20	方形	青石	完整	
	3	1	94	86	35	52	20	方形	青石	完整	
	4	1	95	92	34	52	20	方形	青石	完整	
石锁	1	2	202	82	21			凹字形	花岗岩	完整	
	2	2	202	83	26			凹字形	花岗岩	已残	
	3	2	204	83	18			凹字形	花岗岩	1件完整，1件残	
	4	2	204	78	18			凹字形	花岗岩	略有残损	
戗杆石	1	1	57	57	21			正方形	青石	完整	
	2	1	57	57	21			正方形	青石	完整	
	3	1	57	57	21			正方形	青石	完整	
	4	1	57	57	21			正方形	青石	完整	
其他构件	尚遗有压边石等其他各种石构件185块									大多残碎	

附表 3

东牌楼基槽内出土石构件登记表

名称	编号	数量	规格（厘米）					形状	质料	保存状况	备注
			长	宽	高(厚)	柱窝直径	柱窝深度				
柱础	1	1	95	93	34	52	19.5	方形	青石	完整	此基槽内的石构件，已于2003年全部回埋。表面石构件编号，均自南向北编排
	2	1	100	96	38	52	20	方形	青石	完整	
	3	1	103	100	33	52	20	方形	青石	完整	
	4	1	100	100	33	52	20	正方形	青石	完整	
石锁	1	2		88	23			凹字形	花岗岩	残	
	2	2	190	80	20			凹字形	花岗岩	1件完整，1件残	
	3	2	190	74	30			凹字形	花岗岩	已残	
	4	2						凹字形	花岗岩	残碎	
戗杆石	1	1	65	57	25			方形	青石	完整	
	2	1	57	57	26			正方形	青石	完整	
	3	2	57	57	30			正方形	青石	完整	
	4	2	57	57	27			正方形	青石	完整	
其他构件	尚遗有其他各种石构件70块									大多残碎	

附表4

含经堂南区广场遗址古树坑遗迹登记表

编号	平面形状	规格（米）				树根遗存状况
		圆形、八角形坑	方形、长方形坑		深	
		直径	长	宽		
1	圆形	0.9			0.65	无
2	圆形	0.9			0.66	无
3	圆形	1			0.9	存有树根，为保存壁砖未作清理
4	圆形	0.9			0.62	存有较多树根，其中主根直径为9厘米
5	圆形	0.9			0.64	存有树根3根，直径6厘米
6	圆形	0.9			0.64	存有较多树根，直径1～4厘米
7	圆形	0.9			0.66	存有树根1根，直径2.5厘米
8	圆形	0.8			0.66	存有较多树根，直径1～4厘米
9	圆形	0.9			0.65	无
10	圆形	0.9			0.58	无
11	圆形	0.9			0.65	存有树根1根，直径1厘米
12	圆形	0.9			0.64	无
13	八角形	0.8			0.38	无
14	八角形	0.95			0.46	存有树根2根，直径2厘米
15	八角形	0.8			0.4	存有较多树根，粗者直径9厘米
16	八角形	0.8			0.42	存有较多树根，直径1厘米
17	长方形		0.9	0.8	0.5	存有树根11根，直径1～3厘米
18	长方形		0.9	0.8	0.5	存有树根2根，直径2厘米
19	长方形		0.85	0.7	0.54	无
20	长方形		0.9	0.8	0.54	存有树根6根，直径1～3厘米
21	方形		0.81	0.81	0.45	存有树根16根，直径1～4厘米
22	长方形		0.81	0.7	0.36	存有树根2根，直径1厘米
23	长方形		0.85	0.77	0.45	存有树根5根，直径2厘米
24	方形		0.94	0.94	0.35	存有树根7根，直径1～3厘米
25	圆形	0.73			0.6	无
26	圆形	0.67			0.6	无
27	圆形	0.7			0.66	存有树根2根，直径4厘米
28	圆形	0.8			0.62	存有树根1根，直径3厘米
29	圆形	0.77			0.43	存有树根3根，直径3厘米

续附表4

编号	平面形状	规格（米）				树根遗存状况
		圆形、八角形坑	方形、长方形坑		深	
		直径	长	宽		
30	圆形	0.77			0.42	存有树根1根，直径1厘米
31	圆形	0.77			0.43	存有树根10根，直径1～3厘米
32	长方形		1	0.9	0.32	存有树根5根，直径1～3厘米
33	八角形	0.87			0.63	存有树根2根，直径3厘米
34	圆形	1			0.6	无
35	圆形	0.85			0.35	存有树根2根，直径4厘米
36	圆形	0.85			0.45	存有较多树根，粗者直径16厘米
37	圆形	0.77			0.35	存有较多树根，粗者直径10厘米
38	八角形	0.85			0.4	存有树根3根，直径2.5厘米
39	八角形	0.77			0.3	无
40	八角形	0.8			0.24	无
41	八角形	1			0.43	存有树根4根，直径5厘米
42	圆形	0.77			0.4	存有树根2根，直径1.5厘米
43	八角形	0.77			0.48	存有树根3根，直径1厘米
44	八角形	0.77			0.48	存有树根4根，直径1厘米
45	八角形	0.9			0.3	无
46	八角形	1.05			0.24	存有树根6根，粗者直径12厘米
47	圆形	0.77			0.23	存有树根5根，直径1～8厘米
48	圆形	0.77			0.34	存有树根2根，直径3厘米
49	圆形	0.77			0.36	无
50	八角形	0.9			0.4	存有树根3根，直径3厘米
51	圆形	0.75			0.4	存有树根2根，直径2厘米
52	圆形	0.77			0.18	存有树根2根，直径2厘米
53	圆形	0.77			0.26	存有树根1根，直径2厘米
54	圆形	0.77			0.38	存有树根4根，直径1～3厘米
55	圆形	0.77			0.3	存有较多树根，粗者直径4厘米
56	圆形	0.77			0.38	存有树根1根，直径1厘米
57	圆形	0.77			0.28	无
58	圆形	0.77			0.2	无

附表5

三友轩叠石假山残存古树遗迹登记表

序　号	树　种	位　　置	距地残高（米）	树干最大径（米）
1	柏树	假山南缘中间略偏东侧	0.4	0.27
2	柏树	假山西南隅石窝内	0.28	0.29
3	柏树	假山西缘中间略偏北侧	1.33	0.25
4	柏树	假山天井通道内西侧台上，石窝内（台高0.6米）	1.5	0.24
5	柏树	假山西北角高台上，石窝内（台高1.2米）	0.38	0.24
6	柏树	假山东北隅	0.6	0.35
7	柏树	假山东北隅略偏东侧矮台上，石窝内（台高0.3米）	0.43	0.33
8	柏树	假山北缘略偏东侧高台上，石窝内（台高0.8米）	0.13	0.21

附表 6

含经堂遗址出土葫芦器陶模统计表

序号	器物号	型	形态	纹饰	文字	规格（厘米）								
						通/残长	口径/残宽	镂孔径	唇厚	颈长	腰长	外颈宽	上腹宽	腹壁厚
1	HTAO-005	Ⅰa	残片1，锥角残缺	腰饰回纹，腹饰菠萝纹		10.8	5.4		1.7	0.8	1.2			2.3～1.8
2	THAO-021：1～2	Ⅰa	器形完整，中间纵向断开，1分为2	腰饰绚纹和粗弦纹，腹饰万字锦纹，锥角饰绚纹		13.5	4.8	0.45	1.2	1.2	1.2	8.7	8.3	1.8～0.6
3	HTAO-023：1～2	Ⅰa	残片2，可衔接，锥角残缺	腰饰蕉叶纹，腹饰菠萝纹，腹下饰如意云纹		12.9	4.6		1.6	1	1.8	8.2	7.5	1.4～0.8
4	HTAO-024	Ⅰa	残片1	腰饰回纹，腹饰菠萝纹，锥角饰回纹		13.3	7.1		1.9	0.8	1.1			1.9～1.5
5	HTAO-026	Ⅰb	残片1，腰以下残缺	腰饰回纹，腹刻头扎幞头、络腮胡须的大汉，左侧露另一人手执伞盖		10.7	7.4		1.9	1	1.1			1.6～0.8
6	HTAO-006	Ⅰc	残片1，锥角残缺	腰饰如意云纹，腹饰八卦图案、祥云团鹤		12.4	7		2.2	0.6	2			2.5～1.5
7	HTAO-016	Ⅰc	残片1，颈以上、腹以下残缺	腰饰如意云纹，腹饰八卦图案及团鹤纹		7.5	4.5				2.1			2～1.2
8	HTAO-034：1～3	Ⅰc	残片3，可衔接，锥角残缺	腰饰如意云纹，腹饰八卦图案及团鹤纹		13	10.9		1.9	0.6	1.3			2.2～0.9
9	HTAO-020	Ⅰd	完整，近似大头被截平的鹅蛋形	腰饰如意云纹，腹饰谷穗、菊花，一对蝈蝈各居奇石上，其一在啃食一只螳螂		13.5	5.5	0.4	2.1	1	1.7	14	9.7	2.2～1.5
10	HTAO-022：1～3	Ⅰd	残片3，可衔接，腰以下残缺	腰饰如意云纹，腹饰谷穗、菊花及一对蝈蝈		10.7	5.3		2.2	0.8	1.3	10	9.8	2.3～1
11	HTAO-025	Ⅰd	残片1，锥角残缺	腰饰如意云纹，腹饰谷穗及一对蝈蝈头部		13.2	5.5		2.5	0.8	1.2			2.4～1.1
12	HTAO-027	Ⅰe	残片1，锥角残缺	腰上部饰如意云纹，下沿饰联珠纹，腹部上沿饰璎珞纹，中心饰香炉纹，其左右下三面饰勾连纹		15.5	7.2		0.95	0.8	3			1.5～0.9

续附表 6

序号	器物号	型	形态	纹饰	文字	规格（厘米）								
						通/残长	口径/残宽	镂孔径	唇厚	颈长	腰长	外颈宽	上腹宽	腹壁厚
13	HTAO - 028	Ⅰe	残片1，腰以上及锥角残缺	腹饰香炉纹，左右下三面饰勾连纹		9.7	6.8							1.1～0.5
14	HTAO - 002：1～7	Ⅱa	残片7，拼合过半	颈饰凸弦纹，腰饰二周联珠纹，中间饰回纹，腹刻楷书诗文，锥角饰双重绹纹	“……千里江陵一……两岸猿声啼不住，轻舟已过万重山”“寒雨连江夜入吴，平明送客楚山孤。洛阳亲友如相同，一片冰心……”	16	5		1.2	1.7	2	8.4	7.6	1.5～0.3
15	HTAO - 013	Ⅱa	残片1，颈以上、腹以下残缺	腰饰二道联珠纹，中间夹饰回纹；腹刻楷书诗文	“朝辞白帝……”	9	5.3				2.3			1.7～1.4
16	HTAO - 029	Ⅱa	残片1，腰以上、锥角残缺	腰饰二周联珠纹，中间夹饰回纹，腹刻楷书诗文，锥角饰绹纹	“寒雨连江夜入吴，平明送客楚山孤。”	11.6	7.9				2			1.8～1
17	HTAO - 030	Ⅱa	残片1，锥角残缺	腰上沿饰联珠纹，下饰如意云纹；腹刻楷书诗文	“花尖还要山，百那得一……”	11.7	9.2		1.5	0.7	2			2～0.9
18	HTAO - 031	Ⅱa	残片1，锥角残缺	颈饰凸弦纹，腰饰二周联珠纹，中间夹饰回纹，腹刻诗文	“两岸猿……轻舟已过万重……”	14	5.8		1.5	1.7	2.2			1.5～1.1
19	HTAO - 032	Ⅱa	残片1，腰以上、锥角残缺	腰饰二周联珠纹，中间夹饰回纹，腹刻诗文	“轻……重山”“寒雨连江夜入吴……”	13.4	7				2.2			1.7～0.8
20	HTAO - 003	Ⅱb	残片1，腰以下残缺	腰饰柿蒂纹，腹刻文字	18个不同字体篆书“寿”字	11.7	5.1		1.8	0.9	1.5	9.4	9	1.8～0.9
21	HTAO - 014	Ⅱb	残片1，腹大部残缺	腰饰绹纹，腹刻文字	残余2个双“喜”字	6.5	4.6		0.7	0.8	2.3			
22	HTAO - 036	Ⅱb	残片1，锥角残缺	腰饰绹纹、弦纹，腹刻文字	在弧边四凹角框内楷书“意”，四角外饰“喜”字	15.5	5.5		1.8	1.3	2.9			1.4～1.3

续附表 6

序号	器物号	型	形态	纹饰	文字	规格（厘米）								
						通/残长	口径/残宽	镂孔径	唇厚	颈长	腰长	外颈宽	上腹宽	腹壁厚
23	HTAO-037	Ⅱb	残片1，锥角残缺	腰饰一周联珠纹和蝙蝠、菱花相间纹，腹刻文字，锥角饰联珠纹。陶模外表有一1.5厘米见方的阴刻框，框内印记模糊	在弧边四凹角框内楷书“万”、“寿”，四面饰“寿”字	13.3	8.9		1	1	2.1			1.3~1
24	HTAO-040：1~3	Ⅱb	残片3，可衔接	腰饰绹纹、弦纹，腹刻文字，锥角饰弦纹、绹纹	在弧边四凹角框内楷书“祥”、“如”四角外饰“喜”字	19.2	9.4		2.1	1.3	2.9			1.5~0.9
25	HTAO-039	Ⅲa	残片1，锥角残缺	腰饰十字花纹，腹饰2灯笼	一灯笼上书双“喜”字“卐”字缀，另一灯笼以变体“寿”字为缀	11.2	6.1		1.1	1.4	2.5			1.5–1.1
26	HTAO-038	Ⅲa	残片1，腹以下残缺	腰饰绹纹，腹饰梅花纹及楷体字	圆框内楷书“泰”	11	7.5		1.9	1.4	1.7			1.5~0.7
27	HTAO-033：1~4	Ⅲa	残片4，可围合	腰饰回纹，腹饰“五蝠捧寿”，边饰“寿”字和卷云纹	“寿”	13.9	5.5		2.2	0.8	1.5	10.4	9.8	1.9~0.7
28	HTAO-035	Ⅲa	残片1，只余腹部	腹饰双“喜”字和蝠蝶	双“喜”	8	7.2							0.5~0.3
29	HTAO-008	Ⅲa	残片1，腹以下残缺	腰饰回纹，腹饰“五蝠捧寿”	“寿”	11.2	8		1.9	0.9	1.5			2.3~1.5
30	HTAO-009	Ⅲa	残片1，锥角残缺	腰饰回纹，腹饰“五蝠捧寿”	“寿”	11.7	7.5		1.9	0.9	1.5			1.9~1.3
31	HTAO-010	Ⅲa	残片1，锥角残缺	腰饰如意云纹，腹饰缠枝花、葵花，下饰绹纹	葵花圆心内刻双“喜”字	10.6	6.5		2.1	0.9	1.5			1.9~1
32	HTAO-001	Ⅲb	完整，亚腰圆锥形	颈上部出棱，腰饰蝠、云纹，腹饰两蝙蝠穿梭于竹林山石间	腹刻“日日平安报好音”，并有“记”字戳印	15	4.9	0.4	1.7	1.8	1.2	8.9	7.9	1.6~0.8

续附表 6

序号	器物号	型	形态	纹饰	文字	规格（厘米）								
						通/残长	口径/残宽	镂孔径	唇厚	颈长	腰长	外颈宽	上腹宽	腹壁厚
33	HTAO-004	Ⅳ	完整，亚腰圆锥形	内外光素		14.6	5.1	0.4	1	1.1	2	9.1	8	1.5~1.2
34	HTAO-007		残片1，腹以下残缺	腰无纹饰，腹饰祥云瑞蝠		10.1	7.4		1.4	0.9	2.9			1.1~0.9
35	HTAO-011		残片1，腹以下残缺	腰饰绹纹和两道阴刻弦纹		9.3	6		2.6	1.8	3			1.3~1.2
36	HTAO-012		只余锥角	三道棱棱纹与两道金钱海棠纹相间		8	7.5	0.5						0.8
37	HTAO-015		残片1，腹以下残缺	腰饰蕉叶纹		7.3	6.5		1.3	1.2	2.2			
38	HTAO-017		残片1，中腰以下残	上腹饰一周联珠纹，下饰卷云纹		4.9	4.6				1.2			1.7~0.6
39	HTAO-018		残片1，只余锥尖	腹下沿饰两道弦纹，锥尖饰绹纹		6.5	5.8							0.8~1.1
40	HTAO-19		残片1，只余腰上部	素		5.2	4.9				2			0.8~0.7
41	HTAO-41		残片1，腰以下残缺	腰饰二周联珠纹，中间夹饰梅花瓣纹，腹饰竹叶		9.6	7.5		1.8	1.4	1.6			1.7~1

附表 7

含经堂遗址用砖规格统计表

砖型序号	规格：长 x 宽 x 厚（厘米）	出土位置
1	46 x 20 x 7.5	宫墙基础西南角地面
2	45 x 22 x 10.5	西牌楼基槽砖基
3	42 x 21 x 10	广场地面
4	38 x 19 x 10	宫门西侧散水地面
5	33 x 33 x 5.5	宫门西侧广场图案地面第一层
6	43 x 20 x 10	宫门西侧广场图案地面第二层
7	43.5 x 21.5 x 10	宫门南侧台阶基础
8	44 x 22 x 9.5	宫门东侧广场图案地面
9	26 x 10 x 6（纵向破半）	宫门西侧散水砖牙子
10	42.5 x 21 x 8	梵香楼西侧遗存
11	25.5 x 14 x 5.5	买卖街东侧井亭南库房（F1）散水砖牙子
12	33 x 33 x 5	买卖街东侧井亭北库房（F2）墙体
13	23 x 9 x 9	东牌楼北侧与东宫墙之间甬路砖牙子
14	18 x 9 x 9	东牌楼北侧与东宫墙之间甬路砖牙子
15	44.5 x 22 x 10.3	霞翥楼东侧买卖街地面
16	50.6 x 50.6 x 7.5	霞翥楼东侧买卖街地面
17	48 x 48 x 7	霞翥楼东侧买卖街地面
18	33.5 x 32.5 x 5.5	霞翥楼东侧买卖街地面
19	45.7 x 32 x 5.5	霞翥楼东侧买卖街地面
20	48 x 37.5 x 11	霞翥楼东侧买卖街地面
21	47 x 38 x 8	霞翥楼东侧买卖街地面
22	38 x 38 x 6	霞翥楼东侧买卖街地面
23	40.5 x 20 x 7.5	霞翥楼东侧买卖街地面第一层
24	43.5 x 22 x 6	霞翥楼东侧买卖街地面第一层
25	33.5 x 33.5 x 7	霞翥楼东侧买卖街地面第一层
26	48.5 x 46 x 7.5	霞翥楼东侧买卖街地面第一层
27	48 x 26 x 8	霞翥楼东侧买卖街地面第二层
28	50 x 44 x 7	霞翥楼东侧买卖街地面第二层
29	38 x 19 x 10	梵香楼散水地面
30	41 x 20.5 x 11	霞翥楼东侧买卖街连地炕西侧地面、淳化轩东回廊地面
31	24 x 12.5 x 4.5	霞翥楼东侧买卖街连地炕火道两侧
32	19.5 x 19.5 x 11（经砍削）	霞翥楼东侧买卖街连地炕南面地面（零星分布5块，相距29～36厘米）
33	43 x 23.5 x 12	买卖街东侧库房（F3）墙体
34	39 x 39 x 5.5	买卖街东侧库房（F3）地面
35	40.5 x 19.5 x 6	渊映斋连地炕墙体
36	35.7 x 20 x 6.5	渊映斋连地炕墙体

续附表 7

砖型序号	规格：长 x 宽 x 厚（厘米）	出土位置
37	44.7 x 21.5 x 9.5	神心妙达月台地面
38	32 x 32 x 5	库房（F5）地面
39	25 x 13.5 x 5.5	库房（F5）墙体
40	27（残） x 24.5 x 13.5	淳化轩与含经堂之间甬路
41	38 x 19 x 10	含经堂西北角外梵香楼北侧院外地面
42	34.5 x 32 x 5	西北值房地面
43	38 x 36.5 x 6	西北值房地面
44	35 x 21.5 x 7	西北值房地面
45	39 x 38 x 5.7	西北值房地面
46	29 x 14 x 5.5	西北值房墙体
47	43.5 x 21 x 9.5	西北值房墙体
48	46 x 19 x 10	理心楼地面
49	42 x 21 x 11	静连斋散水地面
50	48.5 x 48.5 x 7	待月楼地面
51	50 x 49 x 7	涵光室地面
52	60 x 60 x 8.5	含经堂地面
53	38 x 38 x 5.5	霞翥楼地面
54	46 x 23 x 10	静缘亭墙体
55	45 x 20 x 10	静缘亭墙体
56	26.5 x 13 x 6.5	静缘亭墙体
57	49 x 49 x 7	云容水态地面

后 记

在国家文物局、北京市政府和北京市文物局领导的关心、支持和指导下，北京市文物研究所圆明园考古队于2000年10月至2004年12月，在圆明园遗址做了一系列的考古调查、勘察与发掘工作，获得了一批有科学价值的考古资料。这项考古工作，是圆明园被毁后140余年来首次开展的具有历史意义的科学考察工作，所获成果，不但对研究圆明园的历史、造园技艺，进而透视清代社会经济、文化背景及生产力发展水平等，具有很高的资料价值和历史价值，而且对于制定当前和今后圆明园遗址的保护规划及合理利用方案等，也具有重要的科学价值和参考意义。

参加2000年10月至11月圆明园遗址考古调查，并制定《圆明园遗址第一期发掘计划》工作的有北京市文物研究所靳枫毅、王继红。参加2001年度长春园含经堂和宫门区遗址第一期发掘工作的有王策、郁金城、王继红、靳枫毅。参加2002年度含经堂遗址第二期发掘工作的有郁金城、王继红、靳枫毅。参加2003年度含经堂遗址第三期发掘工作的有靳枫毅、王继红、孙勐。第一期发掘工作由王策主持。第二、三期发掘工作及后期资料整理与发掘报告的编写工作等，由靳枫毅主持，王继红自始至终参加了资料整理和发掘报告的编写。遗迹与结语部分由靳枫毅执笔，出土器物部分由王继红执笔。

近几年来，我们在圆明园遗址所进行的考古调查、勘察与发掘工作，一直得到圆明园管理处的大力支持与协助，并得到山东省枣庄市博物馆和滕州市博物馆在技术力量方面的热诚帮助；本报告的出版，更得到了国家文物局、北京市文物局和文物出版社领导的热忱关心与支持。文物出版社总编辑葛承雍先生和第六图书编辑部主任于炳文先生及责任编辑李媛媛同志给予了很多帮助，他们为本书的出版做了大量的具体工作，付出了许多辛勤的汗水，本书英文摘要承李新伟先生协助翻译。在此一并致以衷心感谢。

本文遗迹摄影：靳枫毅、郁金城

热气球高空摄影及器物照相：王殿平

遗址总平面图测绘：苏昭秀、李召銮、李猛

单项遗迹与器物绘图：李召銮、李猛、孙佳、刘欢、南迪、罗翠翠、丁玲、邢杨

拓片：李召銮、李猛

ABSTRACT

The famous Yuanmingyuan 圆明园 palace of the Qing 清 royal family is located at the Haidian海淀 Township, Haidian District, Beijing北京. It is outstanding in the world gardening history, and has been praised as "the garden of all gardens" and "the model of all gardens".

The Hanjingtang 含经堂 yard, which had been constructed from the 10th year to the 35th year of the Qianlong乾隆 reign, is situated on the quiet central island surrounded by water and hills in the east of Yuanmingyuan. Ruin of the yard is more than 300 m from south to north and about 200 m from east to west. Occupying an area of more than 6 ha, and about 3 ha in architecture area (including the southern square), it is surrounded by the western style Dashuifa 大水法 hall to the north, the Yulinglong 玉玲珑 yard to the east, the Changchunqiao 长春桥 bridge and the Danhuaitang 澹怀堂 yard to the south, and the Haiyuekaijin 海岳开襟 and the Siyongzhai思永斋 yards to the west. As the largest living area in the center of the Changchun 长春 Gardon, Hanjingtang originally consisted of more than 30 architectures including the square, the archway, the tent, the yard gate, the screen wall, the large hall, the small room-complex, the theater hall, the dressing room for actors, the stage, the open hall, the corridor, the pavilion, the rockery and the shopping street. It had been built by emperor Qianlong for his retire life. The emperor spent more than a half year in the yard after its construction. Hanjingtang is the largest, the most characteristic and the finest yard among the hundreds of yards within Yuanmingyuan. It is also a gallery of a large number of royal treasures. As a representitive of the highest archetectal standard of royal gardon, it is among the most valuable cultural heritages of ancient architecture complex. Unfortunately, this great architecture complex was fired together with the whole Yuanmingyuan palace by the Allied Forces of Britain and French in the Opium War II in 1860 (the 10th year of the Xianfeng咸丰reign). The Allied Forces of Eight Nationas looted the Yuanmingyuan again in 1900, and Hanjingtang had turned to be a ruin since then.

In 1988, Yuanmingyuan entered the list of National Major Culture Heritages. The Beijing Institute of Cultural Relics conducted a survey at Yuanmingyuan in the October and November of 2000, and then had launched several scientific excavations at Hanjingtang from Aprial 2001 to December 2003. These large scale excavations, which exposed about 3.5 ha, provide us a clear picture of the plan of main burildings and attached architectures of Hanjingtang.

Main burildings of Hanjingtang are within a rectangular shaped large yard facing to the south and surrounded by walls. In the south of the yard, there is a square. The main hall and attached architectures are in the middle, the relaxation area is in the north. Almost all the burildings, especially the square in the south and the main halls in the middle, are symmetrically situated along a north-south axes. Burildings in the north were more freely and naturally arranged.

The exposed architectures in the south and middle remained the situation of the Qianlong reign (1736 to 1795 AD). However, since the eastern part of the relaxation area was reburilt by the Emperor Jiaqing嘉庆 in the 19th year of the Jiaqing reign (1814 AD), plan of the buildings might have been different from that of the Qianlong reign. No re-construction has been conducted after the 19th year of the Jiaqing reign, hence we can safely say that most of the burildings we find belong to the Qianlong reign, some belong to the Jiaqing reign, and none of them belong to later periods.

Within the square in the south, were found three archways decorated by glazed tiles and bricks, the foundation of a cross-shaped road between the archways, two foundations of round military tents (*wuzhang*武帐) with decorated floors, and 58 pits of cypresses.

Architectures in the middle of the yard, or the main body of Hanjingtang, include the front gate, the platform, the screen wall and gate, the eastern and western decorated side gates, the main hall of Hanjingtang, the Xiazhulou霞翥楼 building to the east, the Fanxianglou梵香楼 building to the west, the estern and western attached halls, and the surrounding corridors.

The relaxation area in the north has been completely exposed. Architectures found in this area include the Chunhuaxuan淳化轩 hall in the middle, the platform and a cluster of rockery in front of it, the Yunzhenzhai蕴真斋 building, the northern gate, the Deshenggai得胜概 open hall, the Yuanyingzhai渊映斋 building, the dressing room for actors, the stage, the Shenxinmiaoda神心妙达 theater hall, the shopping street to the east, the Hanguangshi涵光室 room to the west, the Sanyouxuan三友轩 open hall and the rockery around it, the Jinglianzhai静莲斋 building, the Lixinlou理心楼 building, the Daiyuelou待月楼 building, the Chengboxizhao澄波夕照 open hall, and the northern wall.

The excavations also found some attached architectures of the Hanjingtang yard, including the watch room at the northwest corner, the storerooms in the east side and the northeast corner, the well-kiosk, the tri-courtyards in the southeast corner, the No.1 wooden bridge in the southwest corner and the roads.

These excavations are the first archaeological fieldwork at Yuanmingyuan after the establishment of the *Plan of Yuanmingyuan Site Park*. The fieldwork aims to collect the firsthand data of the plan, scale, characteristics and evolvement of the Hanjingtang yard. By taking the record in ancient texts as references, the excavations can provide not only reliable evidence for the preservation and future utilization of Hanjingtang, but also valuable experience for the management, preservation and future utilization of other scenes in Yuanmingyuan. All this work might set a model for the preservation of large sites in China.

Thanks to the well-preservation of the site, after the excavations, we now have a comprehensive understanding of the plan, scale, structure and rebuilding of the Hanjingtang yard. According to archaeological data and ancient texts of the Qing Dynasty such as the *Qinding Rixia jiuwenkao*《钦定日下旧闻考》and the *Leishi zhiyidang*《雷氏旨意档》, it is clear that the main part of Hanjingtang, such as the architectures in the southern area, the middle and western parts of the northern area, the Yuanyingzhai to the east, the shopping street outside the eastern wall, the well-kiosk, the watch room beside the hill in the northwest corner, and the Yunrongshuitai云容水态 open hall on the lake bank, had been established from the 10th to 35th year of the Qianlong reign (1745—1770 AD). Only a few architectures (the dressing room for actors, the stage, the Shenxinmiaoda theater hall and the storerooms) were built after the 19th year of the Jiaqing reign. In other words, Hanjingtang had been built during the most glorious period of the Qing Empire, and hence certainly exhibits the highest standard of the Qing royal gardon construction.

The heating system consisting of more than 20 pits of different shapes indicates that Hanjingtang was sure the yard for everyday living of the Qing royal family. Discoveries of the drainage system, such as the stone leak, the paved designs on the southern square, the paved floor of the tents and the tree pits provide us some important details of the finely designed yard which were not recorded in ancient texts.

Although most of the nearly 1000 artifacts found in Hanjingtang are incomplete, many of them, such as the white marble stele of *Chunhuagetie* (淳化阁帖 a collection of fine ancient handwriting), the bowl with the Qianlong inscription made of black jade from Hetian和田 and the porcelain plate with the chrysanthemum design and the Qianlong inscription, are still valuable evidence to prove that the yard had been built during the Qianlong reign for relaxation and rest of the Emperor Qianlong.

Traces of burning, such as the burnt bricks and stones, were found on most of the architecture foundations. A thick layer of adust wooden floor was found near the stage. Charcoal and ash were found on some of the stone pillar-bases. These are material evidence of the arson committed by the Allied Forces of Britain and French in the October 1860. Hence the Hanjingtang yard will be a good classroom for the education of patriotism.

含经堂遗址鸟瞰

含经堂遗址探方分布及建筑遗迹鸟瞰

梵香楼及北侧垂花门基址鸟瞰

1．北宫墙外侧铺砌的卵石散水
（自西北角向东）

2．北区建筑遗迹鸟瞰

蕴真斋与北院门遗迹（自东南向西北）

1．由北院门通往得胜概的云步青石山道（北段，自东北向西南）

2．戏台地井东侧过火砖面遗迹（自南向北）

神心妙达看戏殿及殿前过火砖面（自南向北）

三友轩、假山及待月楼遗迹鸟瞰

1．含经堂三友轩太湖石假山遗迹（自东向西）

2．含经堂三友轩太湖石假山遗迹（自北向南）

澄波夕照遗迹鸟瞰（自东向西）

明漪潇照方亭基址（自东向西）

1. 明漪潇照方亭西侧甬路遗迹（自西向东）

2. 云容水态全景及环境（自南向北）

1．云容水态遗迹（自东向西）

2．静缘亭（八角亭）遗迹（自北向南）

1．静缘亭（八角亭）遗迹（自西向东）

2．静缘亭（八角亭）遗迹（自东向西）

（正面）

（侧面）

（背面）

铜佛像（H-T0918：1）

（正面）

（背面）

乾隆款玉钵（H-T0117：1）

1．玉和尚头像（H-T0719：1）

2．玉道士头像（H-T0818：1）

3．玉鹤嵌饰（H-T0116：1）

4．玉残马（H-HY：5）

1．白瓷象（H-T0116：2）　　2．白瓷碗碗底残片（H-TL10：1）

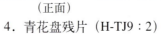

（正面）　　（背面）

3．青花碗碗底残片（H-TJ9：1）

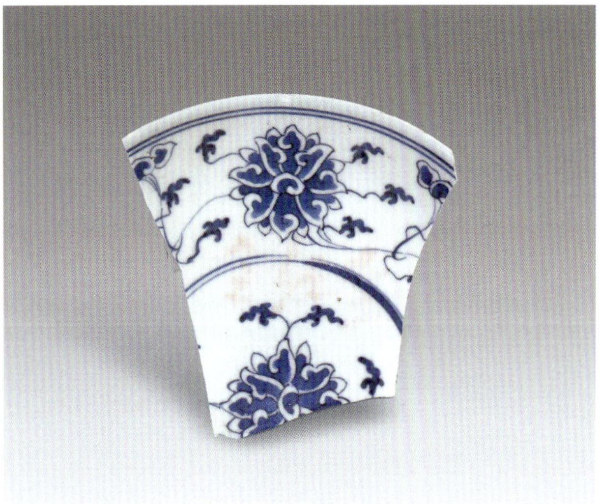
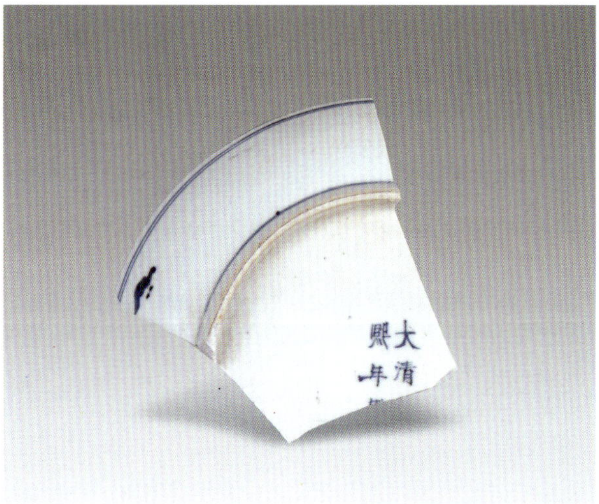

（正面）　　（背面）

4．青花盘残片（H-TJ9：2）

1．风景人物纹青花盘残件（H-T1015：1）

2．花篮纹青花盘盘底残片（H-TJ10：1）

3．海水鲤鱼纹青花盘盘底残件（H-F3：1）

4．云龙纹青花瓶残片（H-TJ10：2）

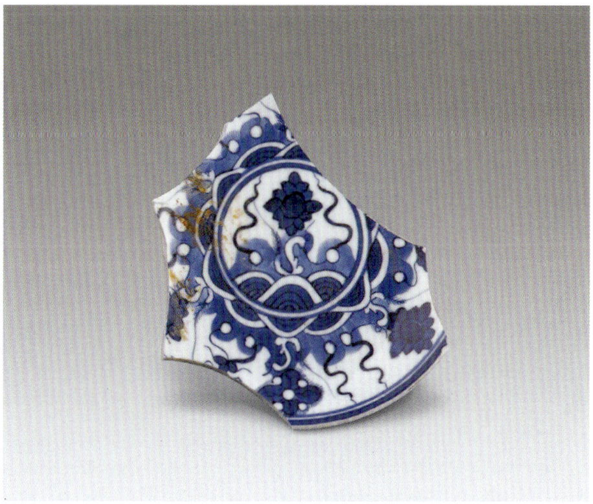

5．龙头莲花纹青花托盘残件（H-TB8：1）

6．蝙蝠纹青花碗残片（H-TB8：2）

（正面）　（背面）

1．青花盏托残件（H-T0518：1）

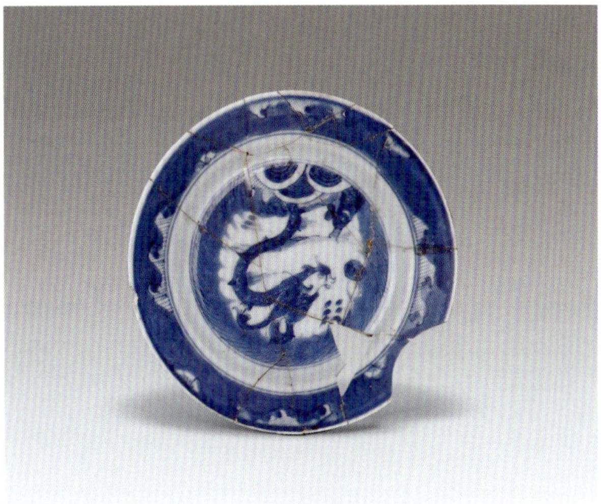

2．海水龙鱼纹青花盘残件（H-TM3：1）

3．青花碗碗底残件（H-TL8：1）

4．绛蓝釉小碗残件（H-TF5：1）

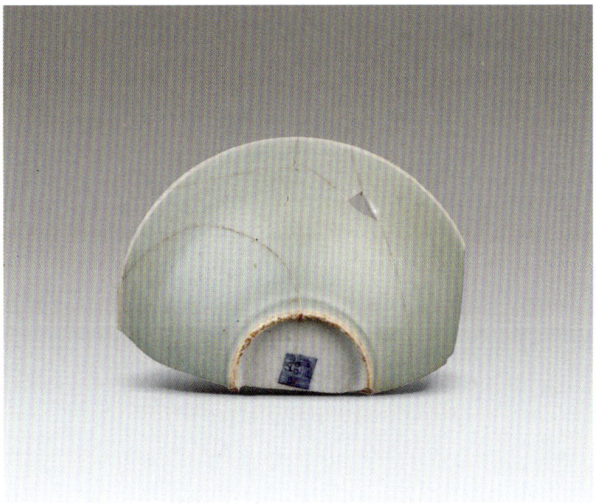

5．蟹青釉大碗残件（H-TJ10：3）

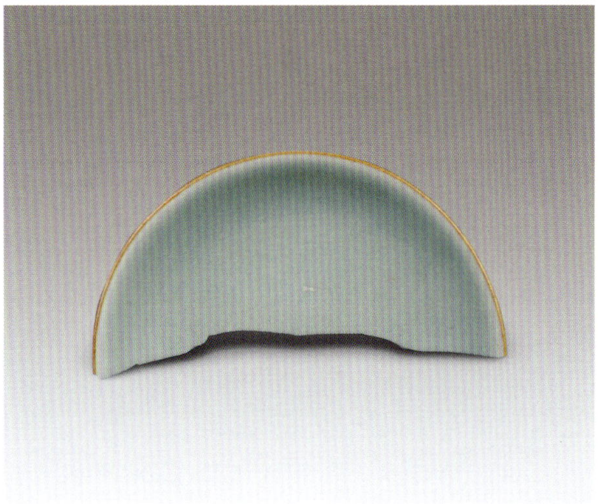

（正面）

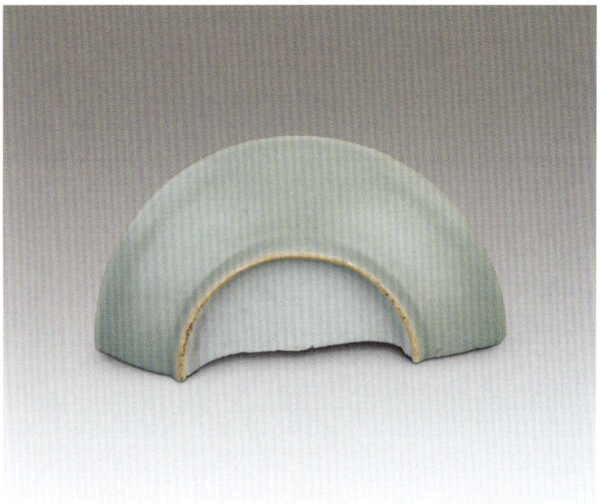

（背面）

1．蟹青釉盘残件（H-TJ10：4）

2．浅蓝釉大盘残件（H-T0518：2）

3．豇豆红釉盘残片（H-T0518：3）

1．描金粉彩大盘盘底残件（H-T0113K：1）

2．粉彩托盘残件（H-TE6：3）

3．哥窑青釉小水丞残件（H-TE6：4）

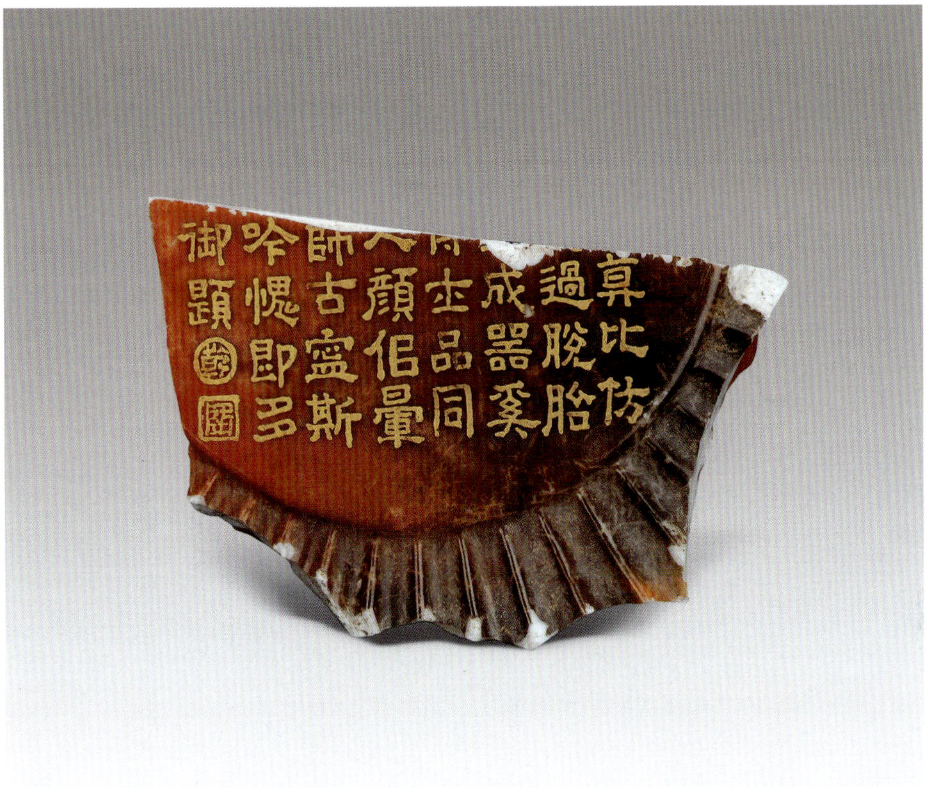

（正面）

（背面）

瓷漆工艺绛红菊花盘残件（H-TA9：1）

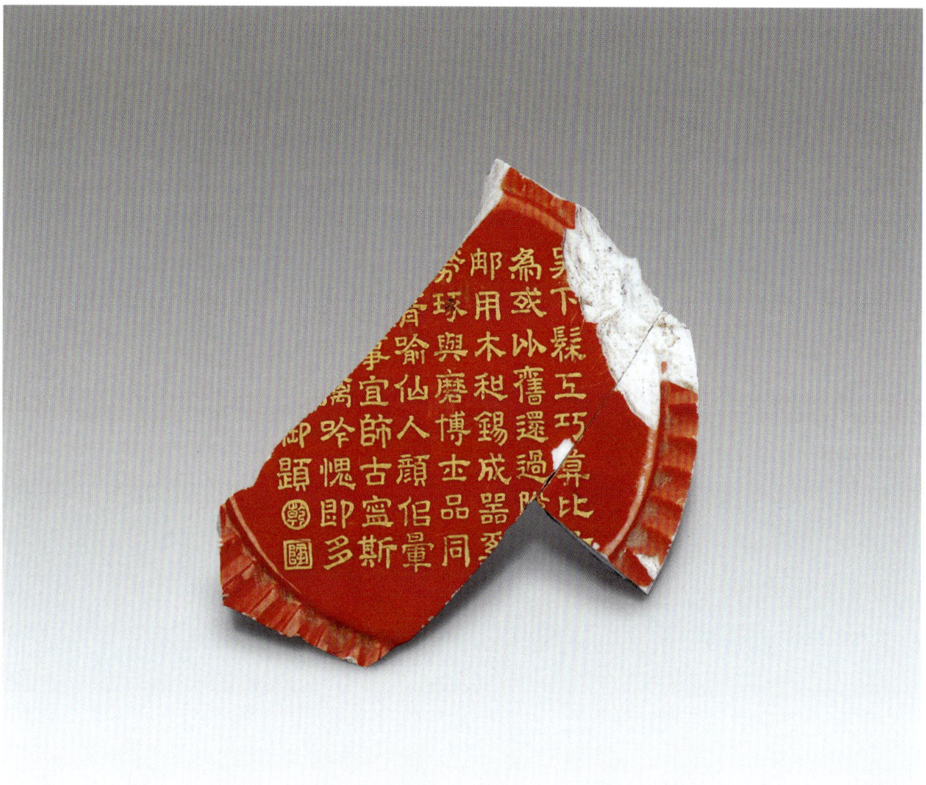

（正面）

（背面）

瓷漆工艺绛红菊花盘残件（H-TA10：1）

1．乾隆款仿漆红釉菊花瓣瓷盘（承德避暑山庄博物馆瓷器厅展品）

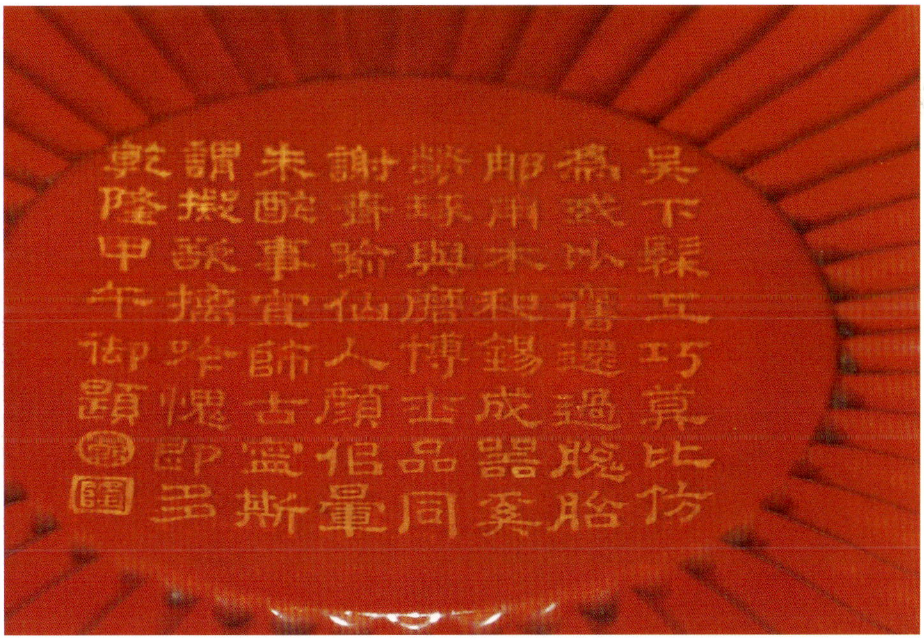

2．乾隆款仿漆红釉菊花瓣瓷盘内描金乾隆御题诗（承德避暑山庄博物馆瓷器厅展品）

（正面）

（背面）

1．白瓷碗碗底残件（H-T1014：2）

2．福寿纹粉青长条瓷板（H-TXBK：2）

3．鸳鸯（H-T1013：1）

1．绿琉璃正吻（H-TXBK：5）

2．绿琉璃正吻（H-T0412：2）

3．蓝琉璃正吻（H-TK7：1）

4．蓝琉璃正吻（H-TG12：4）

5．蓝琉璃正吻（H-TG12：5）

6．蓝琉璃垂兽（H-TM14：1）

1．绿琉璃套兽（H-T0712：2）

2．绿琉璃套兽（H-T0118：1）

3．绿琉璃套兽（H-T0217：1）

4．蓝琉璃套兽（H-T0116：14）

5．黄琉璃仙人骑凤（H-T0612：2）

6．黄琉璃仙人骑凤（H-TA8：6）

1．黄琉璃仙人骑凤（H-TM11：1）

2．绿琉璃仙人骑凤（H-TXBK：3）

3．绿琉璃仙人骑凤（H-TG11：1）

4．绿琉璃仙人骑凤（H-T0612：1）

5．绿琉璃仙人骑凤（H-T0612：3）

6．绿琉璃仙人骑凤（H-TXBK：1）

1．绿琉璃仙人骑凤（H-TD7：2）

2．蓝琉璃仙人骑凤（H-TM13：3）

3．蓝琉璃仙人骑凤（H-TXBK：4）

4．绿琉璃龙（H-T0712：1）

5．绿琉璃龙（H-TK4：1）

6．蓝琉璃龙（H-TM7：1）

1．黄琉璃凤（H-TM11：2）

2．绿琉璃凤（H-T0612：4）

3．绿琉璃凤（H-T0412：4）

4．蓝琉璃凤（H-T0312：1）

5．绿琉璃狮（H-T0712：3）

6．绿琉璃狮（H-TM18：2）

彩版三二

1．绿琉璃狮（H-TI9：2）

2．绿琉璃狮（H-TH20：1）

3．绿琉璃天马（H-T0913：1）

4．黄琉璃海马（H-TXBK：6）

5．绿琉璃海马（H-TM18：1）

6．黄琉璃瓦当（H-TJ11：3）

1．绿琉璃圆眼勾头（H-TM11：3）

2．绿琉璃瓦当（H-T0412：3）

3．绿琉璃瓦当（H-TI9：1）

4．蓝琉璃瓦当（H-TB4：2）

5．蓝琉璃瓦当（H-TB9：1）

6．黄琉璃滴水（H-TJ11：4）

1．蓝琉璃滴水（H-TB9：2）

2．蓝琉璃滴水（H-TB4：1）

3．绿琉璃博通脊（H-TXBK：8）

4．蓝琉璃三连砖（H-T1018：1）

（正面）

（背面）

5．“梵香楼”绿琉璃仙人底座（H-TA8：2）

1．蓝琉璃兽座（H-T0217：2）

（正面）

（背面）

2．三色琉璃砖（H-T1014：3）

3．双色琉璃挂檐板（H-TA9K：1）

4．双色琉璃望柱头（H-TM13：4）

1．黄琉璃构件（H-TD7：1）

2．黄琉璃构件（H-TJ11：2）

3．蓝琉璃构件（H-TE2：1）

4．双色转角琉璃构件（H-TJ11：1）

5．绿琉璃博脊连砖（H-TK12：1）

6．绿琉璃博脊连砖（H-TK12：2）

南牌楼基址（自西向东）

东牌楼基址（自北向南）

西牌楼基址（自南向北）

1．含经堂宫门月台东侧砖雕莲花铺地纹图案

2．含经堂遗址广场圆形毡帐（蒙古包）砖雕铺地纹图案遗迹

1．含经堂广场第 8 号古树树坑残存树根

2．含经堂广场第 9 号古树树坑残存树根

3．含经堂广场第 15 号古树树坑残存树根

4．含经堂广场第 16 号古树树坑残存树根

5．含经堂广场第 17 号古树树坑残存树根

6．含经堂广场第 20 号古树树坑残存树根

1．含经堂广场第 21 号古树树坑残存树根

2．含经堂广场第 23 号古树树坑残存树根

3．含经堂广场第 24 号古树树坑残存树根

4．含经堂广场第 29 号古树树坑残存树根

5．含经堂广场第 31 号古树树坑残存树根

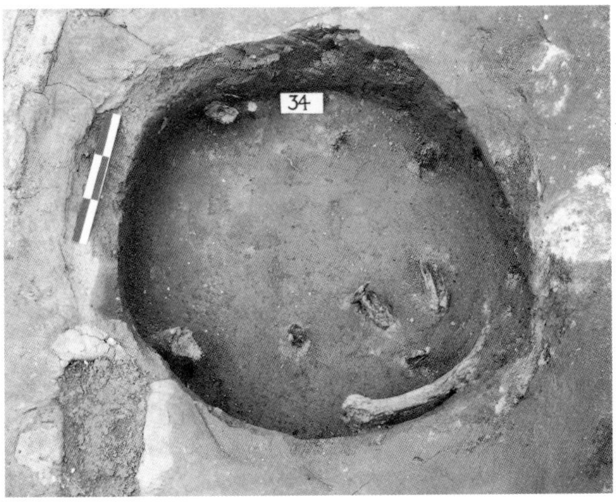

6．含经堂广场第 34 号古树树坑残存树根

1．含经堂广场第 35 号古树树坑残存树根

2．含经堂广场第 36 号古树树坑残存树根

3．含经堂广场第 41 号古树树坑残存树根

4．含经堂广场第 46 号古树树坑残存树根

1．含经堂宫门内影壁门（仪门）基址（自西向东）

2．含经堂影壁门（仪门）东侧基槽出土的青石抱鼓石残件（自东向西）

3．含经堂大殿南侧基槽被破坏的状况（自东向西）

1．含经堂东配殿西侧被破坏的状况
（自南向北）

2．霞翥楼基址鸟瞰

1．霞翥楼前厦三合土台基遗迹（自北向南）

2．梵香楼基址（自东北向西南）

1．含经堂宫门内东垂花门基址（自北向南）

2．含经堂宫门内西垂花门基址（自北向南）

1．淳化轩月台前的太湖石假山遗迹（自东南向西北）

2．淳化轩月台前太湖石假山石间的花盆遗迹

淳化轩大殿、月台及太湖石假山遗迹鸟瞰

1. 淳化轩台明及柱础坑遗迹

2. 淳化轩台明南侧剖面及南月台三合土台基（自东向西）

1. 得胜概敞厅台基及北侧临湖云步石阶（自北向南）

2. 渊映斋遗迹鸟瞰（自北向南）

1．渊映斋东侧连地炕（自南向北）

2．戏台地井遗迹（自南向北）

3．戏台地井南侧石阶通道（自北向南）

1．买卖街北段遗迹（自南向北）

2．买卖街 H-TK10 北部灶址（自西向东）

1．涵光室基址（自南向北）

2．涵光室东南隅设置的石沟漏与石沟门（自南向北）

1．在涵光室东北隅与假山之间设置的瓶式洞门（自东向西）

2．三友轩西侧连地炕（自南向北）

3．三友轩假山北侧通道出口（连接静莲斋）（自北向南）

1．三友轩假山东北侧通道出口（通往蕴真斋）（自北向南）

2．三友轩假山西南侧通道出口（连接涵光室）（自南向北）

1．三友轩假山天井盖石及内部通道（自东向西）

2．三友轩假山西侧地漏及石盖（自西向东）

1．三友轩假山南侧1号古树树根

2．三友轩假山西南角2号古树树根

1．三友轩假山西侧3号古树残树干及树根

2．三友轩假山天井内4号古树残树干及树根

3．三友轩假山西北角5号古树树根

1．三友轩假山东北角6号古树树根

2．三友轩假山东北角7号古树树根

3．静莲斋东梢间连地炕（自北向南）

1．西北隅宫墙外接砌的青砖礓礤
（自北向南）

2．西北隅第一组值房基址（自西向东）

3．西北隅第二、三、四组值房基址（自北向南）

1. 东库房F1基址（自西向东）

2. 东库房F2基址（自西向东）

1. 东库房F3基址（自西向东）

2. 东库房F4基址（自西向东）

东北隅库房F5基址（自西向东）

1．井亭遗迹（自西向东）

2．井口及井壁保存状况（自西向东）

1. 西南1号木桥桥桩遗迹（自西向东）

2. 买卖街东北甬道遗迹（自东北向西南）

1．三合院主房内东北角1号灶址（自北向南）

2．三合院主房内西北角2号灶址（自北向南）

3．三合院主房西外侧3号灶址（自北向南）

1．三合院门楼外东西向甬路图案遗迹（自东向西）

2．云容水态敞厅遗迹（自西向东）

1. 静缘亭（八角亭）北侧石台阶（自北向南）

2. 静缘亭（八角亭）南侧石台阶及甬路遗迹（自西北向东南）

1．玉松枝葡萄嵌饰（H-T0116：6）

2．玉山嵌饰（H-T0116：5）

3．玉鱼（H-T0414：5）

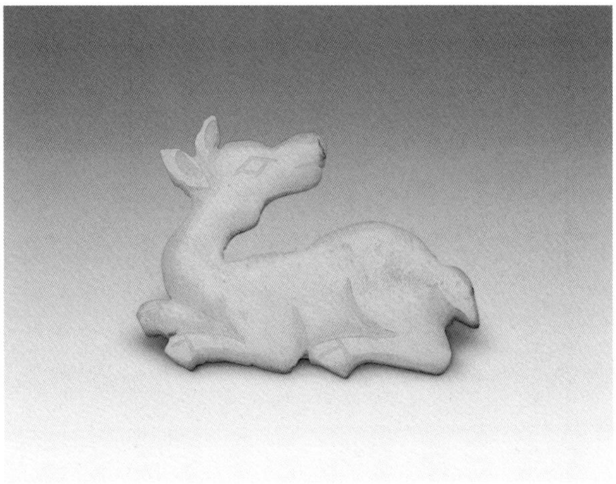

4．玉鹿（H-T0414：6）

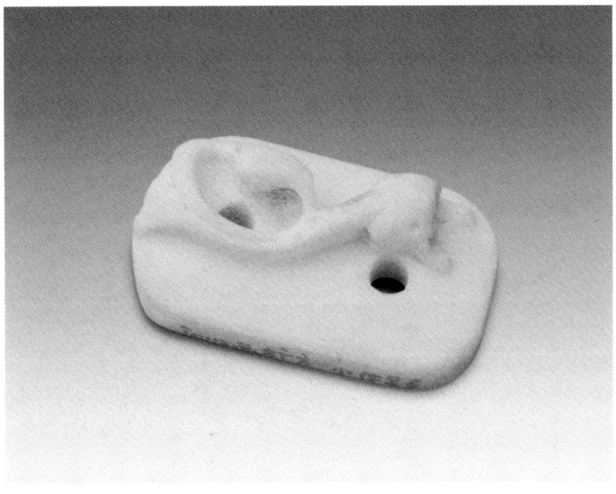

5．玉兽（H-T0113：1）

6．玉镇尺（H-T1013：2）

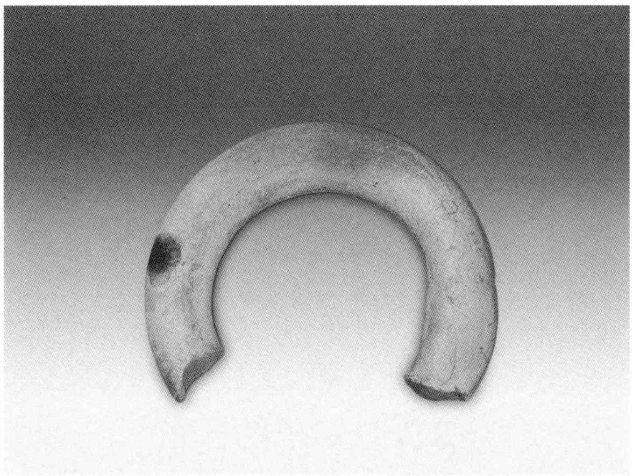

1．玉环（H-TB7：1）

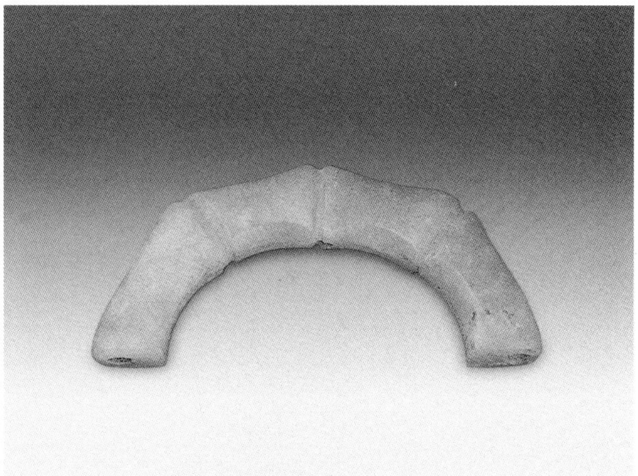

2．玉环（H-TB7：2）

3．玉印章（H-T0414：1）

4．玉印章（H-T0414：2）

1．玉印章（H-T0414：3）

2．玉印章（H-T0414：4）

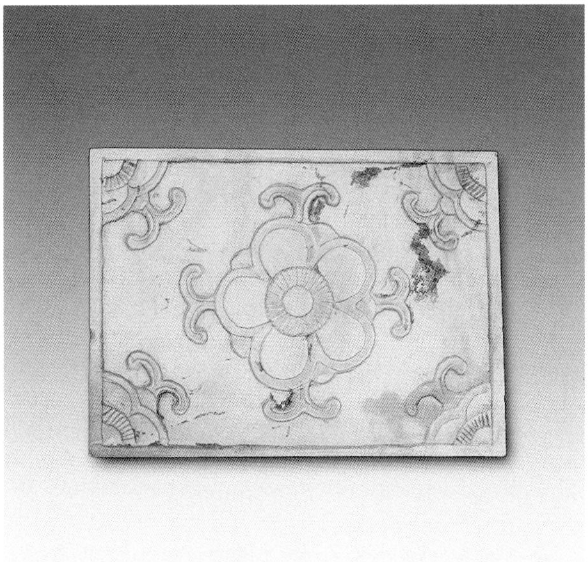

1．螺钿嵌饰（H-T0220：1）

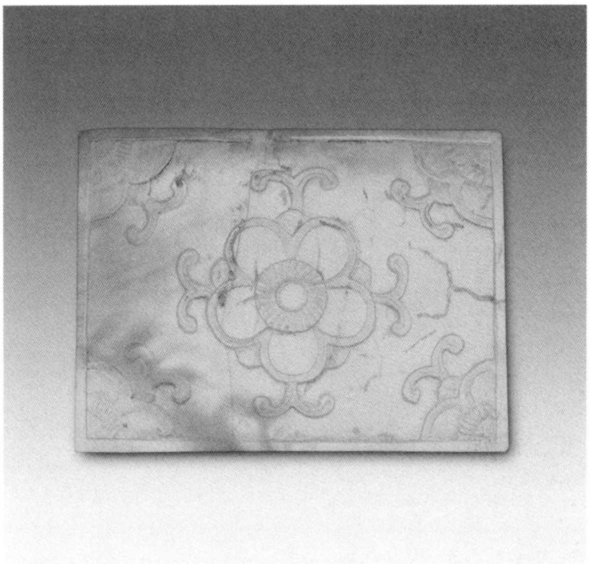

2．螺钿嵌饰（H-T0220：2）

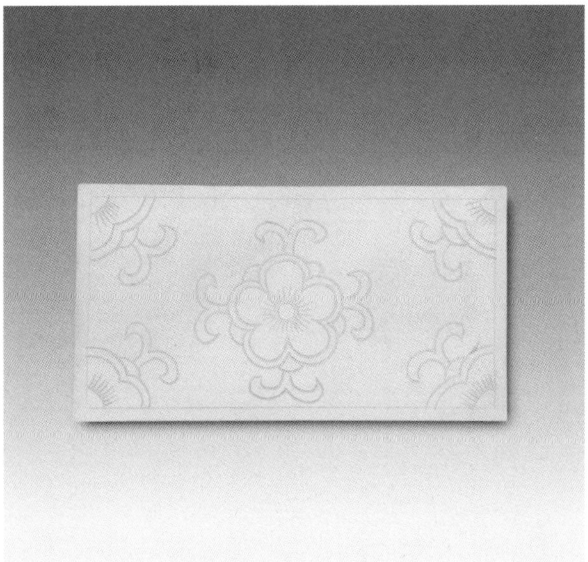

3．螺钿嵌饰（H-T0220：3）

4．螺钿嵌饰（H-T0220：4）

1．螺钿嵌饰（H-T0220：5）

2．螺钿嵌饰（H-T0219：3）

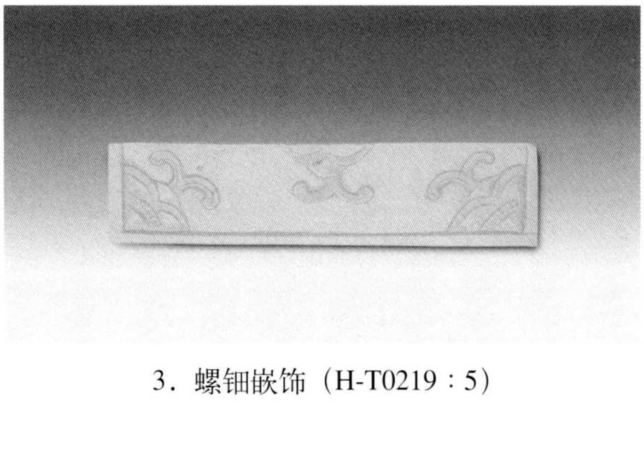

3．螺钿嵌饰（H-T0219：5）

4．螺钿嵌饰（H-T0220：6）

5．螺钿嵌饰（H-T0219：4）

1. 陶范（HTAO-022）

2. 陶范（HTAO-027）

3. 陶范（HTAO-028）

4. 陶范（HTAO-002：1）

5. 陶范（HTAO-002：2）

6. 陶范（HTAO-029）

图版四〇

1．陶范（HTAO-031）

2．陶范（HTAO-032）

3．陶范（HTAO-003）

4．陶范（HTAO-036）

5．陶范（HTAO-040：1）

6．陶范（HTAO-040：2）

1．陶范（HTAO-037）

2．陶范（HTAO-039）

3．陶范（HTAO-033）

4．陶范（HTAO-001）

1.《钦定重刻淳化阁帖》汉白玉石版（H-T0614∶2）

2.《钦定重刻淳化阁帖》汉白玉石版（H-T0714∶1）

《钦定重刻淳化阁帖》汉白玉石版（H-TM10：1）

石菩萨雕像残件（H-T0413：1）

1．蓝琉璃花砖（H-T1014：4）

2．汉白玉望柱（H-T0317：6）

3．汉白玉望柱（H-T0317：7）

4．汉白玉寻杖（H-T0814：4）

5．汉白玉寻杖（H-TE6：1）

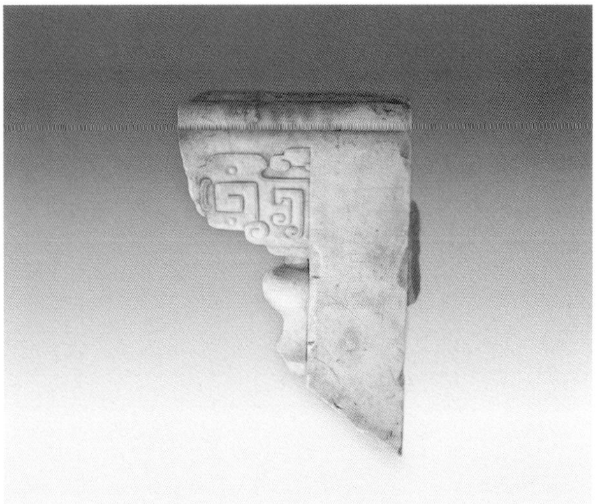

6．汉白玉栏板（H-TE6：5）

1．汉白玉柱础石（H-TA8：5）

2．汉白玉覆莲座残件（H-T0218：1）

3．汉白玉圆桌面（H-TG5：1）

4．青石须弥座（H-T1014：5）

5．青石戗杆石（H-TA4：1）

1．青石厢杆石（H-TJ4：2）

（正面）

（背面）

2．沟漏盖（H-T0115：10）

3．沟门（H-T0116：24）

4．拴马石（H-TM12：1）

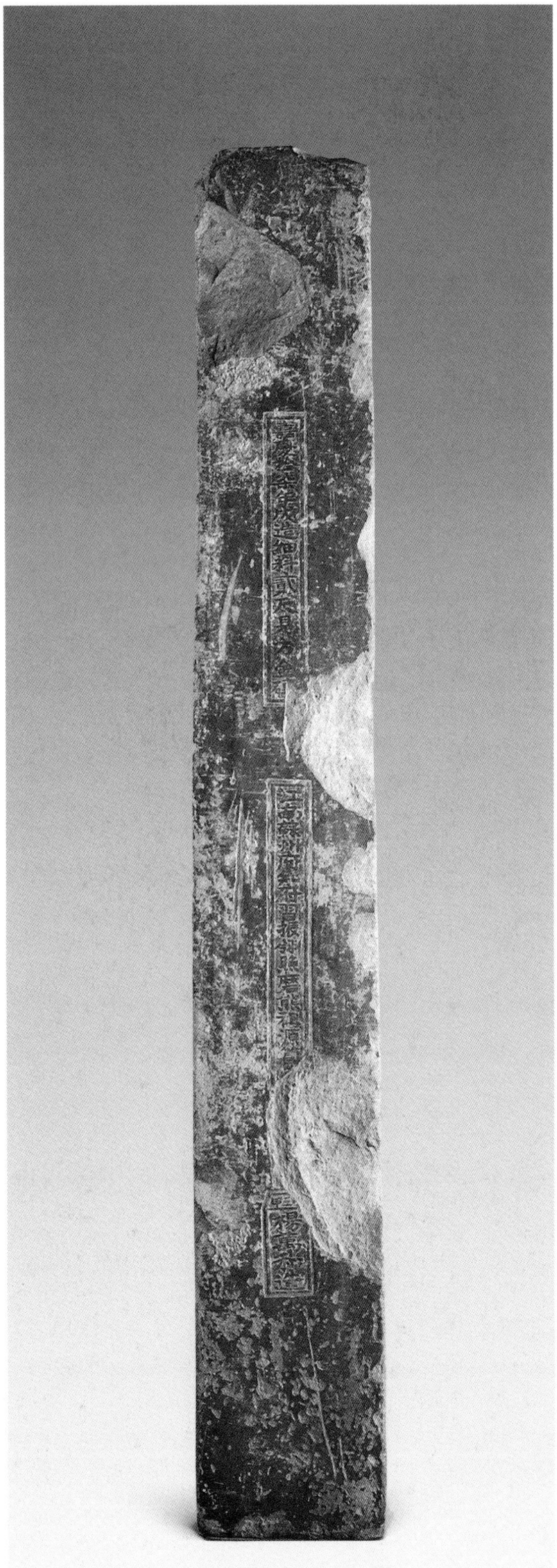

1. 铭文砖（H-T1017∶5）

2. 铭文砖（H-T0718∶2）

3. 铭文砖（H-TXBK∶9）

1．铭文砖（H-TM13：6）

2．铭文砖（H-T0718：1）

3．砖雕海马（H-TA8：1）

4．砖雕构件（H-T0116：8）

5．砖雕构件（H-T0116：9）

6．砖雕构件（H-T0116：10）

1. 砖雕构件（H-TA8：4）

2. 砖雕构件（H-T1013：3）

3. 砖雕构件（H-T1013：4）

4. 砖雕构件（H-TM9：1）

5. 砖雕构件（H-JYT：1）

6. 砖雕构件（H-JYT：2）

1．砖雕构件（H-JYT：3）

2．砖雕构件（H-JYT：6）

3．砖雕构件（H-JYT：7）

4．砖雕构件（H-T0212：1）

5．砖雕构件（H-T0212：2）

6．砖雕构件（H-TM13：1）

（正面）

（背面）

1．砖雕构件（H-TL4：1）

2．砖雕构件（H-TM18：3）

3．砖雕构件（H-TK20：9）

4．板瓦（H-DSHG：4）

5．瓦当（H-T1014：1）

1．瓦当（H-T0116：15）

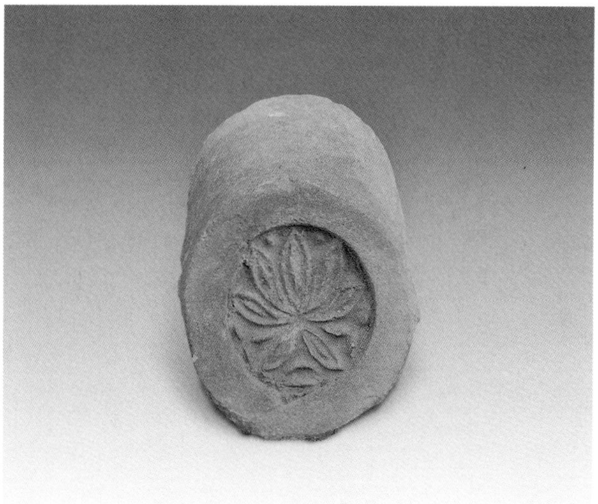

2．瓦当（H-TA7：1）

3．瓦当（H-LXLK：1）

4．瓦当（H-TA9：2）

5．瓦当（H-TL11：1）

6．滴水（H-TD6：1）

1．腰铁（H-T1017：1）

2．三角铁（H-YRSHT：1）

3．三角铁（H-YRSHT：9）

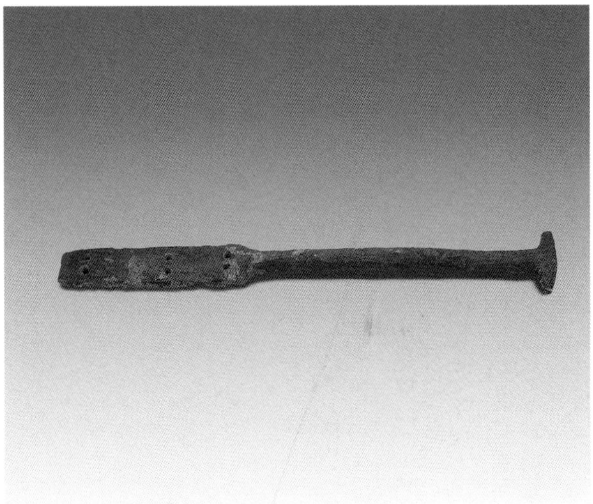

4．铁柄船桨（H-TXBK：7）

5．铁钩矛（H-T0113K：2）

6．铁扒锔（H-T1017：3）

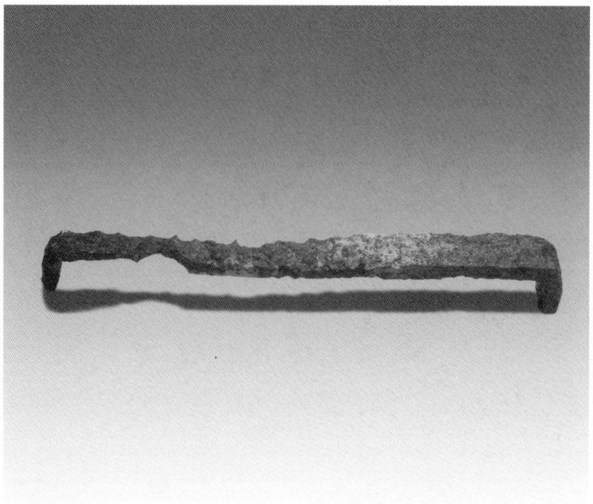

1．铁扒锔（H-T1017：4）

2．铁楔（H-T1019：1）

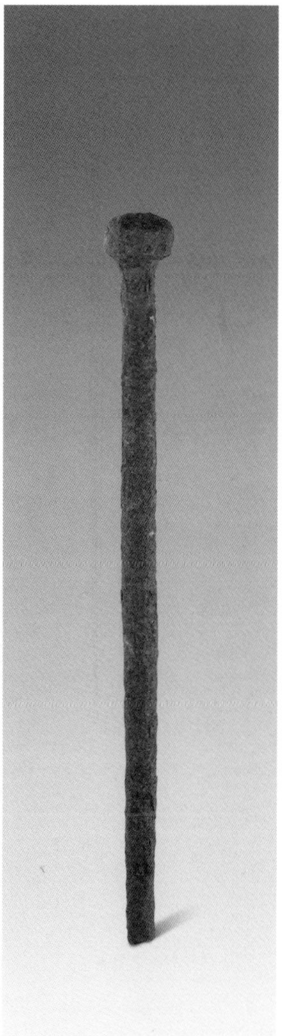

3．铁棍
（H-T1019：3）

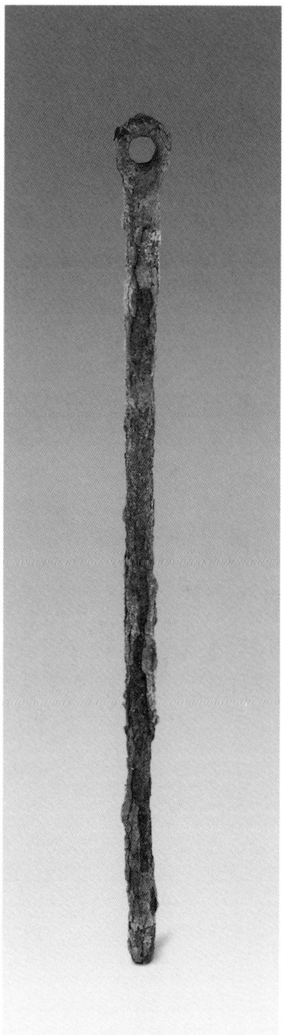

4．铁棍
（H-T1019：4）

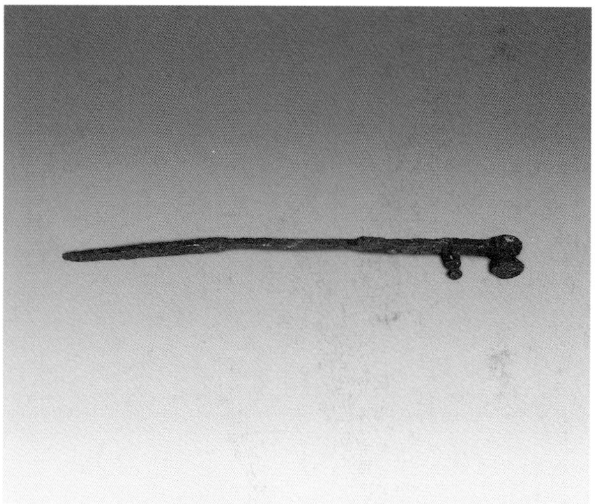

5．铁条构件（H-T1019：2）

6．铁扳手
（H-T1019：5）

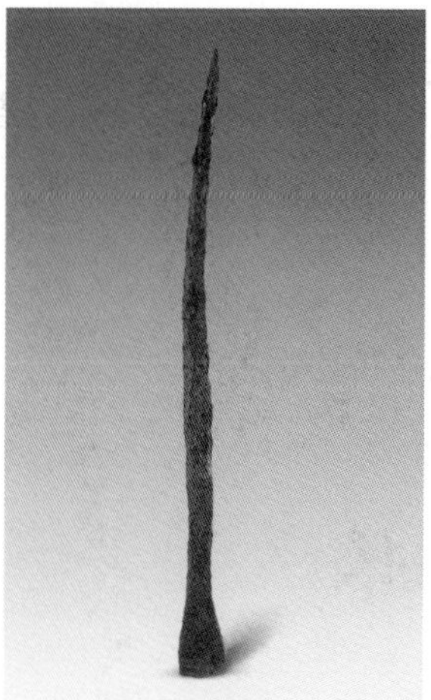

7．铁锥
（H-T1019：6）

1．铁环（H-T1019：7）

2．铁滑轮（H-T1019：8）

3．铁合页（H-T1019：9）

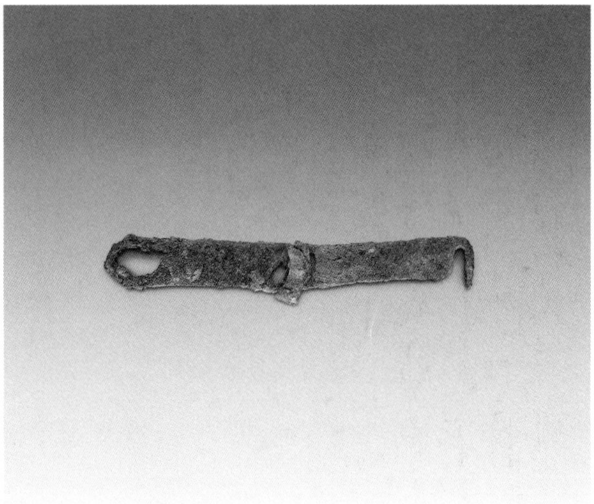

4．铁钌锅（H-T1019：11）

5．过火柏木板（H-T0817：1、2）